37개 함수로 끝내는 실무 엑셀 with 챗GPT

37개 함수로 끝내는 실무 엑셀 With 챗GPT

초판 1쇄 발행 2024년 09월 01일

지은이 **박수경**
발행인 **한창훈**

발행처 **루비페이퍼** 등록 2013년 11월 6일 (제 385-2013-000053호)
주소 경기도 부천시 길주로 252 1804호
전화 032_322_6754 팩스 031_8039_4526
홈페이지 www.RubyPaper.co.kr
ISBN 979-11-93083-21-5

- 이 책은 저작권법에 따라 보호받는 저작물이므로 무단 전재와 무단 복제를 금하며,
  이 책 내용의 전부 또는 일부를 이용하려면 저작권자와 루비페이퍼의 서면 동의를 받아야 합니다.
- 책값은 뒤표지에 있습니다.
- 잘못된 책은 구입처에서 교환해 드리며, 관련 법령에 따라서 환불해 드립니다.
  단, 제품 훼손 시 환불이 불가능합니다.

들어가면서

엑셀,
많이 사용하고 계시죠?
아니면 많이 사용할 예정이신가요?

회사 컴퓨터든 개인 컴퓨터든 대부분 컴퓨터에는 엑셀이 설치되어 있습니다. 이렇게 설치된 엑셀을 사용하는 사람이 있고 사용하지 않는 사람이 있을 뿐입니다. 또는 사용하고는 있지만, 쉽게 사용하는 사람과 어렵게 사용하는 사람이 있습니다. 엑셀을 잘 사용하지 않는 사람들은 이런 말을 합니다.

"엑셀이 어려워요!"
"엑셀은 함수만 없으면 잘 사용할 수 있을 것 같아요."

이 두 질문에 대한 답변은 다음과 같습니다.

"엑셀은 규칙이 있어요. 이 규칙만 알면 쉬워요."
"함수는 복잡한 계산을 쉽게 해결해 줍니다. 함수라는 규칙을 이해하면 엑셀을 잘 사용할 수 있어요."

이 책은 엑셀의 수많은 함수 중에서도 많은 사람이 쓰고 활용하는 보편적인 함수, 꼭 필요한 함수를 중심으로 다룹니다. 먼저 함수의 구조를 설명하고, 일상에서 흔히 사용하는 문서를 함수로 쉽게 작성하는 방식으로 구성했습니다. 중간 중간에 사용자가 꼭 알아야 하는 서식, 수식 풀이, 엑셀의 유용한 기능도 꼼꼼히 챙겼습니다. 엑셀은 쓰는 사람에 따라 필요한 기능이 제각각이기 때문에 누군가 작성해 둔 함수를 복사해서 사용하는 데에는 한계가 있습니다. 복사해서 쓰더라도 함수의 역할과 수식을 읽을 수 있어야 응용하고 변형하면서 나에게 맞게 쓸 수 있습니다. 즉, 외우지 말고 이해하면서 사용하는 것이 엑셀 함수를 가장 빠르게 학습하는 방법입니다. 모두가 엑셀을 쉽고 유용하게 사용하길 바랍니다.

끝으로 이 책을 집필하면서, 엑셀을 배우는 사람 입장의 질문과 아이디어를 준 민성, 민욱에게 고맙다고 전하고 싶습니다.

박수경

이 책의 실습 예제

이 책의 PART 3 실전 자료로 함수 써먹기의 모든 실습에 사용하는 예제 파일과 완성 파일은 https://www.rubypaper.co.kr 접속 후 자료실에서 내려받을 수 있습니다.

목차

PART 01 엑셀 시작 전 준비 운동하기

CHAPTER 01 _ 엑셀 이해하기 … 14

- 통합 문서와 워크시트의 이해 … 14
- 엑셀의 화면 구성 … 15
- 셀에 입력하는 데이터 … 16
  - 숫자 … 16
  - 텍스트 … 17
  - 수식 … 17
  - 셀 서식 … 17
  - [맞춤] 탭 … 18
  - [글꼴] 탭 … 18
  - [테두리] 탭 … 19
  - [채우기] 탭 … 19
  - [표시 형식] 탭 … 20
  - [사용자 지정] 표시 형식 … 21

CHAPTER 02 _ 수식의 기본 개념 익히기 … 23

- 수식의 기초 … 23
  - 산술 연산자 … 23
  - 비교 연산자 … 24
  - 연결 연산자 … 24
- 함수 사용하기 … 24
  - 수식과 함수 비교 … 25
  - 함수의 구조 … 25
  - 참조 연산자 … 26
  - 함수 입력 방법 … 26

목차

참조 설정 · 27
- 상대참조 · 27
- 절대참조 · 28
- 혼합참조 · 29
- 키로 참조 변경 · 30

이름 정의하기 · 30
- 이름 정의 규칙 · 30
- 이름 정의 방법 · 30
- 이름 관리자 · 32

PART **02** 필수 함수 익히기

CHAPTER 03 _ 꼭 알아야 하는 37개 엑셀 필수 함수 · 36

- ABS · 36
- AVERAGEIF · 37
- CHOOSE · 37
- COUNTIF · 38
- COUNTIFS · 39
- DATE · 40
- DATEDIF · 40
- FIND · 41
- FREQUENCY · 42
- HOUR · 42
- IF · 43
- IFERROR · 44
- INDEX · 44
- INDIRECT · 45

목차

LEFT	46
LEN	47
LOOKUP	47
MATCH	48
MAX	49
MID	50
MIN	51
MINUTE	51
MONTH	52
REPT	52
RIGHT	53
ROUND	54
ROUNDDOWN	55
ROUNDUP	55
ROW	56
SUM	57
SUMIF	58
SUMIFS	58
TEXT	59
TIME	60
TODAY	60
VLOOKUP	61
WEEKDAY	62

목차

CHAPTER 04 _ 실적 자료 작성하기 ... 66

- 담당자 구하기 ... 68
- 지점명 정리하기 ... 72
- 증감률 구하기 ... 75
- 감소와 증가를 시각적으로 표현하기 ... 78
- 챗GPT로 한 걸음 더 ... 82

CHAPTER 05 _ 동호회비 관리하기 ... 88

- 잔액 구하기 ... 90
- 선택 영역 이름 정의하기 ... 91
- 월별 제목 작성하고 총 집계 구하기 ... 93
- 세부 내역 집계 구하기 ... 96
- 서식 지정하기 ... 97
- 챗GPT로 한 걸음 더 ... 99

CHAPTER 06 _ 지원 정책 자료 분석하기 ... 104

- 등록일 입력하기 ... 106
- 선택 영역 이름 정의하기 ... 109
- 정책 개수 구하기 ... 110
- 구분 기준으로 개수 구하기 ... 111
- 챗GPT로 한 걸음 더 ... 112

CHAPTER 07 _ 재고조사표 작성하기 ... 114

- 선택 영역 이름 정의하기 ... 116
- 유효성 검사로 목록 만들기 ... 117
- 품명 구하기 ... 119

PART 03

실전 자료로
함수 써먹기

목차

구분, 단가, 원가 구하기   121
금액, 평가손실 구하기   123
0 값을 보이지 않게 지정하기   125
작성일 구하기   126
이름 상자에서 이름 정의하기   127
구분별 재고 평가 구하기   129
챗GPT로 한 걸음 더   132

CHAPTER 08 _ 회원 명부 작성하기   136

성별, 생년월일 구하기   138
요일과 나이 구하기   142
이번달 생일과 등급 구하기   145
월평균 구매 금액 구하기   148
챗GPT로 한 걸음 더   151

CHAPTER 09 _ 주간업무표 작성하기   156

시작일과 날짜 구간 입력하기   158
날짜 입력하기   160
요일 구하기   162
요일 색 변경하기   165
챗GPT로 한 걸음 더   169

CHAPTER 10 _ 견적서 작성하기   174

이름 정의하기   176
유효성 검사로 목록 만들기   178
공급받는 자 정보 가져오기   180
번호 구하기   184

목차

단가, 할인율, 판매가, 세액 구하기	185
합계 구하기	188
챗GPT로 한 걸음 더	194

CHAPTER 11 _ 평가 자료 입력하기   198

총점 구하기	200
학점 구하기	203
1등 구하기	205
50등 구하기	207
챗GPT로 한 걸음 더	208

CHAPTER 12 _ 아르바이트 급여 구하기   212

근무 시간 구하기	214
조정 근무 시간 구하기	216
선택 영역 이름 정의하기	218
총 근무 시간 구하기	219
급여 구하기	221
챗GPT로 한 걸음 더	223

CHAPTER 13 _ 교육 자료 작성하기   226

선택 영역 이름 정의하기	228
신규 과정 구하기	230
교육 과정 수 구하기	231
평균 학습 시간 구하기	233
학습 시간의 빈도수 구하기	238
챗GPT로 한 걸음 더	240

APPENDIX A 부록

A.1 _ 날짜와 시간	246
날짜	246
시간	246
A.2 _ 표시 형식에서 사용하는 색상	247
색상 문자로 색상 표시	247
색상표에 해당하는 색상 표시	247
A.3 _ 엑셀에서 자주 만나는 오류	248
####### 오류	248
#DIV/0! 오류	248
#NAME? 오류	249
#N/A 오류	249
#NULL! 오류	250
#NUM! 오류	250
#REF! 오류	250
#VALUE! 오류	251
A.4 _ 엑셀 단축키	252

찾아보기   255

PART

01

엑셀 시작 전
준비 운동하기

1 _ 엑셀 이해하기

2 _ 수식의 기본 개념 익히기

CHAPTER 01

엑셀 이해하기

통합 문서와 워크시트의 이해

통합 문서란 엑셀로 작업하여 저장한 파일로, 확장자는 **xlsx**입니다. 통합 문서 파일은 여러 개를 실행할 수 있으며, 엑셀 2013부터는 통합 문서마다 한 개의 창이 열립니다.

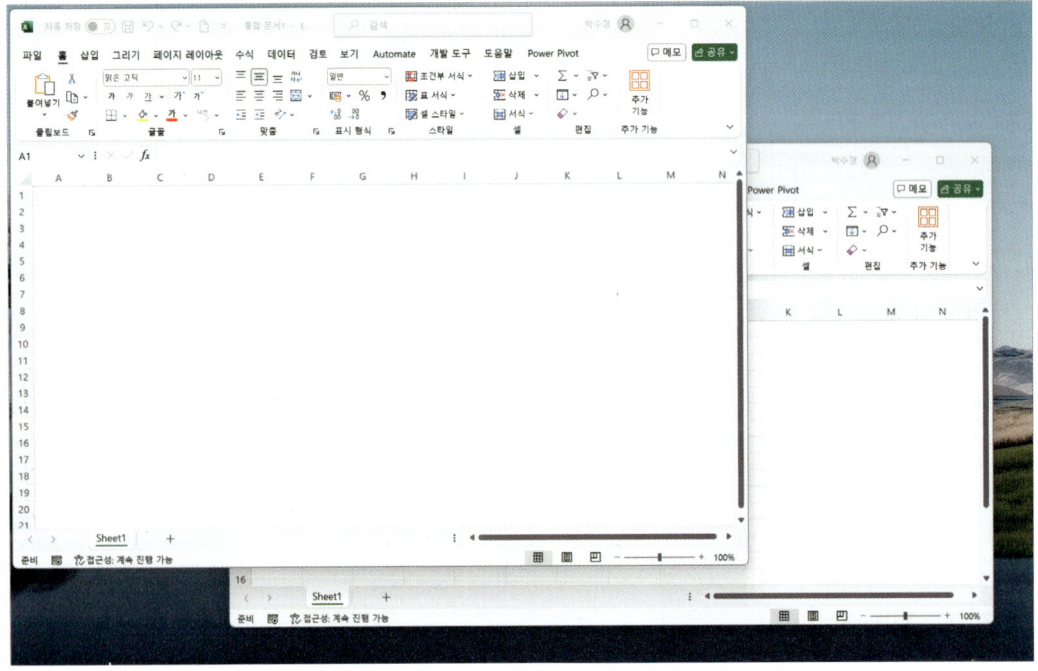

통합 문서에는 한 개 이상의 **워크시트**가 있으며, 워크시트는 **셀**로 구성되어 있고, 셀에는 숫자, 문자, 수식 등의 데이터를 입력할 수 있습니다.

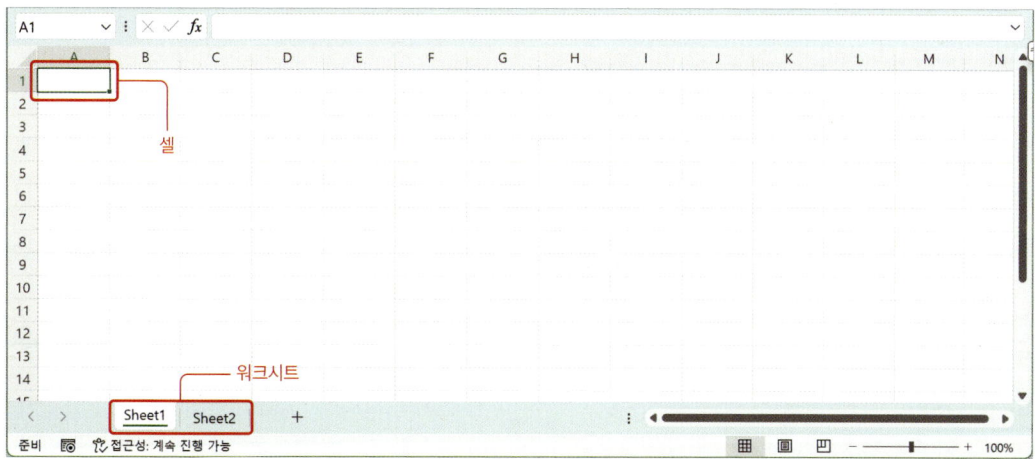

엑셀의 화면 구성

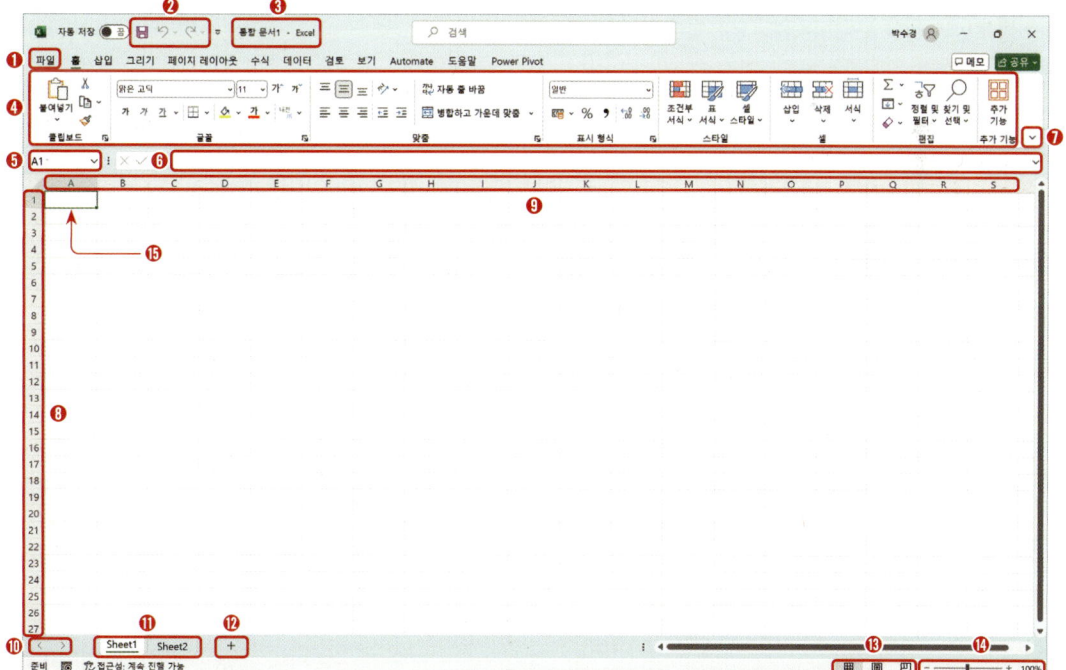

❶ **파일 단추**: 백스테이지 화면이 보이고 인쇄, 저장 등과 같은 엑셀 옵션을 설정할 수 있습니다.

❷ **빠른 실행 도구 모음**: 실행하고 싶은 명령을 빠른 실행 도구 모음에 추가해 빠르게 실행할 수 있습니다.

CHAPTER 01 _ 엑셀 이해하기   15

❸ **제목 표시줄**: 실행되고 있는 프로그램과 통합 문서의 제목이 표시됩니다.

❹ **리본 메뉴**: 엑셀의 기능을 실행할 주요 아이콘과 기능들이 모여 있습니다. 탭을 누를 때마다 선택한 리본 메뉴로 바뀝니다.

❺ **이름 상자**: 선택한 셀이나 범위 등이 표시됩니다.

❻ **수식 입력줄**: 셀에 입력한 값이나 수식이 표시됩니다.

❼ **리본 메뉴 숨기기 단추**: 리본 메뉴를 숨기거나 다시 보이게 합니다.

❽ **행 머리글**: 행을 나타내는 번호로, 행 머리글을 누르면 전체 행을 선택할 수 있습니다. 전체 1,048,576행이 있습니다.

❾ **열 머리글**: 열을 나타내는 문자로, 열 머리글을 누르면 전체 열을 선택할 수 있습니다. A열부터 XFD열까지 16,384열이 있습니다.

❿ **시트 탭 이동 단추**: 시트의 개수가 많아서 다 보이지 않을 때 시트 탭 이동 단추를 눌러서 보이지 않는 시트를 확인할 수 있습니다.

⓫ **시트 탭**: 시트 탭을 눌러서 다른 시트를 확인할 수 있으며, 시트의 이름이 시트 탭에 표시됩니다.

⓬ **새 시트 단추**: 새로운 워크시트가 추가됩니다.

⓭ **페이지 보기 단추**: 화면의 보기 방식을 기본, 페이지 레이아웃, 페이지 나누기 미리 보기 3가지 방식 중 하나로 변경할 수 있습니다.

⓮ **확대/축소**: 시트를 확대하거나 축소할 수 있습니다.

⓯ **셀 포인터**: 현재 활성화된 셀을 굵은 테두리로 표시합니다.

셀에 입력하는 데이터

워크시트의 각 셀에는 기본적으로 **숫자**, **텍스트**, **수식** 형식의 데이터를 저장할 수 있습니다. 이 외에도 **차트**, **다이어그램**, **그림**, **단추** 등의 개체를 저장할 수 있지만 이런 개체는 셀이 아니라 **그리기 레이어**$^{draw\ layer}$에 저장됩니다. 각 데이터의 특성을 살펴보겠습니다.

숫자

날짜, 시간, 시험 점수, 수량, 매출 금액, 인원수 등과 같은 값 형식의 데이터입니다. 숫자 데이터는 여러 서식으로 표시할 수 있습니다.

개념	분석	발표
89	92	90
78	78	80
92	82	95
80	88	75
95	96	90

텍스트

제품명, 성명, 규격, 회사명, 코드 등과 같은 데이터입니다.

ID	성명
2A128	최진주
2A382	정은주
2B390	이봉준
3A472	하동은
3B453	김수정

수식

셀에 입력된 값을 사용하여 수식을 입력하면 결과가 셀에 표시됩니다.

합계	평균
=SUM(C2:E2)	=AVERAGE(C2:E2)
=SUM(C3:E3)	=AVERAGE(C3:E3)
=SUM(C4:E4)	=AVERAGE(C4:E4)
=SUM(C5:E5)	=AVERAGE(C5:E5)
=SUM(C6:E6)	=AVERAGE(C6:E6)

셀 서식

셀 서식을 지정하려면 [홈] 탭의 [글꼴], [맞춤], [표시 형식] 그룹 중 대화상자 표시(⤡)를 클릭하거나 셀을 선택한 상태에서 마우스 오른쪽 버튼을 클릭하면 나오는 단축 메뉴 중 [셀 서식]을 선택합니다.

▶ [셀 서식] 단축키 ⟨Ctrl⟩ + ⟨1⟩

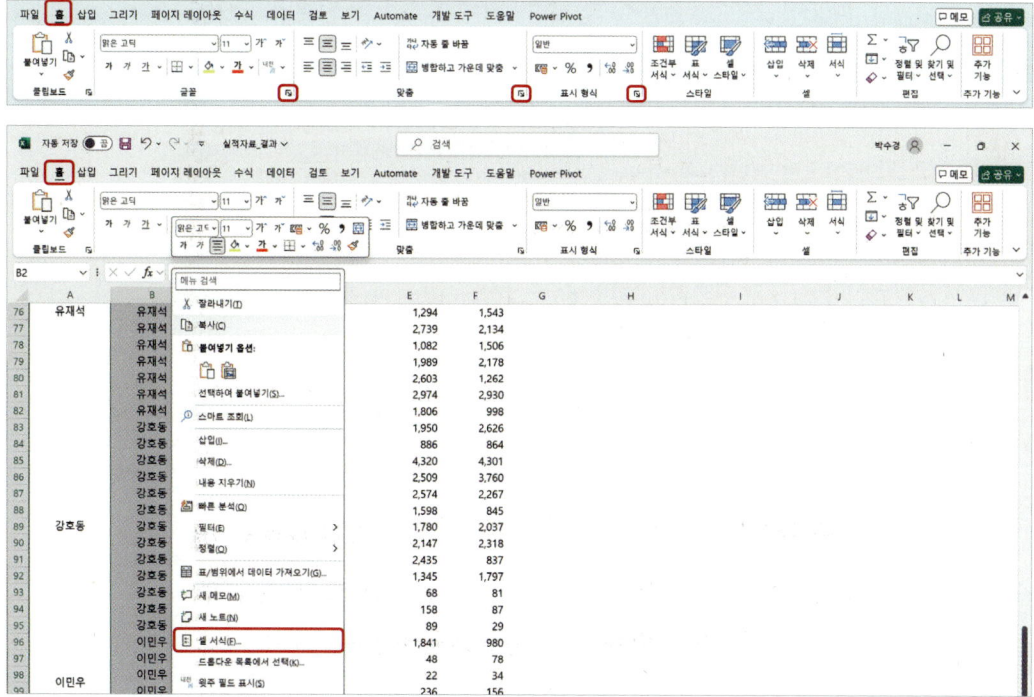

[맞춤] 탭

셀에 입력된 텍스트를 왼쪽, 가운데, 오른쪽 등으로 정렬할 수 있으며 텍스트의 방향 등을 지정할 수 있습니다.

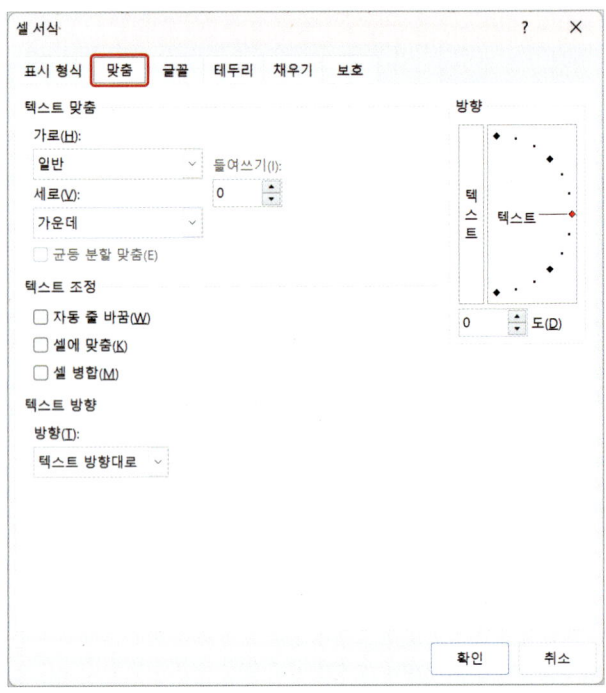

[글꼴] 탭

글꼴, 글자 크기, 글꼴 스타일, 색 등을 지정할 수 있으며 취소선, 위 첨자, 아래 첨자처럼 [홈] 탭에 없는 글자 서식을 지정할 수 있습니다.

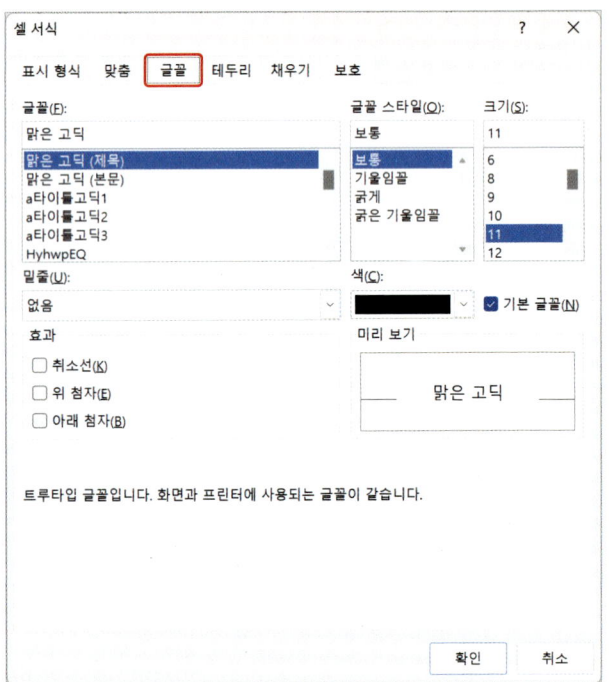

[테두리] 탭

셀의 테두리를 지정할 수 있습니다. 인쇄할 때 행과 열을 구분하는 눈금선을 표시하려면 셀의 테두리 선을 지정해야 합니다.

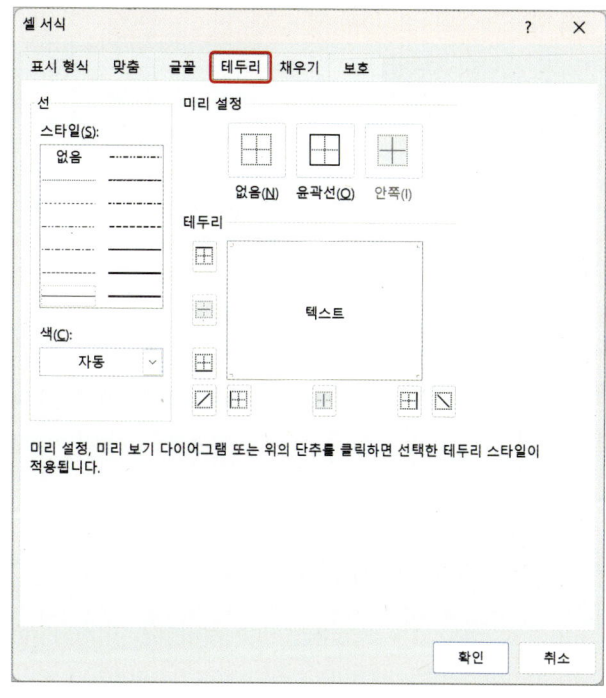

[채우기] 탭

하나의 셀이나 선택한 셀 범위만큼 색을 지정할 수 있습니다.

[표시 형식] 탭

셀에 입력된 데이터를 다른 형식으로 바꾸어서 표시할 수 있습니다. 데이터의 표시 형식을 변경해도 실제 데이터 값은 변경되지 않습니다. 즉, 워크시트 셀에 입력된 값과 보이는 값은 구분해서 봐야 합니다.

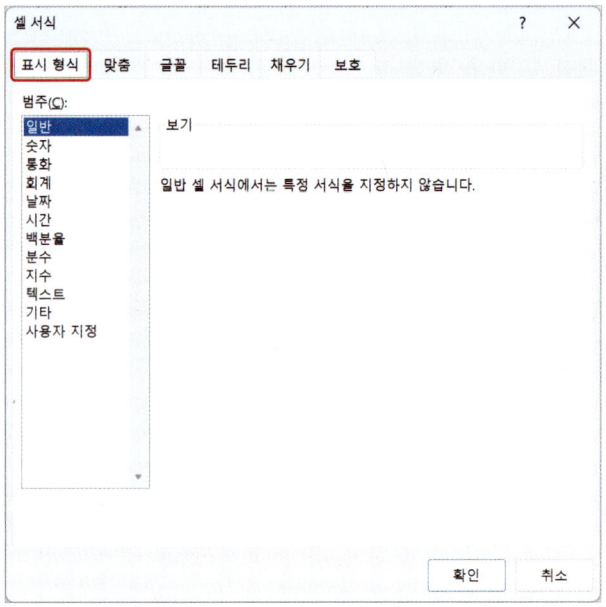

표시 형식은 기본 상태인 [일반], 숫자 데이터를 설정하는 [숫자], [통화], [회계] 등이 있으며 각 범주에 따른 자세한 설명은 다음과 같습니다.

[표시 형식]의 범주

범주	설명
일반	표시 형식이 변경되지 않은 기본 상태입니다.
숫자	숫자 데이터에 천 단위마다 쉼표를 추가하거나 음수를 설정할 수 있습니다.
통화	숫자 데이터에 통화 기호와 천 단위마다 쉼표를 추가할 수 있습니다.
날짜	숫자 데이터에 다양하게 날짜 형식을 설정할 수 있습니다.
회계	숫자 데이터에 통화 기호를 추가하면 셀의 왼쪽 끝에 통화 기호가 정렬되고, 천 단위마다 쉼표가 추가됩니다.
백분율	소수 자릿수를 선택할 수 있으며, 항상 퍼센트 기호(%)가 붙습니다.
분수	9가지 분수 서식 중에서 선택할 수 있습니다.
지수	지수 형태로 표시합니다. 과학적인 표기법에 따라서 E를 사용합니다(예: 3.05E+05 = 305,000). E 왼쪽에 몇 개의 소수 자릿수를 표기할 것인지 선택할 수 있습니다.
텍스트	값에 적용하면 값이 숫자 형태여도 텍스트로 인식합니다.
기타	'로캘(위치)' 목록에서 국가를 선택하면 해당 국가에서 사용하는 기타 표시 형식으로 바뀝니다.
사용자 지정	사용자가 직접 데이터 표시 형식을 입력해서 지정하는 것으로, 원하는 표시 형식이 엑셀에 없을 경우 직접 입력해서 사용합니다.

[사용자 지정] 표시 형식

[사용자 지정] 서식은 4개의 구역으로 구성되어 있으며 구역과 구역은 세미콜론(;)으로 구분합니다. 4개 구역 중 몇 개를 사용하느냐에 따라 적용되는 범위는 다음과 같습니다.

- **한 개의 구역 사용**: 서식이 모든 유형의 숫자 항목에 적용됩니다.
- **두 개의 구역 사용**: 첫 번째 구역은 양수 값과 0 값이 적용되고, 두 번째 구역은 음수 값이 적용됩니다.
- **세 개의 구역 사용**: 첫 번째 구역은 양수 값, 두 번째 구역은 음수 값, 세 번째 구역은 0 값이 적용됩니다.
- **네 개의 구역 사용**: 첫 번째 구역은 양수 값이 적용, 두 번째 구역은 음수 값이 적용, 세 번째 구역은 0 값이 적용, 네 번째 구역은 텍스트에 적용됩니다.

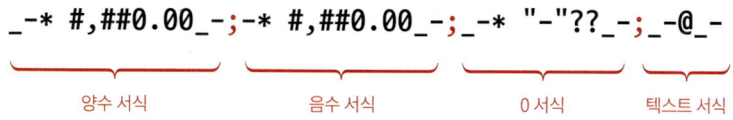

서식을 구성하는 요소는 다음과 같이 코드와 기호로 나눌 수 있습니다.

서식 코드의 종류

코드	설명
G/표준	일반 서식으로 표시
#	숫자 표시(필요 없는 0을 표시하지 않음)
0	숫자 표시(필요 없는 0을 표시)
?	숫자 표시(필요 없는 0을 공백으로 표시)
%	백분율 표시
.	소수점 표시
,	숫자 세 자리마다 구분 기호 쉼표(,) 표시
"텍스트"	텍스트를 표시
@	텍스트 값을 표시
$ \	이 문자를 표시
[색상]	지정된 색상으로 표시(검정, 파랑, 녹청, 녹색, 자홍, 빨강, 흰색, 노랑, 색1, 색2 등)
[조건 값]	조건을 지정하는 데 사용

날짜와 시간 기호의 종류

기호	설명
yy	연도를 두 자리로 표시
yyyy	연도를 네 자리로 표시
m	월을 1~12로 표시
mm	월을 01~12로 표시
mmm	월을 JAN ~ DEC로 표시
mmmm	월을 JANUARY ~ DECEMBER로 표시
d	일을 1~31로 표시
dd	일을 01~31로 표시
ddd	요일을 MON으로 표시
dddd	요일을 MONDAY로 표시
aaa	요일을 월로 표시
aaaa	요일을 월요일로 표시
h	시간을 0~23으로 표시
hh	시간을 00~23으로 표시
m	분을 0~59로 표시
mm	분을 00~59로 표시
s	초를 0~59로 표시
ss	초를 00~59로 표시

CHAPTER 02

수식의 기본 개념 익히기

수식의 기초

수식을 사용하면 워크시트에 저장된 데이터에서 유용한 결괏값을 구할 수 있습니다. 데이터가 변경되면 수식은 자동으로 새로운 결과를 계산하여 결괏값을 구합니다. 수식을 구성하는 연산자는 **산술 연산자**, **비교 연산자**, **연결 연산자**로 나눌 수 있습니다.

산술 연산자

더하기, 빼기, 곱하기, 나누기, 지수 등의 수학 연산을 합니다.

산술 연산자	의미	사용 예	결괏값
+	더하기	=2+3	5
−	빼기	=5-2	3
*	곱하기	=2*3	6
/	나누기	=15/3	5
%	백분율	=100*50%	50
^	지수(제곱)	=4^2	16

비교 연산자

두 개의 값을 비교해서 논리값인 TRUE 또는 FALSE를 반환합니다.

비교 연산자	사용 예	의미
>	=A3>5	[A3] 셀의 값이 5보다 크면
>=	=B10>=5	[B10] 셀의 값이 5보다 크거나 같으면
=	=A7=3	[A7] 셀의 값이 3과 같으면
<=	=A3<=5	[A3] 셀의 값이 5보다 작거나 같으면
<	=C10<10	[C10] 셀의 값이 10보다 작으면
<>	=F3<>"서울"	[F3] 셀의 값이 "서울"이 아니면

연결 연산자

문자와 문자, 셀과 문자 등을 하나로 연결합니다.

연결 연산자	사용 예	결괏값
&	="파란색"&"운동화"	파란색운동화
	=A1&"시" [A1] 셀에 **서울**이 입력되어 있다면	서울시

산술, 비교, 연결 연산자를 혼합해서 수식을 만들 수 있습니다. 이 경우 연산 순서는 **산술 → 연결 → 비교**입니다.

함수 사용하기

함수는 엑셀에서 만들어 둔 계산식으로, 대부분 워크시트 함수를 사용합니다. 연산자만으로는 수행하기 어려운 계산이 가능하고, 같은 계산을 하더라도 수식으로는 복잡하고 길어지는 계산식을 간단하게 작성할 수 있습니다.

수식과 함수 비교

[A1] 셀부터 [A10] 셀까지 합계를 구할 때

- 수식을 사용하면

  =A1+A2+A3+A4+A5+A6+A7+A8+A9+A10

- 함수를 사용하면

  =SUM(A1:A10)

함수의 구조

함수는 **함수 이름**과 **인수**로 구성되어 있습니다. 인수는 함수에 적용할 범위를 선택하는 영역으로, 사용자가 인수를 지정하면 함수에 미리 작성해 놓은 계산식에 따라 결과를 얻을 수 있습니다.

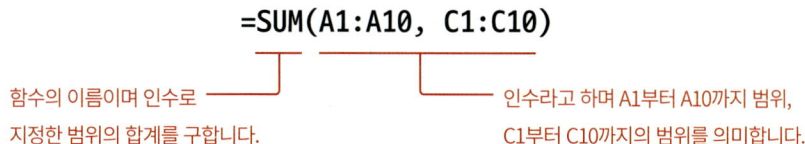

인수에 다른 함수 사용하는 것을 **중첩 함수**라고 합니다. 중첩 함수를 사용할 때는 인수에서 요구하는 값이 중첩 함수의 결과가 됩니다.

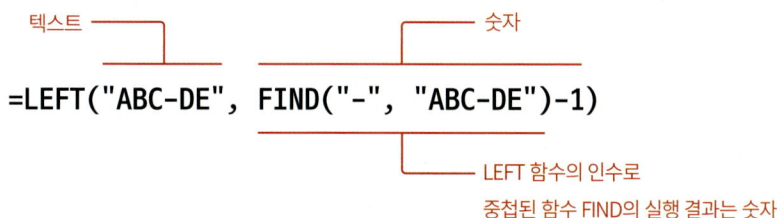

FIND 함수는 찾는 문자의 위치를 숫자로 알려줍니다. 즉, FIND 함수의 결과는 4로, 숫자입니다. 그리고 LEFT 함수의 구조는 **=LEFT(텍스트, 숫자)**이므로 숫자를 입력해야 하는 위치에 FIND 함수의 결과인 4에 -1을 하였으므로 3을 반환합니다. LEFT 함수의 결과는 **"ABC-DE"**에서 3글자를 추출하므로 **"ABC"**를 반환합니다.

참조 연산자

함수의 인수로 셀 범위를 입력할 때 다음과 같은 참조 연산자를 사용합니다.

참조 연산자	사용 예	의미
: (콜론)	A3:C10	[A3] 셀부터 [C10] 셀까지의 모든 셀
, (쉼표)	A3,C10	[A3] 셀과 [C10] 셀인 두 개의 셀
(공백)	A3:C10 B5:D15	[A3:C10]과 [B5:D15]에서 교차되는 지점의 셀

함수 입력 방법

직접 입력하기 셀을 선택한 다음 =을 입력하고 나서 수식을 입력합니다. 셀에 직접 함수를 입력하면 입력한 함수의 첫 글자와 같은 함수 목록이 나타나고, 두 번째 글자를 입력하면 두 번째 글자까지 같은 함수 목록이 나타납니다. 이처럼 입력한 함수와 같은 함수 목록이 나타나는 것을 **수식 자동 완성** 기능이라고 합니다.

함수 목록에서 원하는 함수가 있다면 마우스 또는 키보드 방향키를 이용해 함수를 선택하고 〈TAB〉키를 누르거나 마우스 왼쪽 버튼을 더블클릭하여 셀에 입력합니다.

〈Tap〉으로 함수를 선택하면 인수를 입력할 수 있도록 열린 괄호가 자동 입력됩니다.

함수 마법사 [함수 마법사] 대화상자를 사용하여 함수를 입력합니다. 함수 마법사를 실행하려면 [수식 → 함수 라이브러리] 그룹에서 [함수 삽입]을 클릭하거나, 수식 입력 줄 왼쪽의 함수 삽입 아이콘(fx)을 클릭합니다.

▶ 함수 마법사 실행 단축키 〈Shift〉 + 〈F3〉

참조 설정

수식에서 사용하는 참조에는 **상대참조, 절대참조, 혼합참조**가 있습니다. 수식에 입력된 셀이 다른 셀로 복사되면서 참조가 변경되면 상대참조, 변경되지 않도록 $를 행과 열에 모두 붙이면 절대참조입니다. 혼합참조는 복사 방향에 따라 참조가 변경되지 않기 위해 행 또는 열 한 곳에만 $를 붙여서 사용합니다.

상대참조

수식을 입력하면 기본으로 입력되는 참조입니다. 결과를 구하려는 셀에 수식을 입력한 후에 자동 채우기 등을 이용하여 수식을 다른 셀로 복사했을 때 수식에 지정한 범위가 바뀌므로 자동으로 수식에 있는 셀 참조가 변경됩니다.

예를 들어, 다음과 같은 워크시트에서 [E3] 셀에 **=C3*D3**을 입력한 후에 마우스로 채우기 핸들(□)을 클릭해서 [E7] 셀까지 끌어서 놓습니다. [E3] 셀에 상대참조가 입력되었으므로 참조 주소가 아래로 내려가면서 1씩 자동으로 증가해 값을 구하는 것을 확인할 수 있습니다.

▶ 채우기 핸들은 선택한 셀의 오른쪽 하단에 마우스 포인터를 두면 표시됩니다.

	A	B	C	D	E	F
1						
2		상품코드	수량	단가	금액	
3		1A231	3	430	=C3*D3	
4		2B320	5	230		
5		2B329	8	120		
6		1A490	1	323		
7		2B438	9	453		
8						

	A	B	C	D	E	F
1						
2		상품코드	수량	단가	금액	
3		1A231	3	430	1290	
4		2B320	5	230	=C4*D4	
5		2B329	8	120	960	
6		1A490	1	323	323	
7		2B438	9	453	4077	
8						
9						

복사한 셀의 참조 주소

셀	수식
E3	=C3*D3
E4	=C4*D4
E5	=C5*D5
E6	=C6*D6
E7	=C7*D7

절대참조

절대참조는 **$A$1**과 같은 형태로 입력됩니다. 상대참조와 달리 셀의 위치와 관계없이 항상 같은 참조를 유지합니다. 결과를 구하려는 셀에 수식을 입력한 후에 자동 채우기 등을 이용하여 수식을 복사해 수식이 들어 있는 셀의 위치가 바뀌어도 참조하는 셀이 변경되지 않습니다.

예를 들어, 다음과 같은 워크시트에서 [E5] 셀에 **=C5*D5*$E$2**를 입력한 후에 마우스로 채우기 핸들을 눌러서 [E9] 셀까지 끌어서 놓습니다. [E5] 셀에 절대참조($E$2)가 포함되었으므로 참조 주소를 다른 셀에 복사했을 때 상대참조인 **C5*D5**는 바뀌어도 **$E$2**는 변경되지 않는 것을 확인할 수 있습니다.

복사한 셀의 참조 주소

셀	수식
E5	=C5*D5*$E$2
E6	=C6*D6*$E$2
E7	=C7*D7*$E$2
E8	=C8*D8*$E$2
E9	=C9*D9*$E$2

혼합참조

혼합참조는 **$A1** 또는 **A$1**과 같은 형태로 입력됩니다. **$A1**은 A열만 변경되지 않고, **A$1**은 1행만 변경되지 않습니다. 즉, $ 표시 뒤에 입력되는 열이나 행은 변경되지 않습니다.

예를 들어, 다음과 같은 워크시트에서 [C5] 셀에 **=$B5*C$4**를 입력하고 [C13] 셀까지 채우기 핸들로 끌어서 복사한 다음 수식을 확인하면 **C$4**의 참조 주소는 변경되지 않는 것을 확인할 수 있습니다. 다시 [K5] 셀까지 끌어서 놓으면 **$B5**는 참조 주소가 오른쪽으로 이동해도 변경되지 않는 것을 확인할 수 있습니다. 즉, **C$4**는 수식을 복사하면 열이 바뀌고 행은 고정됩니다(D4, E4, F4…). **$B5**는 수식을 복사하면 행이 바뀌고 열은 고정됩니다(B5, B6, B7…).

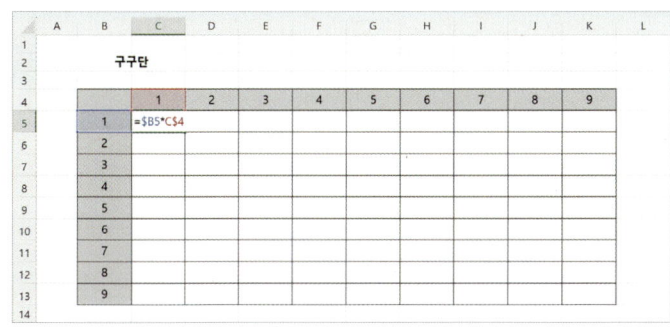

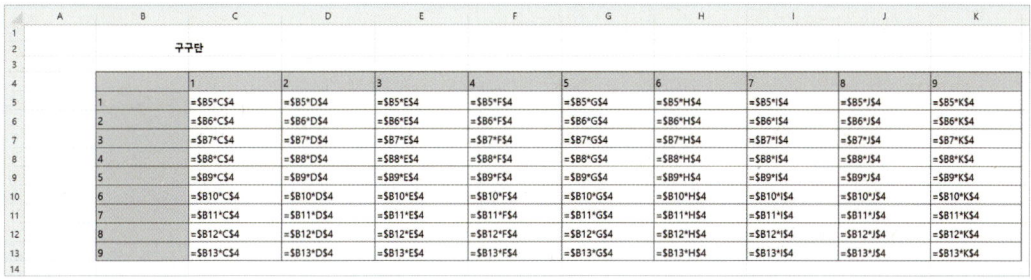

키로 참조 변경

수식에 입력된 참조는 수식 입력줄을 선택한 상태에서 〈F4〉키를 누를 때마다 상대참조(A1), 절대참조($A$1), 혼합참조 행 고정(A$1), 혼합참조 열 고정($A1) 순서로 변경됩니다.

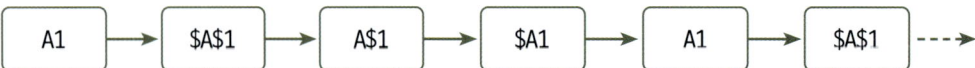

이름 정의하기

워크시트의 셀, 셀 범위, 수식 등에 사용자가 고유의 **이름**을 정의할 수 있습니다. 이름을 정의해 두면 셀 참조나 수식을 보다 쉽게 이해하고 관리할 수 있습니다.

이름 정의 규칙

이름을 정의할 때는 다음과 같은 몇 가지 규칙에 따라야 합니다.

- 이름은 숫자, 문자, 마침표, 밑줄 등을 이용하여 입력합니다.
- 이름은 항상 문자, 밑줄(_) 또는 역슬래시(\)로 시작해야 합니다. 즉, 숫자로 이름을 시작하면 안 됩니다.
- 이름에 공백이 포함되면 안 됩니다.
- 이름은 255개 문자를 넘지 않아야 합니다.
- 영어 대소문자를 구분하지 않습니다.
- 셀 참조 주소와 동일한 이름은 사용할 수 없습니다(A1, AB10 등).

이름 정의 방법

이름 상자에서 이름 정의하기

이름을 정의하려는 하나의 셀이나 범위를 선택하고 시트 왼쪽 상단의 이름 상자에 이름을 입력한 후에 〈Enter〉키를 누릅니다.

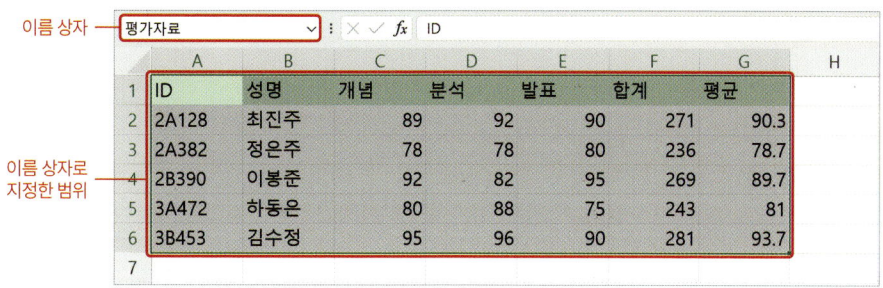

이름 상자를 클릭하면 정의해 둔 이름이 뜨고 이를 클릭하면 지정해 둔 범위가 선택되는 것을 확인할 수 있습니다.

선택 영역에서 이름 정의하기

선택한 범위에서 첫 행의 각 필드명을 한꺼번에 이름으로 지정할 수 있습니다. 이때 중복된 필드명이 있으면 안 됩니다. 필드명이 숫자부터 시작하거나 공백이 필드명에 입력되어 있다면 이름에 밑줄(_)이 포함됩니다.

범위를 선택한 후에 [수식 → 정의된 이름] 그룹에서 [선택 영역에서 만들기]를 클릭합니다.

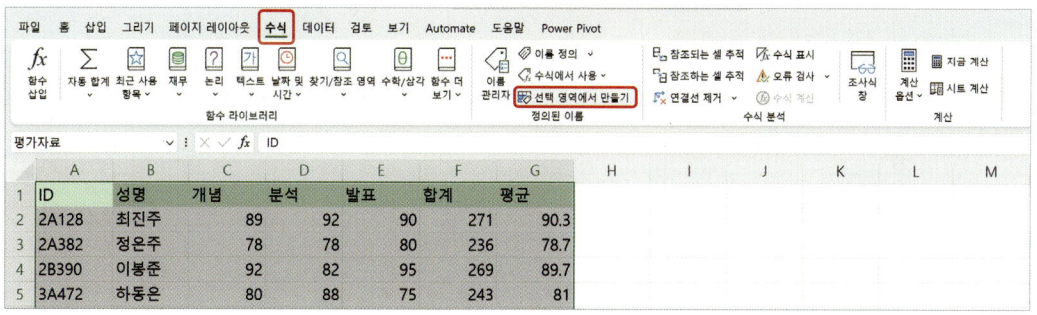

[선택 영역에서 이름 만들기] 대화상자가 열리면 [첫 행]에 체크하고 [확인]을 클릭합니다.

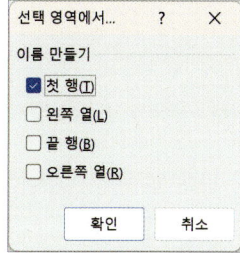

이름 상자를 클릭하면 각 필드명이 이름으로 정의된 것을 확인할 수 있습니다.

수식으로 이름 정의하기

수식의 실행 결과를 이름으로 정의하거나 특별한 값을 이름으로 정의할 때 [수식 → 정의된 이름] 그룹에서 [이름 정의]를 클릭하면 [새 이름] 대화상자가 나타납니다. '이름'에 정의할 이름을 입력하고 '참조 대상'에 수식

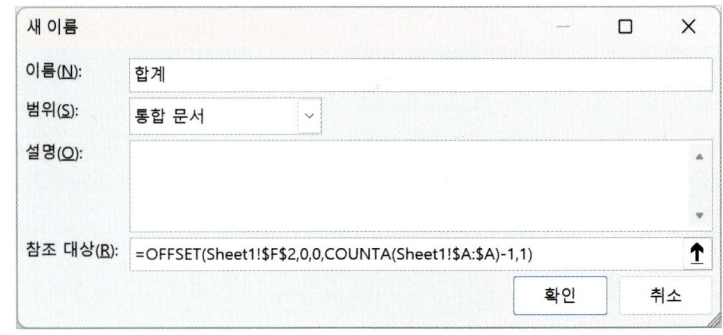

을 입력하거나 상수를 입력한 다음 〈확인〉을 누릅니다.

이름 관리자

[이름 관리자] 대화상자에서 이름을 새로 만들거나 기존에 만든 이름을 삭제 또는 편집할 수 있습니다. [수식 → 정의된 이름 → 이름 관리자]를 클릭하면 [이름 관리자] 대화상자가 나타납니다.

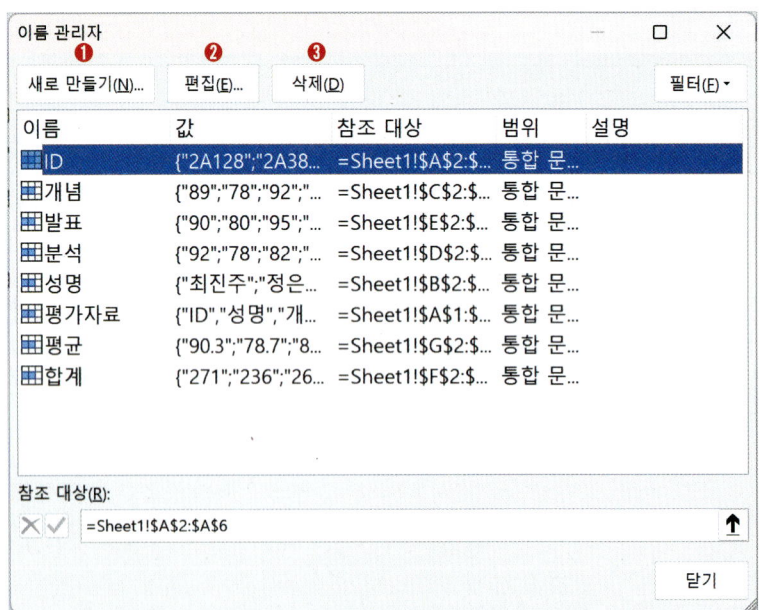

❶ **새로 만들기**: 이름을 새로 만들 수 있는 [새 이름] 대화상자가 나타납니다.

❷ **편집**: 만든 이름의 참조 또는 해당 이름을 편집할 수 있습니다.

❸ **삭제**: 만든 이름을 삭제합니다.

PART

02

필수 함수 익히기

3 _ 꼭 알아야 하는 37개 엑셀 필수 함수

CHAPTER 03

꼭 알아야 하는 37개 엑셀 필수 함수

이번 챕터에서 다룰 37개 함수는 엑셀을 효율적으로 사용하기 위해 꼭 알아야 하는 함수로, 이 책의 예제에서도 자주 등장합니다. 각 함수에 대한 구조와 기본적인 설명과 예시를 살펴보겠습니다.

ABS

숫자의 절댓값을 반환하는 함수입니다. 절댓값은 숫자의 부호를 제거한 값으로, 음수는 양수로 변환되고 양수는 그대로 유지됩니다.

ABS(number)

- **number**: 절댓값을 구하려는 숫자 또는 숫자가 들어 있는 셀 참조입니다.

【예시】

숫자 -5의 절댓값을 구하면?

- 함수: =ABS(-5)
- 결과: 5

AVERAGEIF

주어진 조건을 만족하는 셀들의 평균을 계산하는 함수입니다.

=AVERAGEIF(range, criteria, [average_range])

- **range**: 조건을 적용할 셀 범위입니다.
- **criteria**: 조건을 정의하는 값이나 표현식입니다.
- **[average_range]**(선택사항): 평균을 계산할 셀 범위입니다. 이 인수를 생략하면 range로 지정한 셀의 값을 평균 계산에 사용합니다.

【 예시 】

	A	B
1	과일	수량
2	복숭아	100
3	사과	80
4	사과	120
5	복숭아	150
6	복숭아	140

'복숭아'의 평균 판매 수량은?

- 함수: =AVERAGEIF(A2:A6,"복숭아",B2:B6)
- 결과: 130

'사과'의 평균 판매 수량은?

- 함수: =AVERAGEIF(A2:A6,"사과",B2:B6)
- 결과: 100

CHOOSE

지정된 인덱스를 기반으로 값 목록에서 값을 선택하고 반환합니다.

=CHOOSE(index_num, value1, [value2], ...)

- **index_num**: 반환하려는 값의 인덱스 번호(위치)를 지정하는 필수 인수입니다. 목록의 값 위치에 해당하는 1에서 254 사이의 숫자여야 합니다.
- **value1**: 선택하려는 값입니다. 최대 254개의 값을 지정할 수 있습니다. 이 함수는 index_num에 해당하는 값을 반환합니다.
- **[value2], ... (선택사항)**: 추가로 선택하려는 값입니다.

【 예시 】

다음 함수의 결과는?

- 함수: =CHOOSE(4,"서울","부산","광주","대구","인천","대전","울산")
- 결과: 대구

다음 표에 대한 함수의 결과는?

	A	B	C
1	사원코드	성별코드	이름
2	M-179-03	2	이미숙
3	K-349-04	1	이혁수
4	E-694-04	3	강수현
5	E-214-05	3	박상진
6	E-502-04	4	장수진

- 함수: =CHOOSE(B2,"남자","여자","남자","여자")
- 결과: 여자

COUNTIF

특정 조건을 만족하는 셀의 개수를 계산합니다. 범위의 조건을 지정하고 해당 조건을 충족하는 셀의 개수를 계산할 수 있습니다.

=COUNTIF(range, criteria)

- **range:** 조건을 적용할 셀의 범위입니다.
- **criteria:** range에서 계산할 셀을 결정하는 조건 또는 기준입니다.

【 예시 】

	A	B	C	D
1	응시번호	과목	등급	
2	1-001	수학	수	
3	1-002	영어	우	
4	1-003	수학	수	
5	1-004	수학	우	
6	1-005	수학	우	
7	1-006	영어	미	
8	1-007	영어	수	

'수학' 과목을 선택한 사람은 몇 명인가요?

- 함수: =COUNTIF(B2:B8,"**수학**")
- 결과: 4

등급이 '우'인 사람은 몇 명인가요?

- 함수: =COUNTIF(C2:C8,"**우**")
- 결과: 3

COUNTIFS

여러 기준을 충족하는 셀 수를 계산합니다. 다양한 범위의 조건을 지정하고 해당 조건을 모두 충족하는 셀의 개수를 계산할 수 있습니다.

=COUNTIFS(range1, criteria1, [range2, criteria2], ...)

- **range1**: 첫 번째 조건을 적용하려는 셀의 첫 번째 범위입니다.
- **criteria1**: range1에서 계산할 셀을 결정하는 조건 또는 기준입니다.
- **[range2, criteria2],… (선택사항)**: 추가 조건을 적용하기 위한 추가 범위 및 해당 기준입니다.

【 예시 】

	A	B	C	D
1	응시번호	과목	등급	
2	1-001	수학	수	
3	1-002	영어	우	
4	1-003	수학	수	
5	1-004	수학	우	
6	1-005	수학	우	
7	1-006	영어	미	
8	1-007	영어	수	
9				

과목이 '수학'이면서 등급이 '수'인 사람은 몇 명인가요?

- 함수: =COUNTIFS(B2:B8,"**수학**",C2:C8,"**수**")
- 결과: 2

과목이 '영어'이면서 등급이 '우'인 사람은 몇 명인가요?

- 함수: =COUNTIFS(B2:B8,"**영어**",C2:C8,"**우**")
- 결과: 1

DATE

연도, 월, 일의 값을 결합하여 날짜를 반환하는 함수입니다.

=DATE(year, month, day)

- **year**: 연도를 나타내는 숫자입니다. 1900년 이후의 연도를 사용합니다.
- **month**: 월을 나타내는 숫자입니다. 1월은 1, 2월은 2, … 12월은 12입니다.
- **day**: 일을 나타내는 숫자입니다. 1일부터 해당 월의 마지막 날까지의 숫자를 사용합니다.

【 예시 】

각 셀의 숫자를 날짜로 바꾸려면?

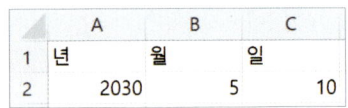

- **함수**: =DATE(A2,B2,C2)
- **결과**: 2030-05-10

DATEDIF

일, 월, 연도 등 다양한 단위로 두 날짜 간의 차이를 계산합니다. 시작일로부터 종료일까지 날짜 간격을 구하는 함수로, 인수에 따라 구하는 값이 달라집니다.

▶ 매우 유용한 기능이지만 엑셀의 수식 자동 완성 기능 목록에는 나타나지 않습니다. 함수를 모두 직접 입력해야 합니다.

= DATEDIF(Start_date, End_date, Unit)

- **Start_date**: 일수를 계산할 시작 일자입니다.
- **End_date**: 일수를 계산할 종료 일자입니다.
- **Unit**: "y", "m", "d", "ym", "md" 중 하나를 입력합니다.

Unit 인수	설명
"y"	두 날짜 사이에 경과한 총 연수를 구합니다.
"m"	두 날짜 사이에 경과한 총 월수를 구합니다.
"d"	두 날짜 사이에 경과한 총 일수를 구합니다.
"ym"	두 날짜 사이에 경과한 월수를 구합니다(경과한 연수를 제외합니다).
"md"	두 날짜 사이에 경과한 일수를 구합니다(경과한 월수를 제외합니다).

【 예시 】

	A	B	C
1	입사일	퇴사일	근속기간
2	2023-05-06	2029-11-25	

근속 연수는? (O년)

- 함수: =DATEDIF(A2,B2,"y")&"년"
- 결과: 6년

근속 연수 및 월은? (O년O개월)

- 함수: =DATEDIF(A2,B2,"y")&"년"&DATEDIF(A2,B2,"ym")&"개월"
- 결과: 6년6개월

FIND

특정 문자열이 다른 문자열에서 처음으로 나타나는 위치를 반환합니다. 이 함수는 대소문자를 구분하며 와일드카드는 지원하지 않습니다.

=FIND(find_text, within_text, [start_num])

- **find_text**: 찾고자 하는 텍스트입니다.
- **within_text**: 텍스트를 검색할 문자열입니다.
- **[start_num]** (선택사항): 검색을 시작할 위치입니다. 기본값은 1입니다.

【 예시 】

"POWER 엑셀"에서 "W"의 위치는?

- 함수: =FIND("W","POWER")
- 결과: 3

주민등록번호의 "-" 위치는?

	A	B
1	주민등록번호	위치
2	021219-3******	

- 함수: =FIND("-",A2)
- 결과: 7

FREQUENCY

데이터 범위에서 각 빈도 구간에 해당하는 데이터의 개수를 계산합니다. 범위를 선택하고 수식을 입력한 후에 〈CTRL〉+〈SHIFT〉+〈ENTER〉키를 눌러 계산할 수 있습니다.

= FREQUENCY(data_array, bins_array)

- **data_array**: 빈도를 계산할 숫자 배열입니다.
- **bins_array**: 빈도 구간을 정의하는 숫자 배열입니다.

【 예시 】

빈도수를 구하세요.

	A	B	C	D	E	F
1	성명	점수			구간	빈도수
2	홍윤화	54			20	
3	강진수	80			40	
4	최화진	78			60	
5	정민성	96			80	
6	유진희	15			100	
7	이민우	89				
8	민현우	38				
9	정민욱	100				
10	김석훈	86				
11	장현숙	65				

- **함수**: =FREQUENCY(B2:B11,E2:E6)
- **설명**: [구간] 열에 입력된 [E2] 셀의 20은 점수 범위 [B2:B11]에서 20보다 작거나 같은 값(x<=2)의 개수를 구합니다. [E2] 셀의 40은 점수 범위 [B2:B11]에서 20보다 크고 40보다 작거나 같은 값(20<x<=40)의 개수를 구합니다.

HOUR

시간 값에서 시(hour) 부분을 추출하는 함수입니다.

=HOUR(serial_number)

【 예시 】

시(hour)를 구하세요.

	A
1	시간
2	10:45:12

- 함수: =HOUR(A2)
- 결과: 10

IF

조건을 검사하여 참(TRUE) 또는 거짓(FALSE)에 해당하는 값을 반환합니다.

=IF(Logical_test, Value_if_true, [Value_if_false])

- **Logical_test:** 검사할 조건으로, TRUE나 FALSE로 판정될 값이나 식입니다.
- **Value_if_true**: 조건식의 결과가 TRUE일 때 반환할 값입니다.
- **[Value_if_false]** (선택사항): 조건식의 결과가 FALSE일 때 반환할 값입니다.

【 예시 】

점수가 90점 이상이면 "합격", 아니면 "불합격"을 입력하세요.

	A	B	C
1	성명	점수	결과
2	박수경	92	
3	강진수	80	
4	최화진	78	
5	정민성	96	

- 함수:

성명	점수	결과
박수경	92	=IF(B2>=90,"합격","불합격")
강진수	80	=IF(B3>=90,"합격","불합격")
최화진	78	=IF(B4>=90,"합격","불합격")
정민성	96	=IF(B5>=90,"합격","불합격")

- 결과:

	A	B	C
1	성명	점수	결과
2	박수경	92	합격
3	강진수	80	불합격
4	최화진	78	불합격
5	정민성	96	합격

IFERROR

Value의 결과가 오류면, 오류 값 대신 주어진 **Value_if_error**를 입력합니다.

=IFERROR(Value,Value_if_error)

- **Value**: 오류 여부를 검사하려는 데이터 혹은 수식을 입력합니다.
- **Value_if_error**: 값이 오류일 때 표시할 값을 입력합니다.

【 예시 】

[C2] 셀의 에러를 0으로 입력하세요([C2] 셀에 입력된 수식은 =B2/A2 입니다.).

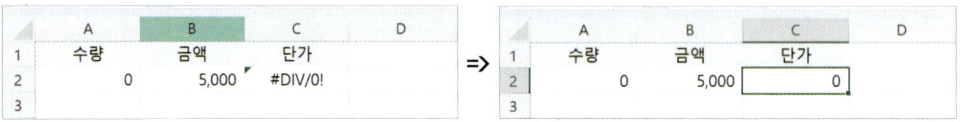

- 함수: =IFERROR(B2/A2,0)
- 결과: 0
- 설명: =B2/A2 수식의 결과는 오류입니다. 하지만 IFERROR 함수는 오류 값 대신에 0을 바꾸어 입력하도록 작성하였으므로 결과로 오류 값이 아니라 0이 표시됩니다.

INDEX

범위에서 행 번호로 지정된 숫자와 열 번호로 지정된 숫자에 해당하는 자료를 반환합니다.

=INDEX(Array, Row_num, [Column_num])

- **Array**: 표 형태의 범위를 지정합니다.
- **Row_num**: 숫자로 입력되며, 범위에서 행의 순서를 의미합니다.
- **[Column_num]** (선택사항): 숫자로 입력되며, 범위에서 열의 순서를 의미합니다. 생략하면 숫자 1이 기본값으로 설정됩니다.

【 예시 】

함수의 결과는?

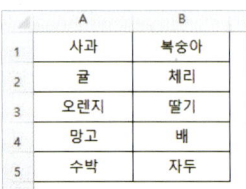

- 함수: =INDEX(A1:B5,3,2)
- 결과: 딸기

현재 월 목표 금액은?

	A	B
1	월	목표금액
2	1	650,000
3	2	705,900
4	3	766,607
5	4	832,535
6	5	904,133
7	6	981,888
8	7	1,066,330
9	8	1,158,034
10	9	1,257,625
11	10	1,365,781
12	11	1,483,238
13	12	1,610,796

- 함수: =INDEX(B2:B13,MONTH(TODAY()),1)
- 설명: 현재 일자 기준 월의 목표금액을 결괏값으로 반환합니다.

INDIRECT

텍스트로 입력된 값을 셀의 값으로 변경하거나 이름 정의된 범위로 변경합니다.

=INDIRECT(ref_text, [A1])

- **Ref_test**: 텍스트인 셀 주소나 문자열을 입력합니다.
- **[A1]** (선택사항): **Ref_test** 셀의 텍스트가 어떤 주소 형식인지 지정하는 논리값입니다. FALSE면 R1C1 스타일이고 TRUE거나 생략하면 A1 스타일입니다.

【 예시 】

[C2] 셀의 "합계" 텍스트와 SUM 함수를 이용하여 [C3] 셀의 합계를 구하세요([A2:A11] 범위의 이름은 "합계"로 지정했습니다.).

▶ 특정 범위의 이름을 정의하는 방법은 Chapter 02의 '이름 정의하기'를 참고하세요.

	A	B	C
1	숫자		
2	1		합계
3	2		
4	3		
5	4		
6	5		
7	6		
8	7		
9	8		
10	9		
11	10		

- 함수: =SUM(INDIRECT(C2))
- 결과: 55

LEFT

텍스트 문자열의 시작 부분(가장 왼쪽)에서 지정된 수의 문자를 추출합니다.

=LEFT(text, [num_chars])

- **text**: 문자를 추출하려는 텍스트 문자열입니다.
- **[num_chars]** (선택사항): 추출하려는 문자 수를 지정하는 선택적 인수입니다. 생략하면 LEFT는 첫 번째 문자만 추출합니다.

【 예시 】

아래 함수의 결과는?

- 함수: =LEFT("마이크로소프트 엑셀",3)
- 결과: 마이크

다음 표에 대한 함수의 결과는?

	A	B
1	사원코드	이름
2	M-179-03	이미숙
3	K-349-04	이혁수
4	E-694-04	김주희
5	E-214-05	이민주
6	E-502-04	장수진

- 함수: =LEFT(A2,1)
- 결과: M

LEN

텍스트 문자열의 문자 개수를 반환하는 함수입니다.

```
=LEN(text)
```

- **text**: 길이를 계산할 텍스트 문자열입니다. 이 문자열은 직접 입력하거나 셀 참조를 사용할 수 있습니다.

【 예시 】

"아름다운 나라"의 글자 수는?

- 함수: =LEN("아름다운 나라")
- 결과: 7

주민등록번호의 글자 수는?

	A	B
1	주민등록번호	글자수
2	021219-3******	

- 함수: =LEN(A2)
- 결과: 14

LOOKUP

LOOKUP 함수는 검색 범위에서 값을 검색하고 결과 범위의 같은 위치에서 값을 가져오는 함수입니다. LOOKUP 함수를 사용할 때 주의할 점은 찾는 범위의 데이터는 반드시 오름차순으로 정렬되어 있어야 합니다. 오름차순 정렬이 되어 있지 않으면 정확한 값을 가져오지 못합니다.

```
=LOOKUP(lookup_value, lookup_vector, [result_vector])
```

- **lookup_value**: 검색하려는 값을 입력합니다.
- **lookup_vector**: 검색할 값이 포함된 범위입니다.
- **[result_vector]** (선택사항): 결과를 가져올 값이 포함된 범위입니다.

【 예시 】

참외의 가격은?

	A	B	C	D	E
1	번호	가격	과일	규격	
2	1	16,000	망고	8KG	
3	2	30,000	복숭아	5KG	
4	3	18,000	자몽	3.5KG	
5	4	8,000	참외	2KG	
6	5	15,000	키위	3KG	
7					

- **함수**: =LOOKUP("참외",C2:C6,B2:B6)

- **결과**: 8,000

- **설명**: [C2:C6] 범위에서 **"참외"** 값을 찾습니다. 그리고 가격이 입력된 [B2:B6] 범위에서 같은 행에 위치한 **8,000**을 결괏값으로 반환합니다.

MATCH

셀 범위에서 지정된 항목을 검색한 다음 범위에서 해당 항목의 상대 위치를 숫자로 반환합니다.

=MATCH(Lookup_value, Lookup_array, [Match_type])

- **Lookup_value**: 검색하려는 값입니다.

- **Lookup_array**: 검색하려는 값이 포함된 셀 범위입니다.

- **[Match_type]** (선택사항): 찾는 방법을 지정하는 것으로 -1, 0, 1 중 하나를 입력합니다.

Match_type의 옵션

옵션	의미	범위
-1	찾는 값보다 크거나 같은 값 중 최솟값을 찾습니다.	내림차순 정렬되어야 합니다.
0	찾는 값과 정확히 일치하는 값을 찾습니다.	정렬이 필요 없습니다.
1 (또는 생략)	찾는 값보다 작거나 같은 값 중 최댓값을 찾습니다.	오름차순 정렬되어야 합니다.

【 예시 】

	A	B
1	성명	점수
2	홍윤화	92
3	강진수	80
4	최화진	78
5	정민성	96
6	유진희	56
7	이민우	89
8	민현우	92
9	정민욱	100
10	김석훈	86
11	장현숙	65

함수의 결과는?

- 함수: =MATCH("유진희",A2:A11,0)
- 결과: 5

'유진희'의 점수는?

- 함수: =INDEX(B2:B11,MATCH("유진희",A2:A11,0),1)
- 결과: 56
- 설명: [B2:B11] 범위에서 5행 1열의 값인 56을 반환합니다.

MAX

지정된 범위에서 가장 큰 값을 반환합니다.

=MAX(number1, [number2], ...)

- **number1**: 찾고자 하는 가장 큰 값의 첫 번째 숫자 또는 범위입니다.
- **[number2], ...**: (선택사항): 추가로 포함할 숫자 또는 범위입니다.

【 예시 】

다음 표의 점수에서 가장 큰 값은?

	A	B
1	성명	점수
2	홍윤화	54
3	강진수	80
4	최화진	78
5	정민성	96
6	유진희	15
7	이민우	89
8	민현우	38
9	정민욱	100
10	김석훈	86
11	장현숙	65

- 함수: =MAX(B2:B11)
- 결과: 100

MID

텍스트 문자열의 특정 위치에서 시작하여 특정 개수의 문자를 추출합니다.

=MID(text, start_position, num_chars)

- **text:** 추출하려는 텍스트 문자열입니다.
- **start_position:** 추출하려는 시작 위치입니다.
- **num_chars:** start_position부터 시작해 추출할 문자 수입니다.

【 예시 】

아래 함수의 결과는?

- 함수: =MID("마이크로소프트 엑셀",5,3)
- 결과: 소프트

다음 표에 대한 함수의 결과는?

	A	B
1	사원코드	이름
2	M-179-03	이미숙
3	K-349-04	이혁수
4	E-694-04	김주희
5	E-214-05	이민주
6	E-502-04	장수진

- 함수: =MID(A2,3,3)
- 결과: 179

MIN

지정된 범위에서 가장 작은 값을 반환합니다.

=MIN(number1, [number2], ...)

- number1: 찾고자 하는 가장 작은 값의 첫 번째 숫자 또는 범위입니다.
- [number2], ...: (선택사항): 추가로 포함할 숫자 또는 범위입니다.

【 예시 】

점수 중에서 가장 작은 값은?

	A	B
1	성명	점수
2	홍윤화	54
3	강진수	80
4	최화진	78
5	정민성	96
6	유진희	15
7	이민우	89
8	민현우	38
9	정민욱	100
10	김석훈	86
11	장현숙	65

- 함수: =MIN(B2:B11)
- 결과: 15

MINUTE

시간 값에서 분(minute)을 추출하는 함수입니다.

=MINUTE(serial_number)

【 예시 】

분(minute)을 구하세요.

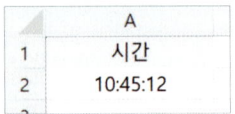

- 함수: =MINUTE(A2)
- 결과: 45

MONTH

날짜에서 월을 추출하는 함수입니다. 날짜의 월을 나타내는 1(1월)부터 12(12월)까지의 정수 값을 반환합니다.

=MONTH(serial_number)

【 예시 】

오늘 날짜의 월을 입력하세요.

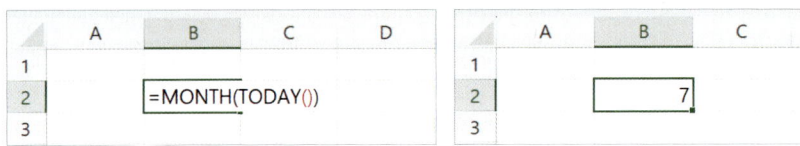

- 함수: =MONTH(TODAY())
- 설명: 현재 일자 기준 월을 결괏값으로 반환합니다.

REPT

특정 텍스트 문자열을 지정된 횟수만큼 반복하여 결과를 반환하는 함수입니다.

=REPT(text, number_times)

- **text**: 반복할 텍스트 문자열입니다.
- **number_times**: 텍스트 문자열을 반복할 횟수입니다. 이 값은 0이면 빈 문자열을 반환하므로 0 이상이어야 합니다.

【 예시 】

다음과 같은 결과를 반환하기 위해 [B2] 셀에 입력할 함수는?

	A	B
1	숫자	REPT
2	5	★★★★★
3	8	★★★★★★★★
4	9	★★★★★★★★★
5	1	★
6	4	★★★★
7		

- 함수: =REPT("★",A2)

결과	함수
★★★★★	=REPT("★",A2)
★★★★★★★★	=REPT("★",A3)
★★★★★★★★★	=REPT("★",A4)
★	=REPT("★",A5)

RIGHT

텍스트 문자열의 끝에서부터 지정된 수의 문자를 반환하는 함수입니다.

=RIGHT(text, [num_chars])

- **text**: 문자를 추출할 텍스트 문자열입니다.
- **[num_chars]** (선택사항): 문자열의 끝에서부터 추출할 문자의 수입니다. 생략하면 기본값인 1이 적용됩니다.

【 예시 】

다음 함수의 결과는?

- 함수: =RIGHT("마이크로소프트 엑셀",2)
- 결과: 엑셀

다음 표에 대한 함수의 결과는?

	A	B
1	사원코드	이름
2	M-179-03	이미숙
3	K-349-04	이혁수
4	E-694-04	김주희
5	E-214-05	이민주
6	E-502-04	장수진

- 함수: =RIGHT(A2,2)
- 결과: 03

ROUND

숫자를 지정한 자릿수로 반올림합니다.

=ROUND(number, num_digits)

- **number**: 반올림하려는 숫자 값입니다.
- **num_digits**: number를 반올림하려는 자릿수입니다. 결과에 포함하려는 소수 자릿수를 지정합니다. 양수 또는 음수일 수 있습니다. 양수는 숫자를 소수점 오른쪽으로 반올림하고 음수는 소수점 왼쪽으로 반올림합니다.

【 예시 】

다음 함수의 결과는?

- 함수: =ROUND(4356.6768,2)
- 결과: 4356.68

다음 함수의 결과는?

- 함수: =ROUND(4356.6768,-1)
- 결과: 4360

소수점 이하 첫째 자리까지 반올림하는 단가는? (단가 = 금액/수량)

	A	B	C
1	금액	수량	단가
2	10	3	

- 함수: =ROUND(A2/B2,1)
- 결과: 3.3

ROUNDDOWN

숫자를 지정한 자릿수로 내림합니다.

=ROUNDDOWN(number, num_digits)

- number: 내림하려는 숫자 값입니다.
- num_digits: number를 내림하려는 자릿수입니다. 결과에 포함하려는 소수 자릿수를 지정합니다. 양수 또는 음수일 수 있습니다. 양수는 숫자를 소수점 오른쪽으로 내림하고 음수는 소수점 왼쪽으로 내림합니다.

【 예시 】

다음 함수의 결과는?

- 함수: =ROUNDDOWN(4356.6768,2)
- 결과: 4356.67

다음 함수의 결과는?

- 함수: =ROUNDDOWN(4356.6768,-1)
- 결과: 4350

소수점 이하 첫째 자리까지 내림하는 단가는? (단가 = 금액/수량)

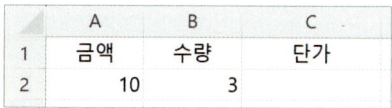

- 함수: =ROUNDDOWN(A2/B2,1)
- 결과: 3.3

ROUNDUP

숫자를 지정한 자릿수로 올림합니다.

=ROUNDUP(number, num_digits)

- number: 올림하려는 숫자 값입니다.
- num_digits: number를 올림하려는 자릿수입니다. 결과에 포함하려는 소수 자릿수를 지정합니다. 양수 또는 음수일 수 있습니다. 양수는 숫자를 소수점 오른쪽으로 올림하고 음수는 소수점 왼쪽으로 올림합니다.

【 예시 】

다음 함수의 결과는?

- 함수: =ROUNDUP(4356.6768,2)
- 결과: 4356.68

다음 함수의 결과는?

- 함수: =ROUNDUP(4356.6768,-1)
- 결과: 4360

소수점 이하 첫째 자리까지 올림하는 단가는? (단가 = 금액/수량)

	A	B	C
1	금액	수량	단가
2	10	3	

- 함수: =ROUNDUP(A2/B2,1)
- 결과: 3.4

ROW

각 셀의 행 번호를 알려주는 함수로, 행 번호인 숫자를 결괏값으로 반환합니다.

ROW([Reference])

- **[Reference]** (선택사항): 행 번호를 구하려는 셀이나 셀 범위입니다. 생략하면 ROW 함수가 들어 있는 셀의 행 번호를 반환합니다.

【 예시 】

선택한 셀의 행 번호는?

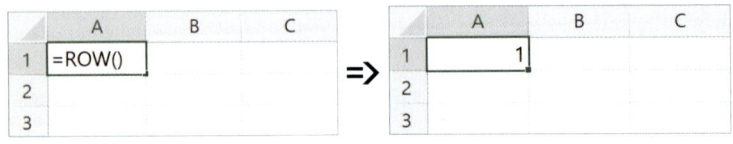

- 함수: =ROW( )

[B15] 셀의 행 번호는?

	A	B	C
1	=ROW(B15)		
2			
3			

⇒

	A	B	C
1	15		
2			
3			

- 함수: =ROW(B15)
- 결과: 15

SUM

숫자를 합산합니다. 합산할 셀을 범위(:)로 지정하면 해당하는 범위의 값을 모두 합산하고, 값과 값(,)으로 지정하면 해당하는 값만 합산합니다.

=SUM(number1, [number2], ...)

- **number1**: 합산할 첫 번째 숫자 또는 범위입니다.
- **[number2], ...**: (선택사항): 추가로 포함할 숫자 또는 범위입니다.

【 예시 】

아래 함수의 결과는?

	A	B
1	1	
2	2	
3	3	
4	4	
5	5	
6	6	
7	7	
8	8	
9	9	
10	10	

- 함수: =SUM(A1:A10)
- 결과: 55

- 함수: =SUM(A1,A10)
- 결과: 11

SUMIF

단일 기준을 충족하는 범위의 값을 합하는 데 사용합니다. 조건부 합산을 위한 강력한 기능으로, 범위에 기준을 적용하고 이 기준을 충족하는 값만 합산합니다.

=SUMIF(Range,Criteria,[Sum_Range])

- **Range**: 기준을 적용할 셀 범위입니다. 이는 기준을 충족하는지 확인하기 위해 평가될 셀입니다.
- **Criteria**: 셀 값이 합계에 포함되기 위해 충족해야 하는 기준입니다. 기준은 숫자, 표현식, 셀 참조 또는 텍스트일 수 있습니다.
- **[Sum_Range]** (선택사항): 합산할 실제 셀입니다. 생략하면 **Range**의 셀을 합산합니다.

【 예시 】

	A	B
1	과일	수량
2	복숭아	100
3	수박	80
4	사과	120
5	수박	150
6	복숭아	140

'복숭아' 수량의 합은?

- 함수: =SUMIF(A2:A6,"복숭아",B2:B6)
- 결과: 240

140개 이상 판매한 과일의 수량 합은?

- 함수: =SUMIF(B2:B6,">=140")
- 결과: 290

SUMIFS

여러 가지 조건을 동시에 만족하는 숫자 값의 합계를 구합니다.

=SUMIFS(Sum_Range,Criteria_range1,Criteria1, [Criteria_range2,Criteria2]…)

- **Sum_Range**: 합계를 계산할 숫자가 입력된 범위입니다.
- **Criteria_range1**: 첫 번째 기준을 적용할 셀 범위입니다.

- **Criteria1**: [Criteria_range1]에서 셀 값이 합계에 포함되기 위해 충족해야 하는 조건입니다.
- **[Criteria_range2, Criteria2]… (선택사항)**: 추가 조건을 적용하기 위한 선택적 추가 범위 및 해당 기준입니다.

【 예시 】

	A	B	C
1	지역	과일	수량
2	수도권	복숭아	100
3	비수도권	수박	80
4	비수도권	사과	120
5	수도권	수박	150
6	비수도권	복숭아	140

'수도권'에서 '복숭아' 수량의 합은?

- 함수: =SUMIFS(C2:C6,A2:A6,"수도권",B2:B6,"복숭아")
- 결과: 100

'비수도권'에서 100개 이상 판매한 과일의 수량 합은?

- 함수: =SUMIFS(C2:C6,A2:A6,"비수도권",C2:C6,">=100")
- 결과: 260

TEXT

숫자를 특정 숫자 형식의 텍스트로 변환합니다. 이 함수는 날짜, 시간, 숫자 및 통화 값을 지정된 형식으로 변환하는 데 주로 사용합니다.

=TEXT(value, format_text)

- **value**: 형식을 지정하려는 숫자, 날짜 또는 시간입니다.
- **format_text**: 값을 표시하려는 형식입니다.

【 예시 】

50000의 숫자 값을 날짜 형식으로 변환하세요.

- 함수: =TEXT(50000,"yyyy-mm-dd")
- 결과: 2036-11-21

50000의 숫자 값을 1000단위 구분 형식으로 변환하세요.

- 함수: =TEXT(50000,"#,##0")
- 결과: 50,000

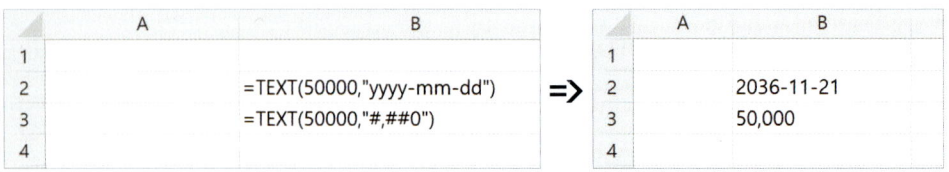

TIME

시, 분, 초로 입력한 3개의 숫자를 시간을 뜻하는 소수로 나타냅니다.

=TIME(Hour,Minute,Second)

- Hour: '시'로 사용할 숫자입니다.
- Minute: '분'으로 사용할 숫자입니다.
- Second: '초'로 사용할 숫자입니다.

【 예시 】

각 셀의 숫자를 시간으로 바꾸려면?

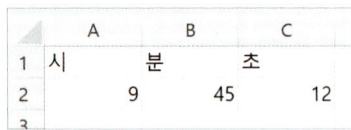

- 함수: =TIME(A2,B2,C2)
- 결과: 9:45:12

TODAY

TODAY 함수는 사용 중인 컴퓨터에 설정된 오늘의 날짜를 구합니다. TODAY 함수는 괄호 안에 입력되는 인수가 없습니다.

=TODAY( )

VLOOKUP

지정한 범위에서 행별로 원하는 값을 찾을 때 사용하는 함수입니다.

=VLOOKUP(lookup_value, table_array, col_index_num, [range_lookup])

- **lookup_value**: table_array의 첫 번째 열에서 검색하려는 값입니다.
- **table_array**: 데이터가 포함된 셀 범위입니다. 이 범위의 첫 번째 열은 lookup_value가 검색되는 위치입니다.
- **[range_lookup] (선택사항)**: 정확하게 일치하는 값을 찾을지, 유사한 값을 찾을지 지정하는 지정하는 논리값입니다. TRUE(또는 생략)는 유사 일치를 의미하고 FALSE 또는 0은 정확한 일치를 의미합니다.

유사 일치와 정확한 일치를 지정하는 논리값

옵션	의미	범위
FALSE 또는 0	찾는 값과 정확히 일치하는 값을 찾습니다.	정렬이 필요 없습니다.
TRUE 또는 1 또는 생략	찾는 값보다 작거나 같은 값 중 최댓값을 찾습니다.	오름차순 정렬되어야 합니다.

【 예시 】

	A	B	C
1	ID	성명	점수
2	A1	홍윤화	92
3	C3	강진수	80
4	A2	최화진	78
5	B1	정민성	96
6	B2	유진희	56
7	B3	이민우	89
8	A3	민현우	92
9	C4	정민욱	100
10	C5	김석훈	86
11	A4	장현숙	65

ID [A3]의 성명은?

- 함수: =VLOOKUP("A3",A2:C11,2,FALSE)
- 결과: 민현우

ID [B3]의 점수는?

- 함수: =VLOOKUP("B3",A2:C11,3,FALSE)
- 결과: 89

	A	B	C
1	구간	평가	비고
2	0	가	60점미만
3	60	양	60~70점미만
4	70	미	70~80점미만
5	80	우	80~90점미만
6	90	수	90점이상

60점의 평가는?

- **함수**: =VLOOKUP(60,A2:C6,2,TRUE)

- **결과**: 양

- **설명**: 60 값을 [A2:C6] 범위의 1열에서 찾습니다. range_lookup 위치의 값이 TRUE이므로 60보다 작거나 같은 값 중에 최댓값을 찾고 그 행의 2열 값을 반환합니다.

88점의 평가는?

- **함수**: =VLOOKUP(88,A2:C6,2,TRUE)

- **결과**: 우

- **설명**: 88 값을 [A2:C6] 범위의 1열에서 찾습니다. range_lookup 위치의 값이 TRUE이므로 88보다 작거나 같은 값 중에 최댓값을 찾고 그 행의 2열 값을 반환합니다.

WEEKDAY

주어진 날짜의 요일을 숫자로 반환하는 함수입니다.

= WEEKDAY(serial_number, [return_type])

- **serial_number**: 필수 입력 값으로, 구하고자 하는 요일의 날짜입니다. 날짜 형식이거나 날짜를 나타내는 셀 참조여야 합니다.

- **[return_type]** (선택사항): 선택 입력 값으로, 반환되는 요일 번호의 형식을 지정합니다. 기본값은 1입니다.

  - **1 또는 생략**: 1(일요일)에서 7(토요일)까지의 값을 반환합니다.

  - **2**: 1(월요일)에서 7(일요일)까지의 값을 반환합니다.

  - **3**: 0(월요일)에서 6(일요일)까지의 값을 반환합니다.

【 예시 】

해당하는 요일 값은?

	A	B
1	날짜	요일
2	2100-10-05	화요일

- 함수: =WEEKDAY(A2)

- 결과: 3

PART

03

실전 자료로
함수 써먹기

4 _ 실적 자료 작성하기

5 _ 동호회비 관리하기

6 _ 지원 정책 자료 분석하기

7 _ 재고조사표 작성하기

8 _ 회원 명부 작성하기

9 _ 주간업무표 작성하기

10 _ 견적서 작성하기

11 _ 평가 자료

12 _ 아르바이트 급여

13 _ 교육 자료 작성하기

CHAPTER

04

실적 자료 작성하기

예제 파일명: 04_실적자료.xlsx

기업은 고객, 제품 등 방대한 데이터를 가지고 있습니다. 이러한 데이터를 보기 좋게 작성할 수 있어야 한눈에 자료를 빠르게 파악하고 정확한 의사 결정을 내릴 수 있습니다. 먼저 실적 자료를 바탕으로 병합된 데이터와 필요 없는 데이터를 정리하고 데이터의 감소와 증가를 시각적으로 표현하겠습니다.

미리 보기 | 완성 파일명: 04_실적자료_결과.xlsx

담당자	지점	전월실적	금월실적	증감률	감소	증가
이수근	갈현점	3,582	6,284	+75.4%		▶▶▶▶▶▶▶
이수근	대치점	4,494	2,634	-41.3%	◀◀◀◀	
이수근	개포점	3,892	5,646	+45.0%		▶▶▶▶
이수근	서초점	2,006	956	-52.3%	◀◀◀◀◀	
이수근	방배점	3,271	3,912	+19.5%		▶
이수근	흑석점	4,560	5,690	+24.7%		▶▶
이수근	노량진점	3,251	5,234	+60.9%		▶▶▶▶▶▶
이수근	대방점	5,649	3,490	-38.2%	◀◀◀	
이수근	여의도점	5,678	2,340	-58.7%	◀◀◀◀◀	
이수근	명동점	3,420	4,590	+34.2%		▶▶▶
이수근	종로점	1,290	1,890	+46.5%		▶▶▶▶
이수근	돈암점	20,150	4,568	-77.3%	◀◀◀◀◀◀◀	
강효주	이화점	17,230	9,290	-46.0%	◀◀◀◀	
강효주	장충점	442	450	+1.8%		
강효주	신당점	480	537	+11.8%		▶
강효주	광희점	2,650	2,751	+3.8%		
강효주	혜화점	340	380	+11.7%		▶
강효주	창신점	4,154	2,800	-32.5%	◀◀◀	
강효주	숭인점	8,150	4,368	-46.4%	◀◀◀◀	
강효주	효창점	1,310	1,467	+11.9%		▶
강효주	청파점	480	370	-22.9%	◀◀	

▶ 다음 페이지 그림과 연결

강호주	한남점	1,580	1,760	+11.3%	▶
강호주	이촌점	2,451	2,968	+21.0%	▶▶
강호주	후암점	2,254	2,049	-9.0%	
이민우	왕십리점	4,470	5,006	+11.9%	▶
이민우	마장점	930	1,041	+11.9%	▶
이민우	사근점	560	274	-51.0%	◀◀◀◀◀
이민우	행당점	1,060	968	-8.6%	
이민우	옥수점	2,470	2,049	-17.0%	◀
이민우	성수점	780	206	-73.5%	◀◀◀◀◀◀◀
이민우	중곡점	2,370	1,041	-56.0%	◀◀◀◀
이민우	능동점	2,620	3,204	+22.2%	▶▶
이민우	구의점	6,186	10,070	+62.7%	▶▶▶▶▶▶

사용한 함수

- IF   43쪽
- RIGHT   53쪽
- LEN   47쪽
- FIND   41쪽
- REPT   52쪽
- ABS   36쪽
- ROUNDDOWN   55쪽

담당자 구하기

열 병합되어 있는 [담당자] 열의 이름을 각 셀마다 입력하도록 합니다.

01. [실적표] 워크시트에서 [B] 열을 선택하고 마우스 오른쪽 버튼을 클릭해 단축 메뉴에서 [삽입]을 클릭합니다.

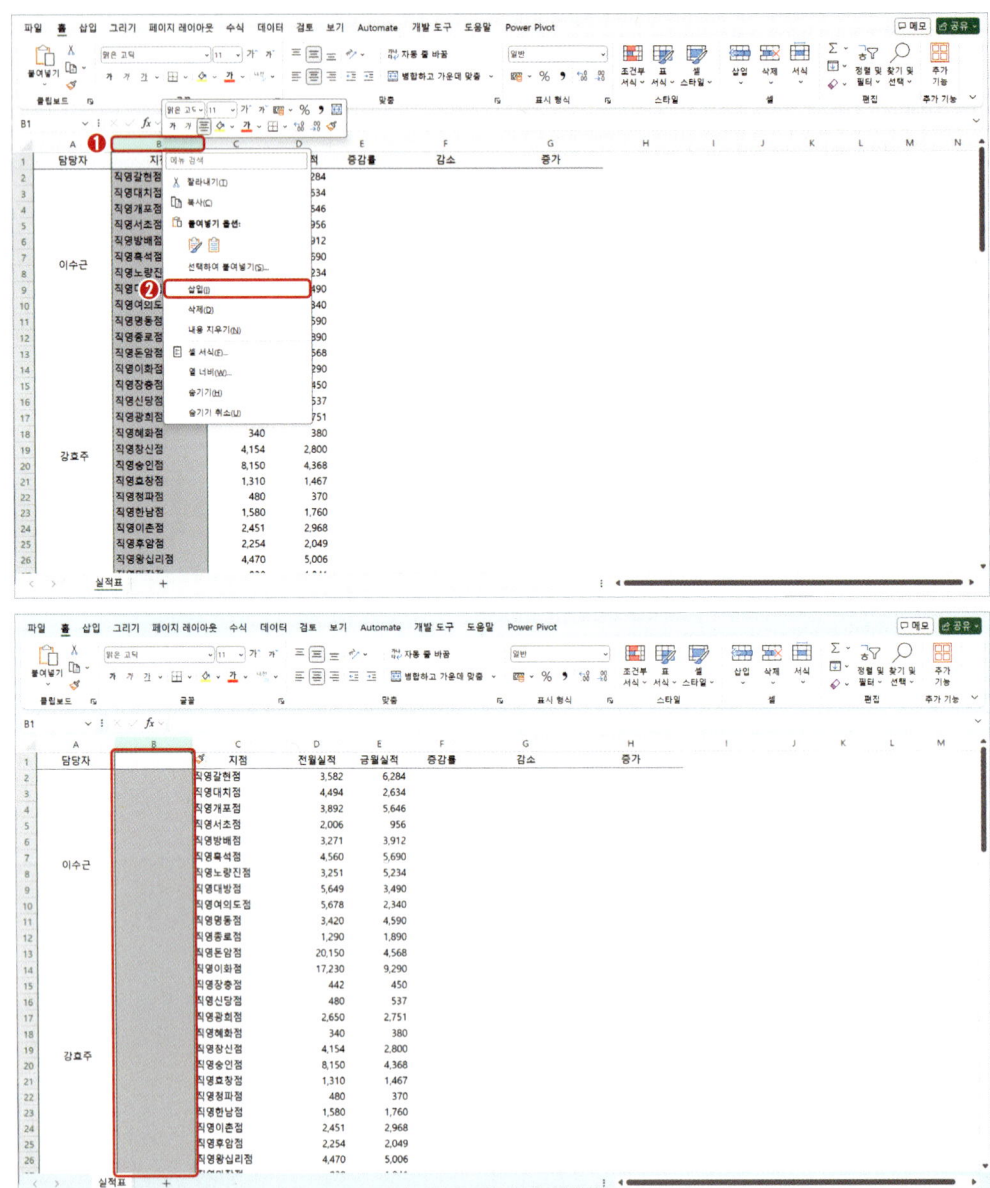

68   PART 03 _ 실전 자료로 함수 써먹기

02. 담당자 이름을 구하기 위해 [B2] 셀을 선택하고 **=IF(A2<>"",A2,B1)**를 입력합니다.

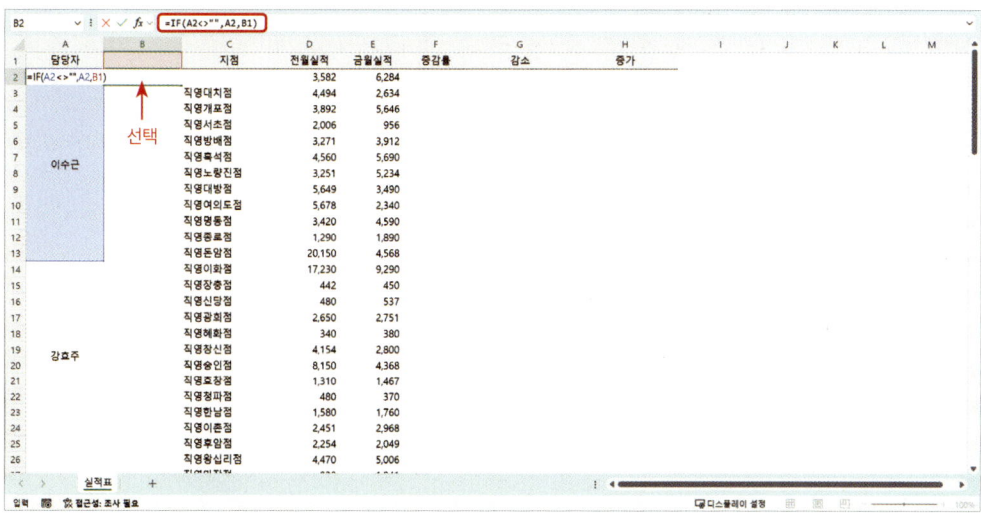

🔍 수식 풀이

=IF(A2<>"",A2,B1)
[A2] 셀의 값이 공백("")이 아니면 TRUE, 공백("")이면 FALSE입니다.

=IF("이수근"<>"","이수근",[B1] 셀 값)
         TRUE
=> "이수근" 입력

03. 수식이 입력된 [B2] 셀을 선택한 후 셀 오른쪽 아래 마우스 포인터를 두고 채우기 핸들을 더블클릭해 [B] 열에 수식을 복사합니다.

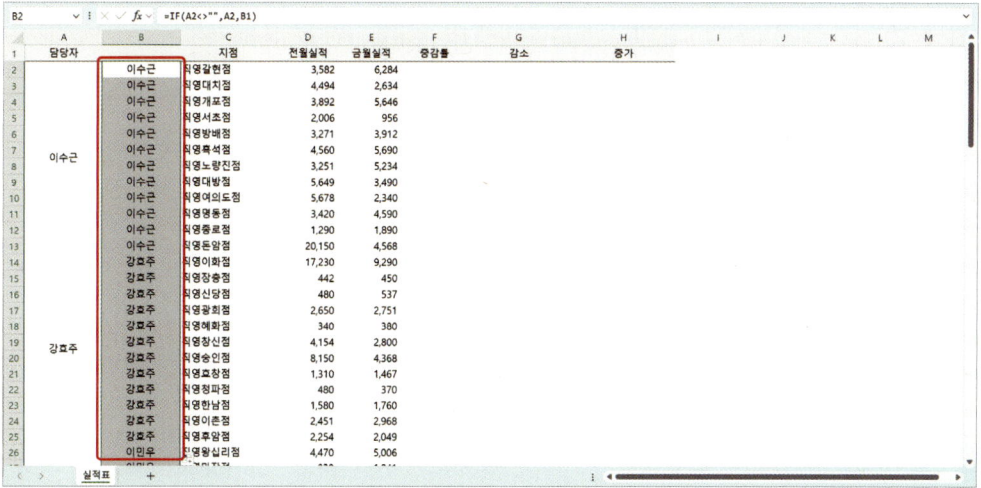

04. 수식 없이 담당자 이름을 입력하기 위해 [C] 열을 선택하고 마우스 오른쪽 버튼을 클릭한 후 단축 메뉴에서 [삽입]을 클릭합니다.

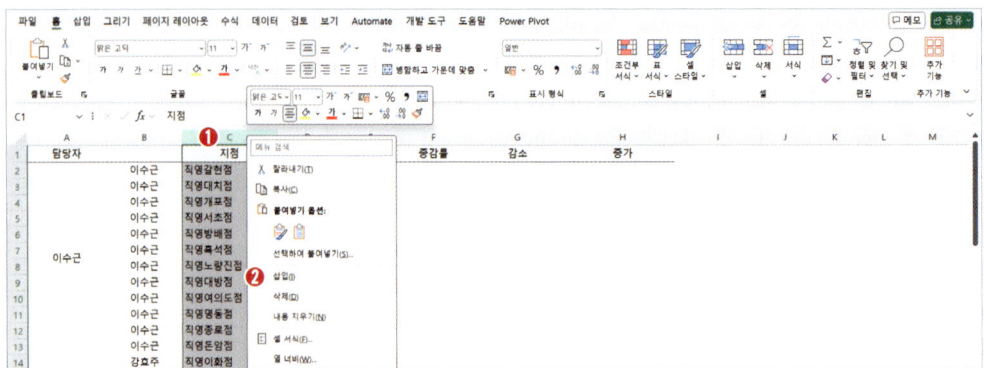

05. [B2:B101] 범위를 선택한 후 마우스 오른쪽 버튼을 클릭해 단축 메뉴에서 [복사]를 클릭합니다.

▶ 범위가 많아서 드래그가 어렵다면 〈Ctrl〉+〈Shift〉+〈↓〉를 누르면 데이터가 있는 마지막 셀까지 빠르게 범위를 선택할 수 있습니다.

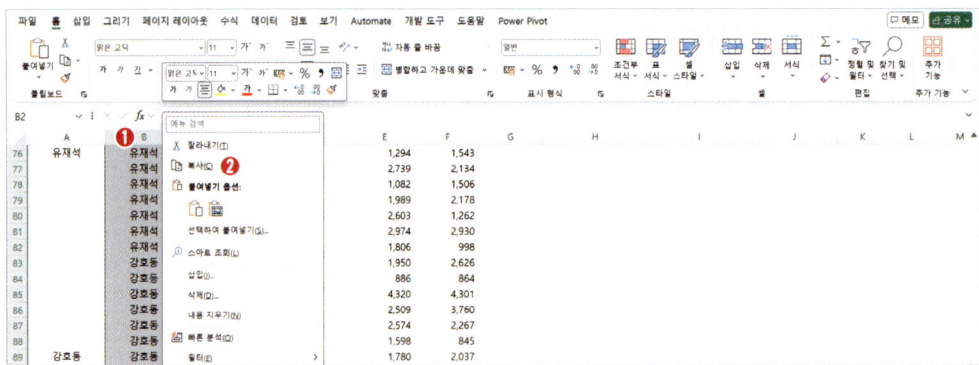

06. [C2] 셀을 선택한 후 마우스 오른쪽 버튼을 클릭해 단축 메뉴에서 [선택하여 붙여넣기]를 클릭합니다.

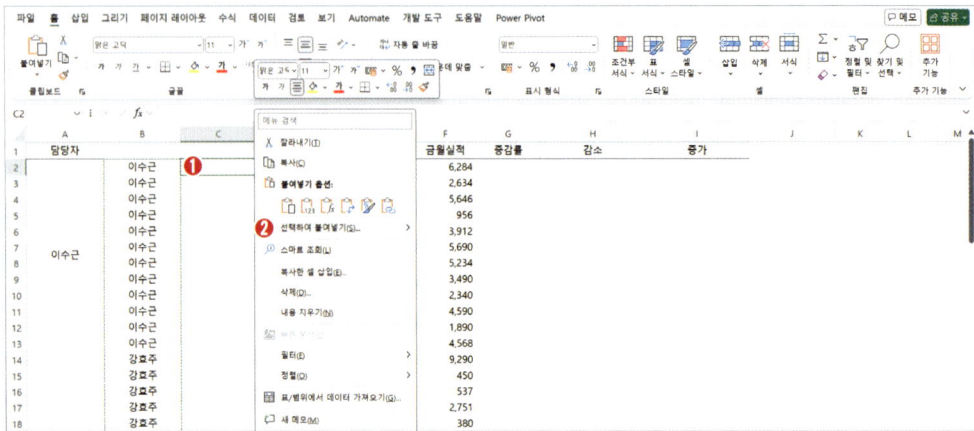

07. [선택하여 붙여넣기] 대화상자가 열리면 '붙여넣기'란에서 [값]을 선택하고 [확인]을 클릭합니다.

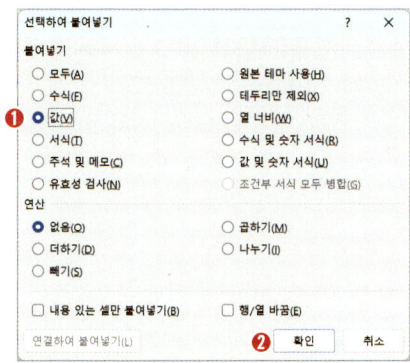

08. [A:B] 열을 선택하고 마우스 오른쪽 버튼을 클릭해 단축 메뉴에서 [삭제]를 클릭합니다.

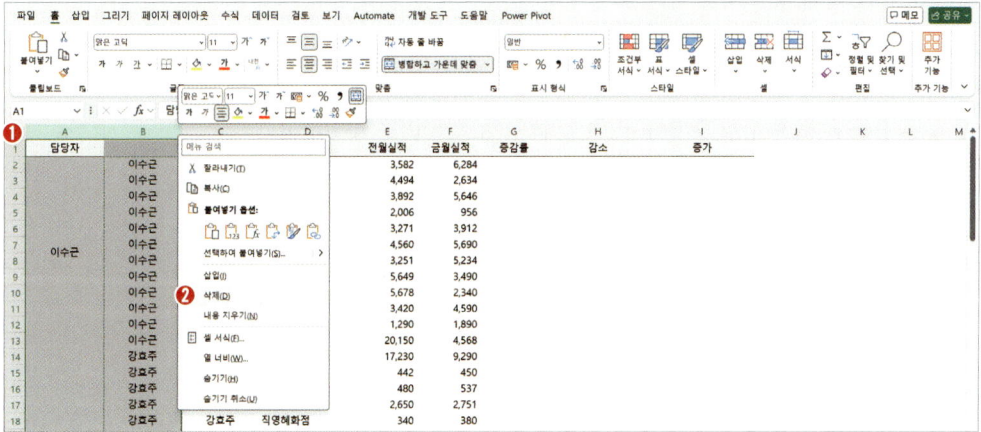

09. [A1] 셀을 선택하고 **담당자**를 입력합니다.

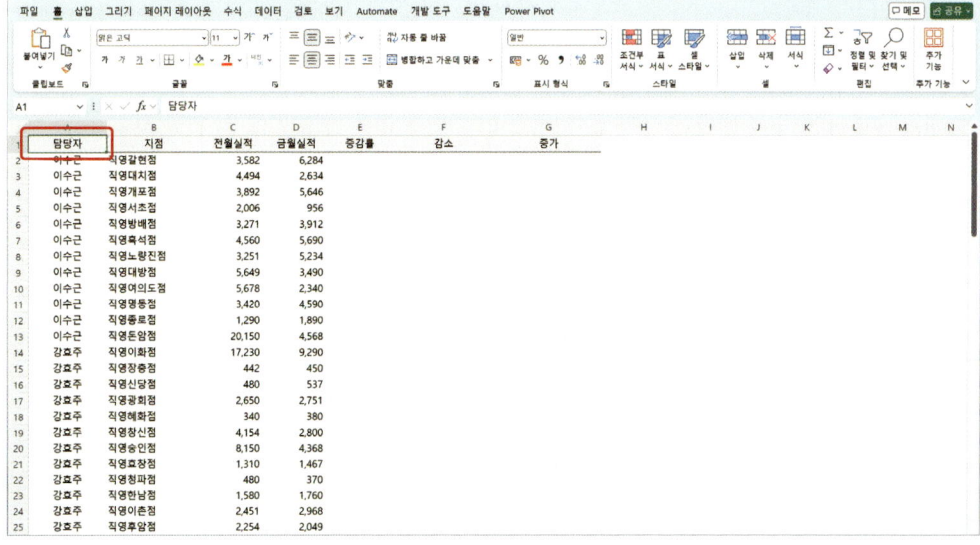

지점명 정리하기

[지점] 열에 입력된 지점명 앞에 "직영"이라는 텍스트를 모두 제거하겠습니다.

01. [실적표] 워크시트에서 [C] 열을 선택한 후 마우스 오른쪽 버튼을 클릭해 단축 메뉴에서 [삽입]을 클릭합니다.

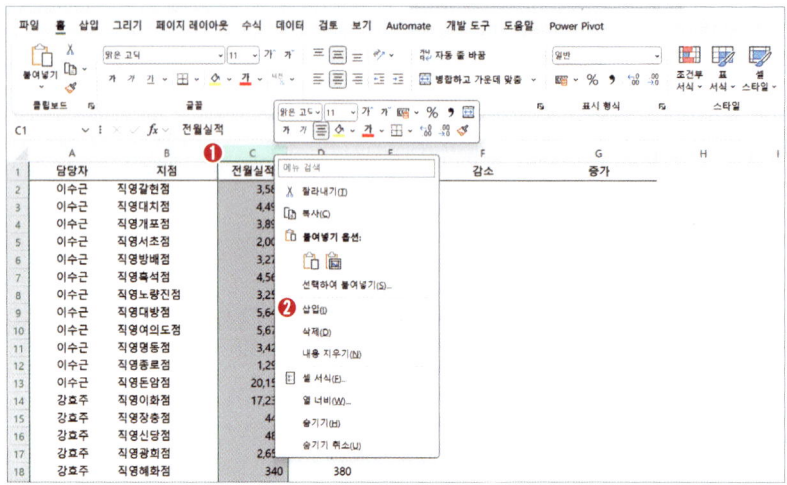

02. 지점을 구하기 위해 [C2] 셀을 선택하고 **=RIGHT(B2,LEN(B2)-FIND("영",B2))** 를 입력합니다.

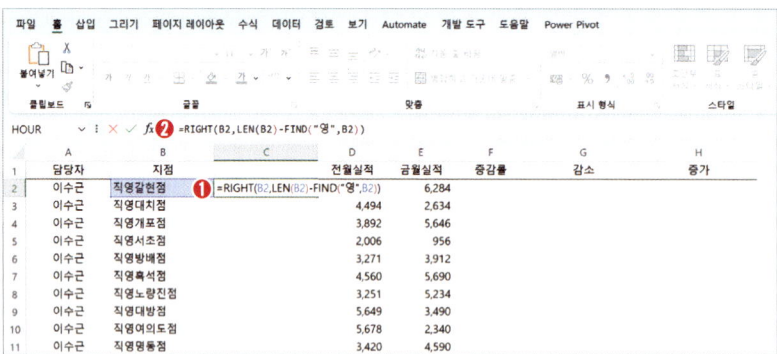

수식 풀이

```
=RIGHT(B2,LEN(B2)-FIND("영",B2))


LEN("직영갈현점") => 5
FIND("영","직영갈현점") => 2
=RIGHT("직영갈현점",LEN("직영갈현점")-FIND("영","직영갈현점"))
 5        -        2
=RIGHT("직영갈현점",3)
=> "갈현점"
```

03. [C2] 셀을 선택한 후 셀 오른쪽 아래 마우스 포인터를 두고 채우기 핸들을 더블클릭해 [C] 열에 수식을 복사합니다.

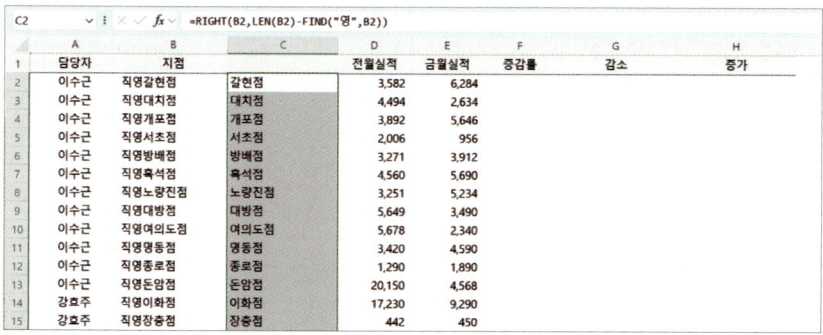

04. 수식 없이 지점을 입력하기 위해 [D] 열을 선택하고 마우스 오른쪽 버튼을 클릭한 후 단축 메뉴에서 [삽입]을 클릭합니다.

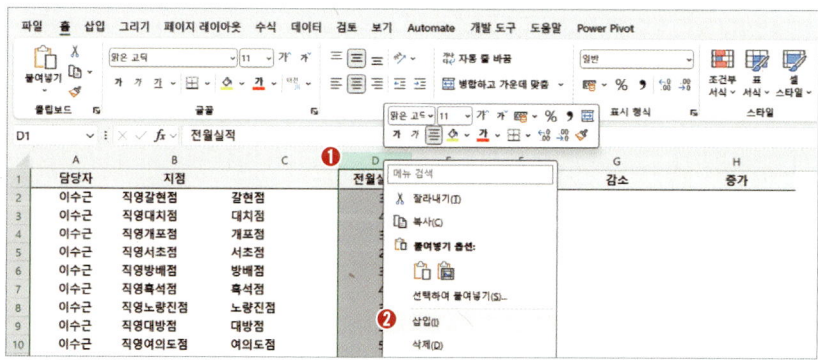

05. [C2:C101] 범위를 선택한 후 마우스 오른쪽 버튼을 클릭해 단축 메뉴에서 [복사]를 클릭합니다.

06. [D2] 셀을 선택한 후 마우스 오른쪽 버튼을 클릭해 단축 메뉴에서 [선택하여 붙여넣기]를 클릭합니다.

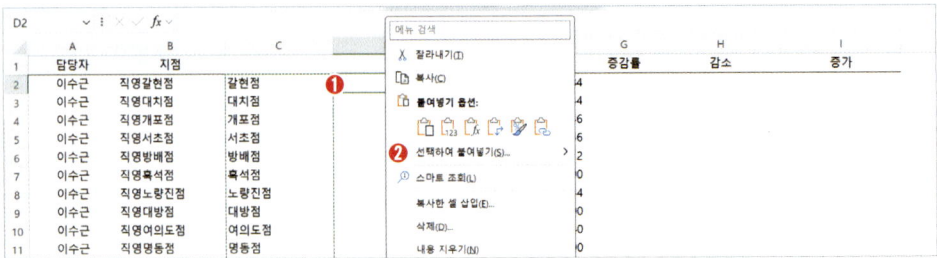

07. [선택하여 붙여넣기] 대화상자가 열리면 '붙여넣기'란에서 [값]을 선택하고 [확인]을 클릭합니다.

08. [B:C] 열을 선택한 후 마우스 오른쪽 버튼을 클릭해 단축 메뉴에서 [삭제]를 클릭합니다.

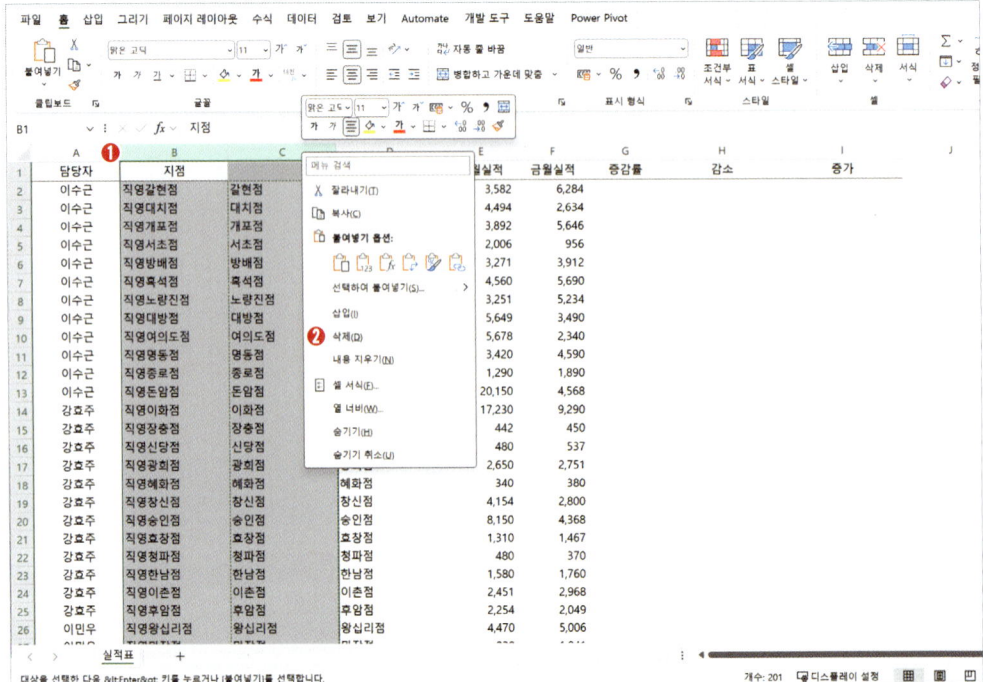

74   PART 03 _ 실전 자료로 함수 써먹기

09. [B1] 셀을 선택하고 **지점**을 입력합니다.

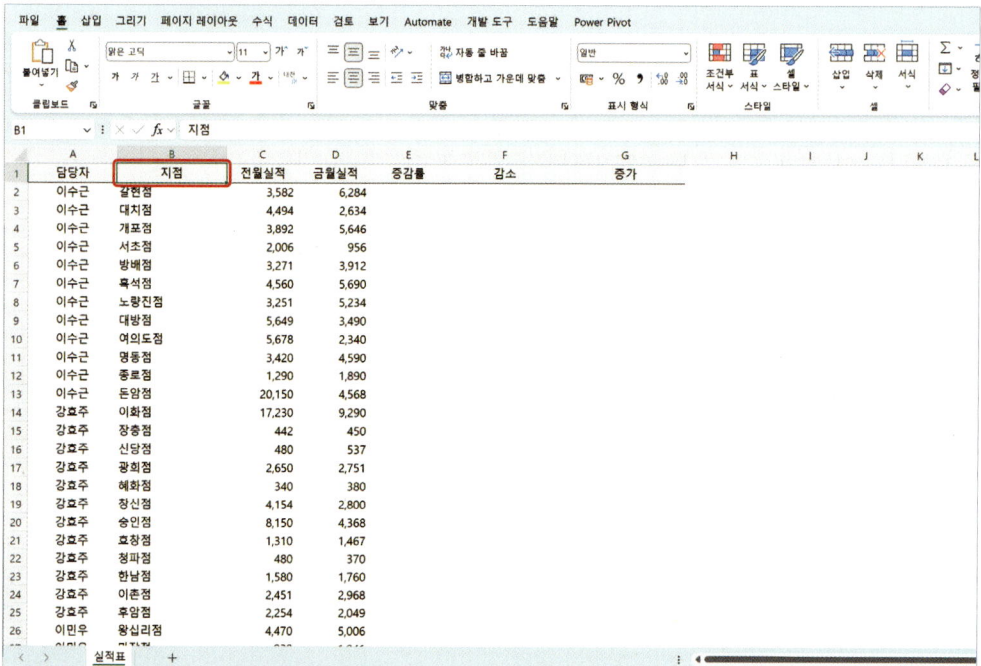

증감률 구하기

전월실적과 금월실적을 이용하여 증감률을 구합니다.

01. 증감률을 구하기 위해 [실적표] 워크시트에서 [E2] 셀을 선택하고 **=(D2-C2)/C2**를 입력합니다.

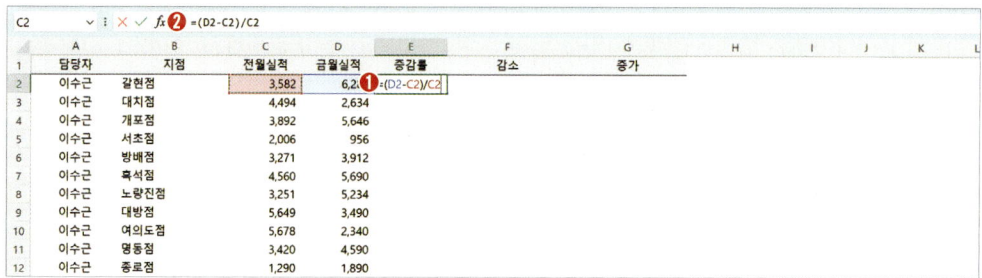

🔍 **수식 풀이**

=(D2-C2)/C2
증감률 = (금월실적-전월실적)/전월실적
(6284-3582)/3582 => 0.754327192

02. [E2] 셀을 선택한 후 셀 오른쪽 아래 마우스 포인터를 두고 채우기 핸들을 더블클릭해 [E] 열에 수식을 복사합니다.

03. 앞서 구한 결괏값을 소수점 아래 셋째 자리까지 내림하기 위해 [E2] 셀을 선택하고 **=ROUNDDOWN((D2-C2)/C2,3)**를 입력합니다.

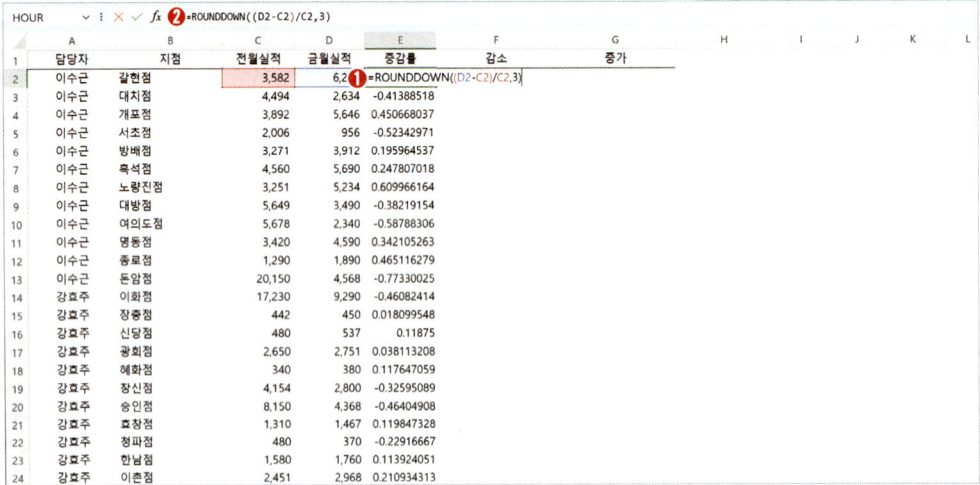

🔍 **수식 풀이**

=ROUNDDOWN((D2-C2)/C2,3)

증감률 값을 소수점 아래 셋째 자리까지 내림한 결괏값이 입력됩니다.

=ROUNDDOWN(0.754327192,3) => 0.754

04. [E2] 셀을 선택한 후 셀 오른쪽 아래 마우스 포인터를 두고 채우기 핸들을 더블클릭해 [E] 열에 수식을 복사합니다.

05. 증가한 값과 감소한 값을 색으로 구분하기 위해 [E2:E101] 범위를 선택한 상태에서 마우스 오른쪽 버튼을 클릭한 후 단축 메뉴에서 [셀 서식]을 클릭합니다.

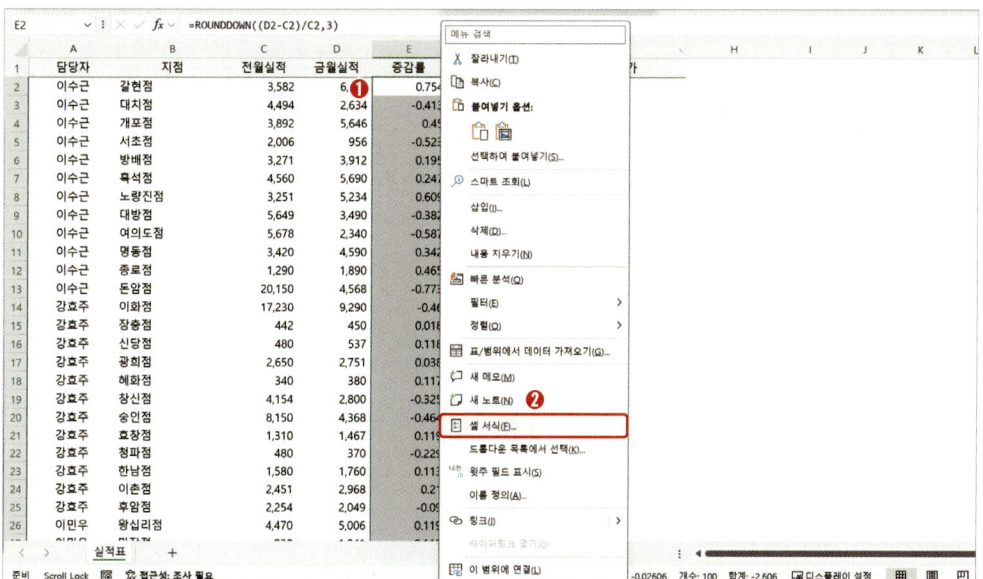

06. [셀 서식] 대화상자가 열리면 [표시 형식] 탭의 '범주'란에서 [사용자 지정]을 선택하고, '형식'란에 **[파랑]+0.0%;[빨강]-0.0%**를 입력한 후에 [확인]을 클릭합니다.

▶ 서식은 '양수;음수' 입니다. 양수는 파란색에 플러스(+) 기호가 앞에 붙고, 음수는 빨간색으로 마이너스(-) 기호가 앞에 붙습니다.

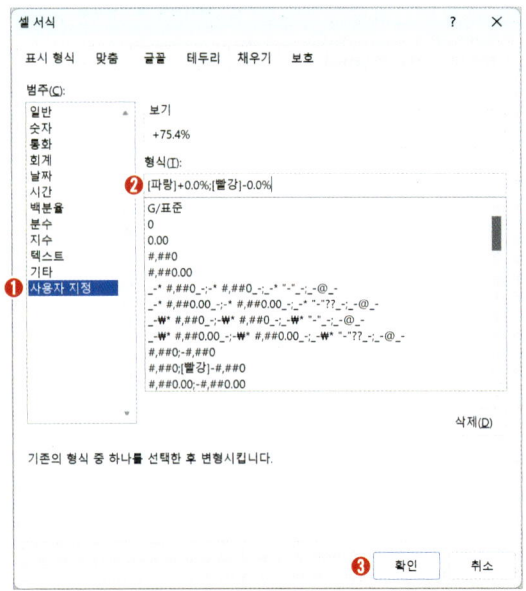

감소와 증가를 시각적으로 표현하기

증감률에 따른 감소와 증가를 시각적으로 표현하겠습니다.

01. 감소를 구하기 위해 [실적표] 워크시트에서 [F2] 셀을 선택하고 =IF(E2<0,REPT("◀",ABS(E2)*10),"")를 입력합니다.

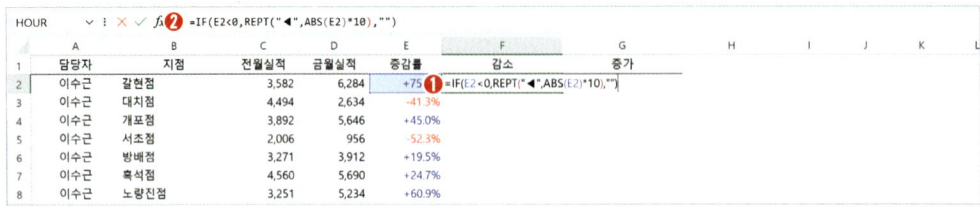

수식 풀이

=IF(E2<0,REPT("◀",ABS(E2)*10),"")
[E2] 셀의 값이 0보다 작으면 TRUE, 아니면 FALSE입니다.

=IF(0.754<0,REPT("◀",ABS(0.754)*10),"")
　　　FALSE
=> 공백("") 입력

만약 [E2] 셀 값이 0.999라면,

```
=IF(-0.999<0,REPT("◀",ABS(-999)*10),"")
        TRUE
=> ABS(-0.999) => 0.999
0.999*10 => 9.99
REPT("◀",9.99) => "◀"을 9번 반복 입력
```

02. [F2] 셀을 선택한 후 셀 오른쪽 아래 마우스 포인터를 두고 채우기 핸들을 더블클릭해 [F] 열에 수식을 복사합니다.

03. [F2:F101] 범위가 선택된 상태에서 마우스 오른쪽 버튼을 클릭한 후 단축 메뉴에서 [셀 서식]을 클릭합니다.

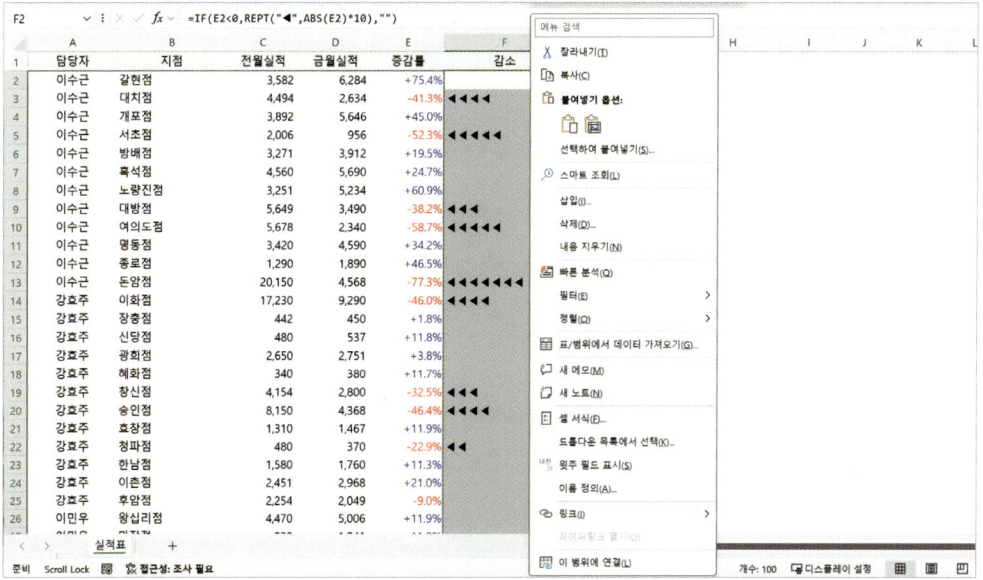

04. [셀 서식] 대화상자가 열리면 [글꼴] 탭의 '색'란에서 빨간색을 선택합니다.

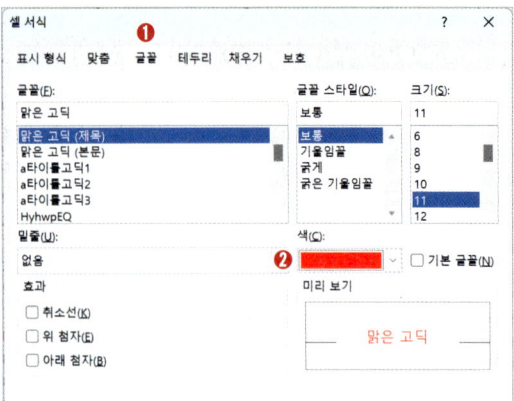

05. [맞춤] 탭을 선택하고 '가로'란의 [오른쪽 (들여쓰기)]를 선택한 후에 [확인]을 클릭합니다.

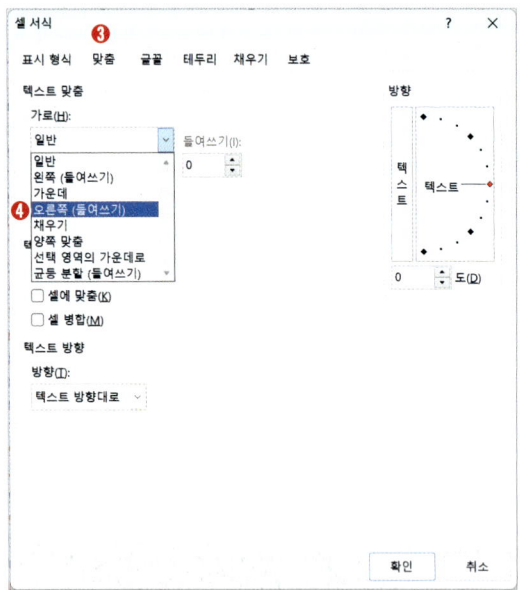

06. 이번엔 증가를 구하기 위해 [G2] 셀을 선택하고 =IF(E2>0,REPT("▶",E2*10),"")를 입력합니다.

PART **03** _ 실전 자료로 함수 써먹기

> 📖 **수식 풀이**
>
> ```
> =IF(E2>0,REPT("▶",E2*10),"")
> [E2] 셀의 값이 0보다 크면 TRUE, 아니면 FALSE
>
> =IF(0.754>0,REPT("▶",0.754*10),"")
>      TRUE
> => 0.754*10 => 7.54
> REPT("▶",7.54) => "▶"을 7번 반복 입력
> ```

07. [G2] 셀을 선택한 후 셀 오른쪽 아래 마우스 포인터를 두고 채우기 핸들을 더블클릭해 [G] 열에 수식을 복사합니다.

08. [G2:G01] 범위가 선택된 상태에서 마우스 오른쪽 버튼을 클릭한 후 단축 메뉴에서 [셀 서식]을 클릭합니다.

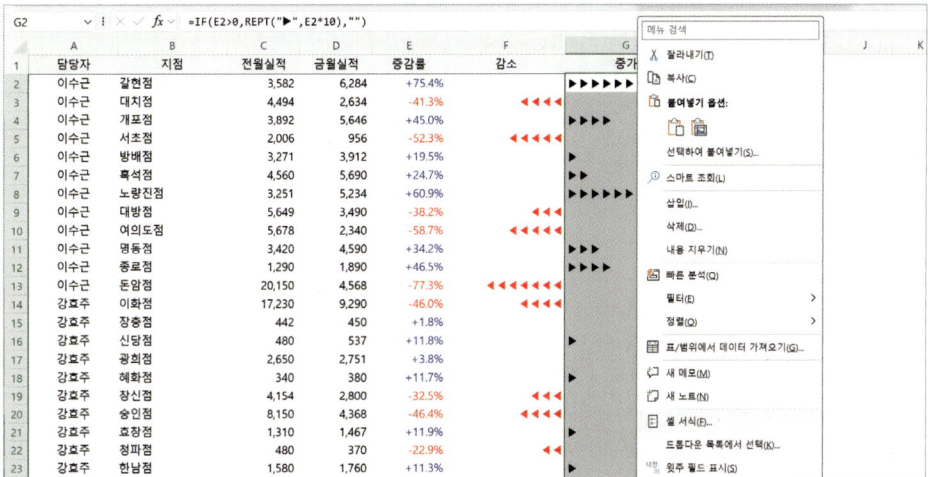

CHAPTER 04 _ 실적 자료 작성하기 | 81

09. [셀 서식] 대화상자가 열리면 [글꼴] 탭의 '색'란에서 파란색을 선택합니다.

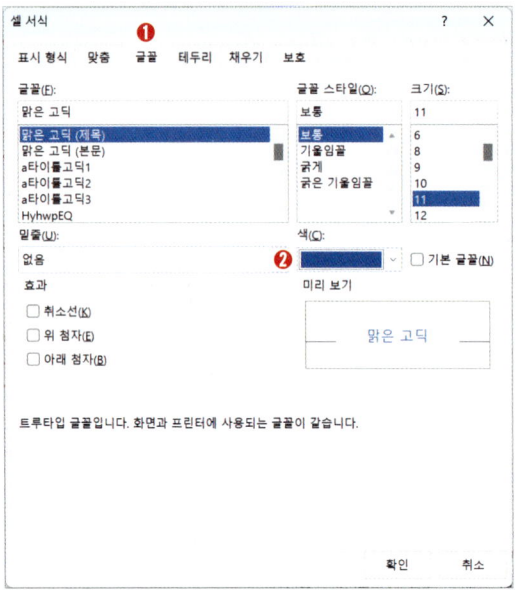

챗GPT로 한 걸음 더

추가로 처리하고 싶은 작업에 대해 챗GPT에게 질문하고 받은 응답으로 진행해 보겠습니다.

> 챗GPT의 답변은 사용자별로 동일하지 않을 수 있습니다.
> 세부적인 사항은 사용자가 수정할 수 있습니다.
> 종종 틀린 답변을 할 때가 있습니다.

01. 먼저 챗GPT 웹사이트(chatgpt.com)에서 [로그인] 또는 [회원 가입]을 진행합니다.

02. 로그인 후 아래쪽 채팅 창을 이용합니다.

03. 앞서 작업한 파일에서 [지점] 열에 1칸씩 공백을 추가하는 방법을 물어보겠습니다. 채팅 창에 다음과 같이 프롬프트를 입력합니다.

 엑셀의 셀에 입력된 텍스트를 왼쪽에 공백을 추가하고 정렬하는 방법을 알려줘.

 엑셀 셀의 텍스트를 왼쪽 공백에 맞추려면 다음 방법 중 하나를 사용할 수 있습니다.

방법 1: 수동으로 공백 추가

1. 텍스트를 추가하려는 셀을 클릭하세요.
2. 텍스트 시작 부분에 공백을 입력하세요.
3. Enter를 눌러 변경 사항을 적용하세요.

방법 2: 텍스트 정렬 사용

1. 정렬하려는 셀을 선택하세요.
2. 리본의 홈 탭으로 이동합니다.
3. 정렬 그룹에서 들여쓰기 버튼을 클릭합니다. 이렇게 하면 텍스트가 약간 오른쪽으로 이동하여 효과적으로 왼쪽에 공간이 추가됩니다.

방법 3: 사용자 지정 숫자 형식(숫자용)

1. 공백을 추가하려는 셀을 선택하세요.
2. 마우스 오른쪽 버튼을 클릭하고 셀 서식을 선택합니다.
3. 숫자 탭으로 이동합니다.
4. 사용자 정의를 선택합니다.
5. 유형 필드에 공백이 포함된 형식 코드를 입력합니다. 예를 들어, 숫자 앞에 공백 하나를 추가하려면 ` ` "g"를 입력할 수 있습니다. 앞에 공백이 있는 숫자가 표시됩니다.

방법 4: 엑셀 함수 사용(텍스트용)

• 결과를 원하는 셀을 선택하세요.

1. 수식을 사용하여 공백과 다른 셀의 텍스트를 연결합니다. 예를 들어,

· " & A1

그러면 A1 셀의 텍스트 앞에 공백이 추가됩니다.

수동 접근 방식을 선호하는지 자동 접근 방식을 선호하는지에 따라 가장 적합한 방법을 선택하십시오.

04. 챗GPT가 알려준 방법은 셀에 공백을 입력하는 방법이므로 서식으로 공백을 추가하는 방법을 다시 물어보겠습니다. 앞서 질문한 채팅 창에서 다시 다음과 같이 프롬프트를 입력합니다.

 서식에서 작업하는 방법을 알려줘.

 엑셀에서 셀의 텍스트를 서식에서 조정하여 왼쪽에 공백을 추가하는 방법은 다음과 같습니다.

1. 셀 서식 이용

1. 셀 선택: 공백을 추가할 셀 또는 셀 범위를 선택합니다.
2. 서식 메뉴 열기: 마우스 오른쪽 버튼을 클릭하고 [셀 서식]을 선택합니다.
3. 맞춤 탭 선택: [셀 서식] 대화상자에서 [맞춤] 탭을 클릭합니다.
4. 들여쓰기 설정: "텍스트 맞춤" 섹션에서 "들여쓰기" 옵션을 설정합니다. 예를 들어, 들여쓰기를 1로 설정하면 텍스트가 약간 오른쪽으로 이동합니다.
5. 확인 클릭: [확인] 버튼을 클릭하여 변경 사항을 적용합니다.

2. 사용자 지정 서식 사용 (숫자에 공백 추가)

1. 셀 선택: 공백을 추가할 셀 또는 셀 범위를 선택합니다.
2. 서식 메뉴 열기: 선택한 셀을 마우스 오른쪽 버튼으로 클릭하고 [셀 서식]을 선택합니다.
3. 숫자 탭 선택: [셀 서식] 대화상자에서 [숫자] 탭을 클릭합니다.
4. 사용자 지정 선택: '범주' 목록에서 제공자 지정을 선택합니다.
5. 형식 코드 입력: '형식' 필드에 공백을 포함한 사용자 지정 형식 코드를 입력합니다. 예를 들어, 숫자 앞에 한 칸의 공백을 추가하려면 `" "e` 와 같이 입력합니다.
6. 확인 클릭: [확인] 버튼을 클릭하여 변경 사항을 적용합니다.

3. 텍스트 함수 사용 (텍스트에 공백 추가)

1. 셀 선택: 결과를 표시할 셀을 선택합니다.
2. 공식 입력: 다른 셀의 텍스트 앞에 공백을 추가하는 공식을 입력합니다. 예를 들어:

& A1

이는 셀 A1의 텍스트 앞에 한 칸의 공백을 추가합니다.

이 방법들을 통해 엑셀에서 텍스트를 왼쪽에 공백을 추가하여 정렬할 수 있습니다. 필요에 따라 적합한 방법을 선택하여 사용하세요.

05. 제안한 내용 중 첫 번째 방법인 [셀 서식]을 이용해 보겠습니다. [실적표] 워크시트에서 [B2:B101] 범위를 선택합니다. 마우스 오른쪽 버튼을 클릭해 단축 메뉴에서 [셀 서식]을 선택합니다.

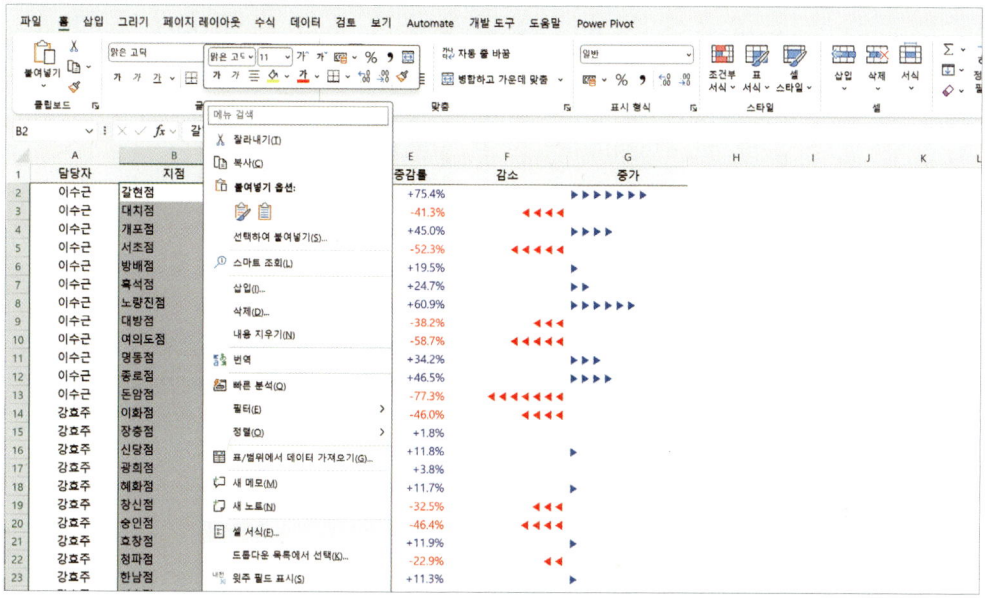

06. [셀 서식] 대화상자가 열리면 [맞춤] 탭의 '가로'란의 [왼쪽 (들여쓰기)]를 선택하고 '들여쓰기'란에는 1을 입력한 후에 [확인]을 클릭합니다.

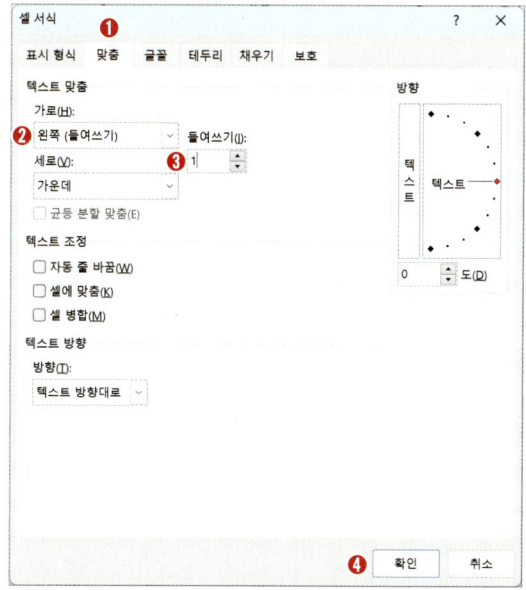

CHAPTER 04 _ 실적 자료 작성하기 | 85

07. [지점] 열에 1칸씩 들여쓰기가 적용된 것을 확인할 수 있습니다.

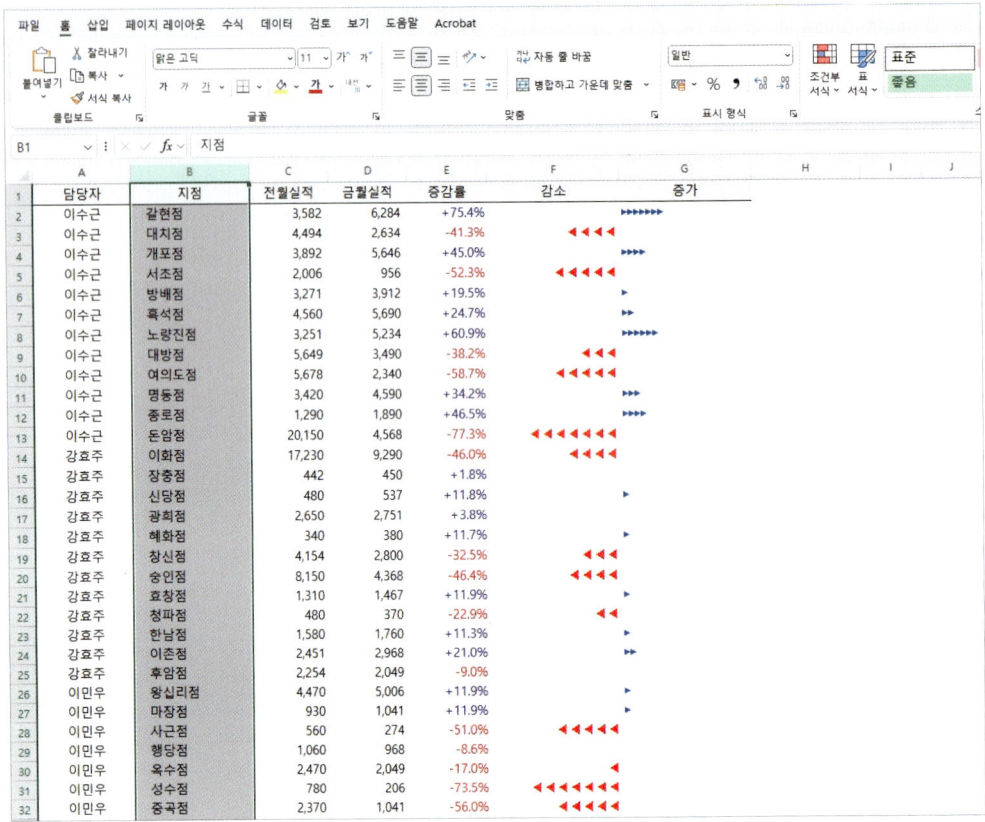

CHAPTER

05

동호회비 관리하기

예제 파일명: 05_동호회비.xlsx

친목, 취미, 운동 등의 다양한 목적을 가지고 여러 구성원이 모여서 동호회를 운영하다 보면 회비를 비롯한 수입과 지출이 발생합니다. 이러한 내용은 엑셀을 활용하면 빠르고 정확하게 내역을 정리하고 쉽게 확인할 수 있습니다.

미리 보기 | 완성 파일명: 05_동호회비_결과.xlsx

날짜	구분	세부항목	적요	금액	잔액
12/1	이월	이월금액	11월이월금액		2,350,000
12/1	지출	장소대여비	축구장대여료계약금	100,000	2,250,000
12/2	수입	후원금	남부지부협회	1,000,000	3,250,000
12/3	수입	회비	홍지욱	50,000	3,300,000
12/3	수입	회비	추성진	50,000	3,350,000
12/4	수입	회비	김상진	50,000	3,400,000
12/5	수입	회비	류주혁	50,000	3,450,000
12/6	수입	이자	대한은행	580	3,450,580
12/10	수입	회비	민주석	50,000	3,500,580
12/10	수입	회비	박상혁	50,000	3,550,580
12/15	지출	식대	점심및음료	550,000	3,000,580
12/15	지출	장소대여비	축구장대여료잔금	900,000	2,100,580
12/15	지출	교통비	버스대여료	500,000	1,600,580
12/19	수입	후원금	12기선배	1,000,000	2,600,580
12/20	수입	기타	우승상금	1,200,000	3,800,580
12/21	지출	식대	우승축하	800,000	3,000,580
12/22	수입	회비	황석우	50,000	3,050,580
12/22	수입	회비	채현석	50,000	3,100,580

➜ 다음 페이지 그림과 연결

12/22	수입	회비	황석우	50,000	3,050,580
12/22	수입	회비	채현석	50,000	3,100,580
12/23	수입	회비	최정우	50,000	3,150,580
12/23	수입	회비	이주석	50,000	3,200,580
12/24	지출	경조사비	강준수자녀 결혼	200,000	3,000,580
12/24	지출	지원금	유소년지원	100,000	2,900,580
12/24	수입	회비	김승우	50,000	2,950,580
12/25	수입	회비	이민석	50,000	3,000,580
12/25	수입	회비	장동현	50,000	3,050,580
12/25	수입	회비	김찬우	50,000	3,100,580
12/26	수입	회비	최우식	50,000	3,150,580
12/26	수입	회비	박현수	50,000	3,200,580

7월 내역 집계표

● 총 집계

이월금액	2,350,000
수입금액	5,300,580
지출금액	3,563,000
잔액	4,087,580

● 세부내역 집계

세부항목	수입	지출
회비	900,000	-
후원금	2,000,000	-
이자	580	-
기타	2,400,000	-
식대	-	1,350,000
간식	-	54,000
비품	-	34,000
교통비	-	500,000
장소대여비	-	1,000,000
운영비	-	176,000
경조사비	-	200,000
지원금	-	100,000
보험료	-	120,000
잡비	-	29,000
합계	5,300,580	3,563,000

사용한 함수

- IF   43쪽
- MONTH   52쪽
- TODAY   60쪽
- SUMIF   58쪽
- SUMIFS   58쪽

잔액 구하기

01. [내역서] 워크시트에서 [F3:F51] 범위를 선택하고 =IF(B3="","",IF(B3="수입",F2+E3,F2-E3))을 입력한 후에 〈Ctrl〉 + 〈Enter〉키를 누릅니다.

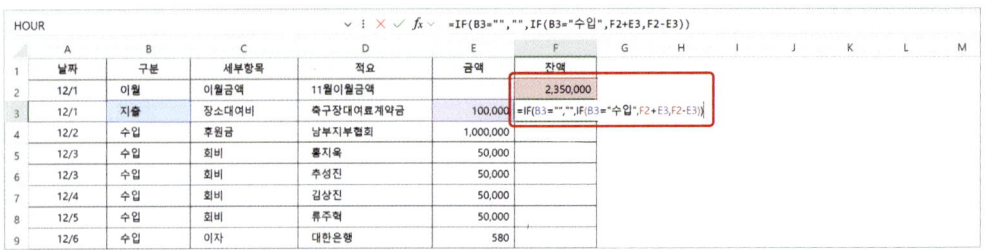

수식 풀이

=IF(B3="","",IF(B3="수입",F2+E3,F2-E3))
중첩된 IF 함수입니다.

첫 번째 IF 함수는 [B3] 셀이 비어 있으면 공백("")을 입력하고, 비어 있지 않으면 IF 함수를 실행합니다.
=IF("지출"="","",IF("수입"="수입",F2+E3,F2-E3))
　　　FALSE

두 번째 IF 함수는 [B3] 셀에 "수입"이 입력되어 있으면 [F2]에 입력된 잔액과 [E3] 셀의 금액을 더하고, "수입"이 입력되어 있지 않으면 [F2]에 입력된 잔액에서 [E3] 셀의 금액을 뺍니다.
=> IF("지출"="수입",F2+E3,F2-E3)
　　　　FALSE
=> 2350000-100000 => 2250000

02. 범위가 지정된 상태에서 마우스 오른쪽 버튼을 클릭한 후 단축 메뉴에서 [셀 서식]을 클릭합니다.

03. [셀 서식] 대화상자가 열리면 [표시 형식] 탭의 '범주'란에서 [숫자]를 선택하고 [1000 단위 구분 기호(,) 사용]을 체크한 후에 [확인]을 클릭합니다.

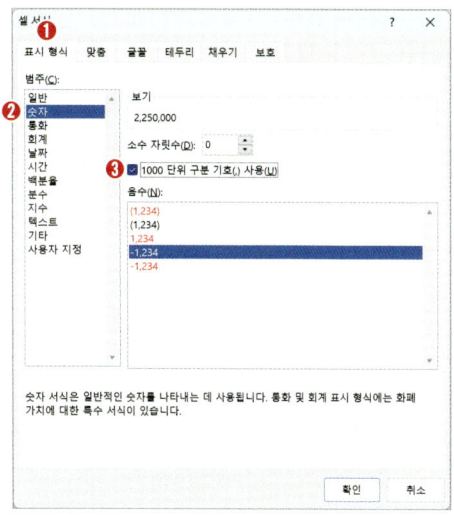

선택 영역 이름 정의하기

선택한 영역에서 첫 행의 각 필드명을 이름으로 정의하겠습니다. 이때 필드명은 중복되면 안 되고, 숫자부터 시작하거나 공백이 있다면 밑줄(_)이 포함되어 이름이 만들어집니다.

01. [내역서] 워크시트에서 [A1:F51] 범위를 선택합니다.

▶ 선택하려는 데이터 범위가 넓어서 마우스로 선택하기 어렵다면 〈Ctrl〉 + 〈*〉 또는 〈Ctrl〉 + 〈Shift〉 + 〈8〉을 눌러보세요. 그러면 선택한 셀을 기준으로 데이터가 입력된 셀 전체가 선택됩니다. 즉, 연속된 셀을 한 번에 영역으로 지정할 수 있습니다.

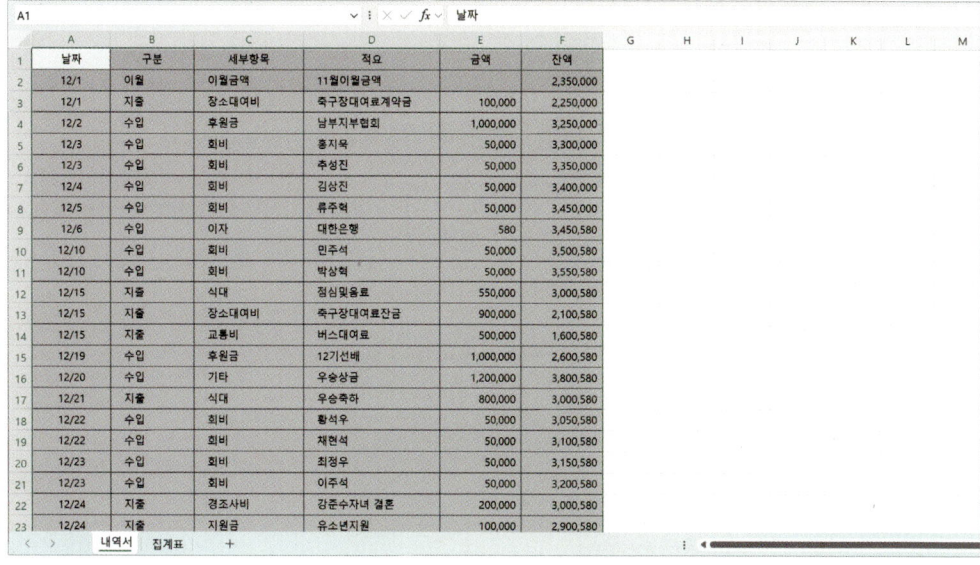

02. [수식 → 정의된 이름] 그룹에서 [선택 영역에서 만들기]를 클릭합니다.

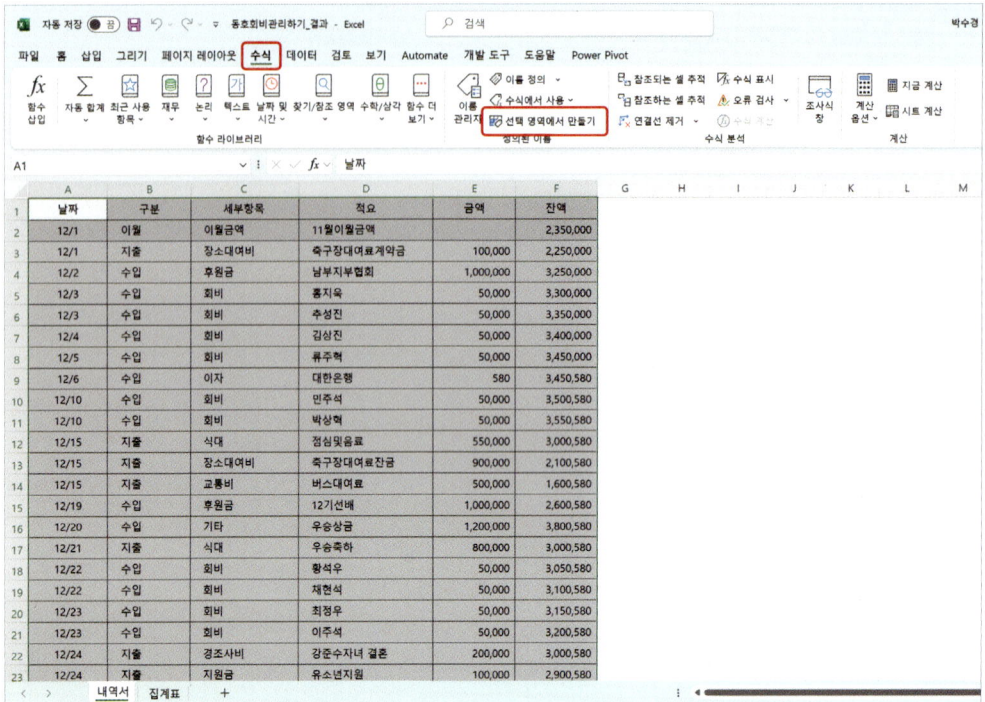

03. [선택 영역에서 이름 만들기] 대화상자가 열리면 [첫 행]을 체크하고 [확인]을 클릭합니다.

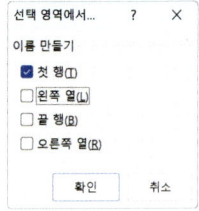

04. 이름 상자의 목록 단추를 누르면 첫 행이 이름으로 정의된 것을 확인할 수 있습니다.

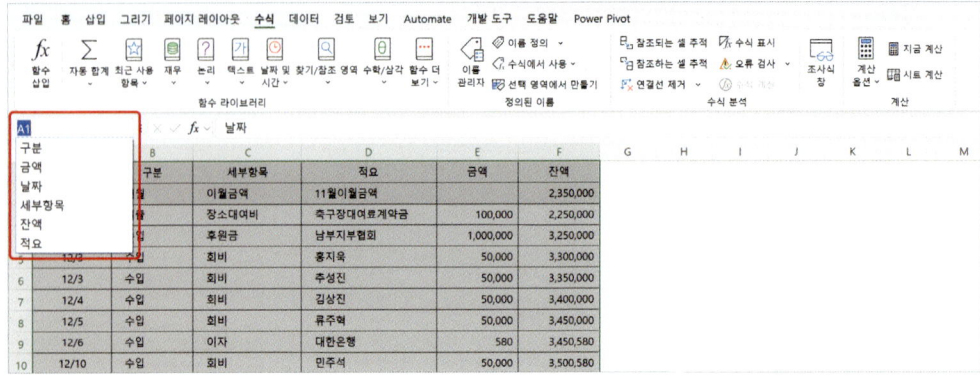

월별 제목 작성하고 총 집계 구하기

[집계표] 워크시트 작성에 필요한 월별 제목을 작성하고 정의한 이름을 이용하여 총 집계를 구합니다.

01. 먼저 제목을 작성하기 위해 [집계표] 워크시트에서 [B1] 셀을 선택하고 =MONTH(TODAY())&"월 내역 집계표"를 입력하고 〈Enter〉키를 누릅니다.

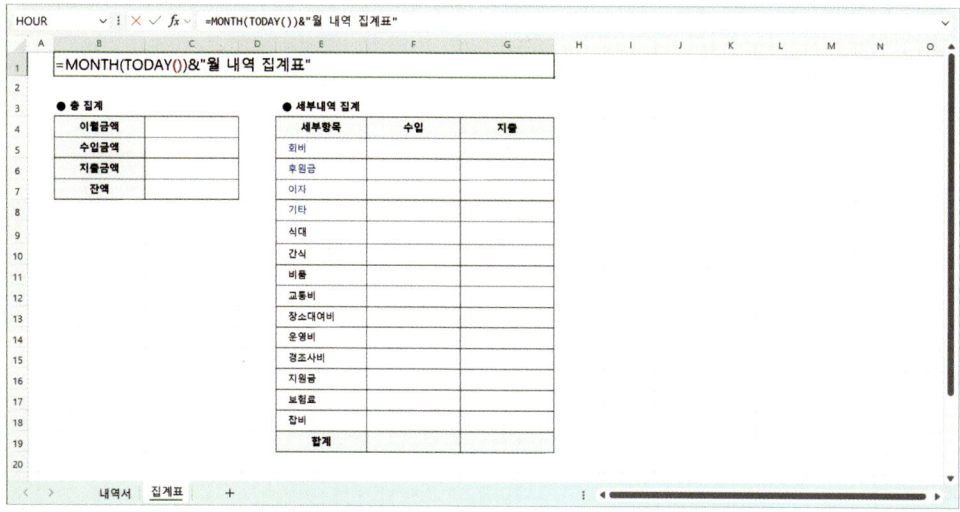

수식 풀이

=MONTH(TODAY())&"월 내역 집계표"
현재 날짜를 구하는 TODAY 함수에서, MONTH 함수로 월을 구한 값과 "월 내역 집계표"라는 텍스트를 연결 연산자(&)로 연결합니다.

02. 이월금액을 지정하기 위해 [내역서] 워크시트에서 [F2] 셀을 선택하고 이름 상자에 **이월금액**을 입력한 다음 〈Enter〉키를 누릅니다.

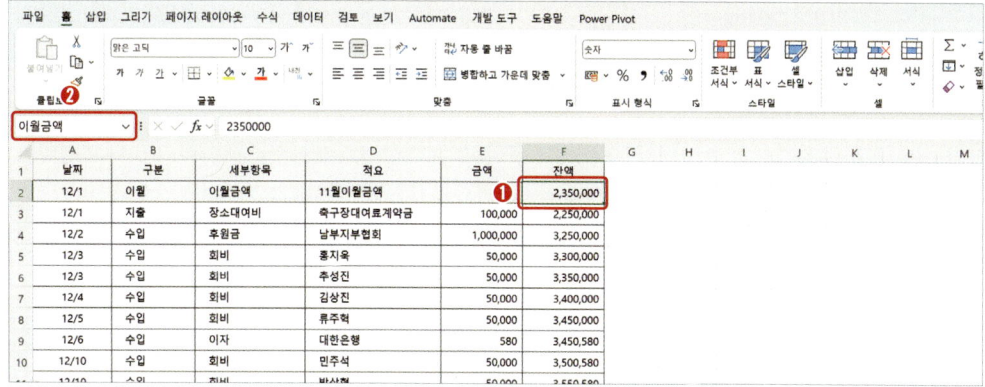

03. [집계표] 워크시트에서 [C4] 셀을 선택한 후 **=이월금액**을 입력하고 〈Enter〉키를 누릅니다.

🔍 수식 풀이

=이월금액
이름 정의된 [이월금액]의 값을 입력합니다.

04. [C5] 셀을 선택하고 **=SUMIF(구분,"수입",금액)**을 입력하고 〈Enter〉키를 누릅니다.

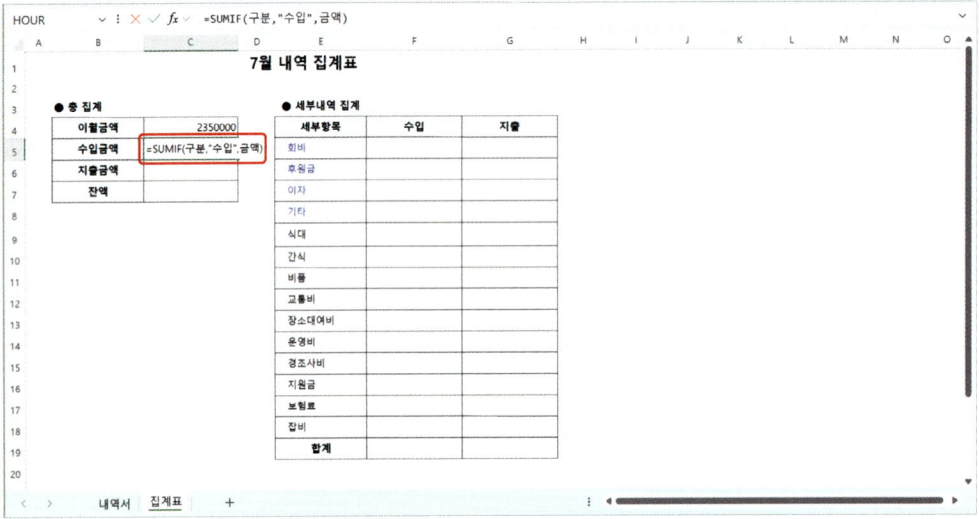

🔍 수식 풀이

=SUMIF(구분,"수입",금액)
"수입"이 입력된 '구분'의 금액에 대한 합계를 구합니다.

05. [C6] 셀을 선택한 후 **=SUMIF(구분,"지출",금액)**을 입력하고 〈Enter〉키를 누릅니다.

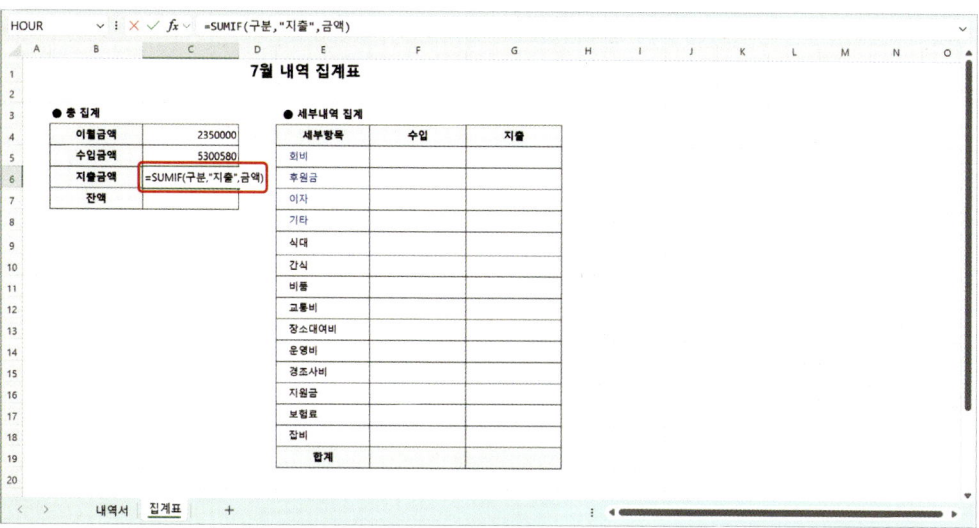

🔍 **수식 풀이**

=SUMIF(구분,"지출",금액)
"지출"이 입력된 '구분'의 금액에 대한 합계를 구합니다.

06. [C7] 셀을 선택하고 **=C4+C5-C6**을 입력하고 〈Enter〉키를 누릅니다.

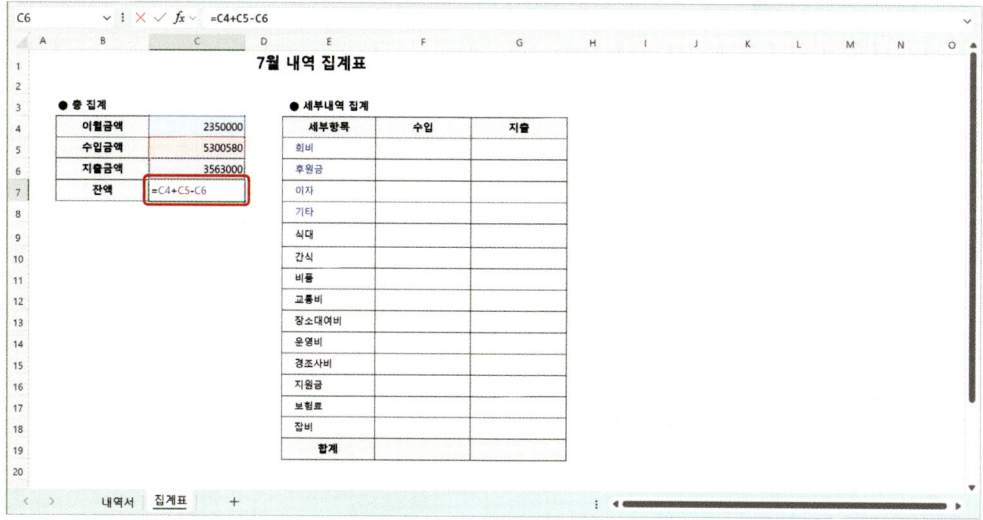

세부 내역 집계 구하기

앞서 정의한 이름을 이용하여 세부 내역 집계를 구합니다.

01. [집계표] 워크시트에서 [F5:F18] 범위를 선택하고 수식 입력줄에 =SUMIFS(금액,구분,"수입",세부항목,E5)을 입력한 후 〈Ctrl〉 + 〈Enter〉키를 누릅니다.

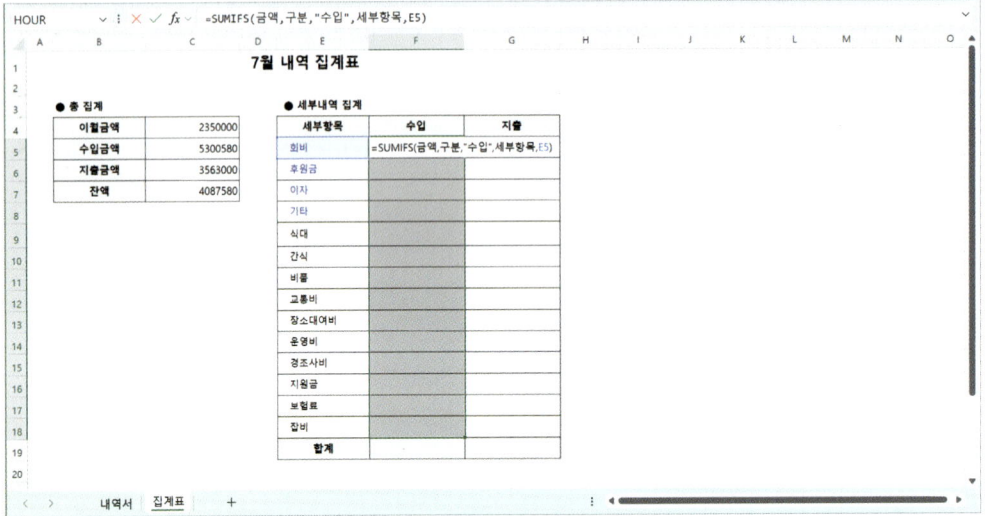

🔍 수식 풀이

=SUMIFS(금액,구분,"수입",세부항목,E5)
"수입"이 입력된 '구분'과 [E5] 셀의 "회비"가 입력된 '세부항목'의 금액에 대한 합계를 구합니다.

02. [G5:G18] 범위를 선택하고 =SUMIFS(금액,구분,"지출",세부항목,E5)를 입력한 후 〈Ctrl〉 + 〈Enter〉키를 누릅니다.

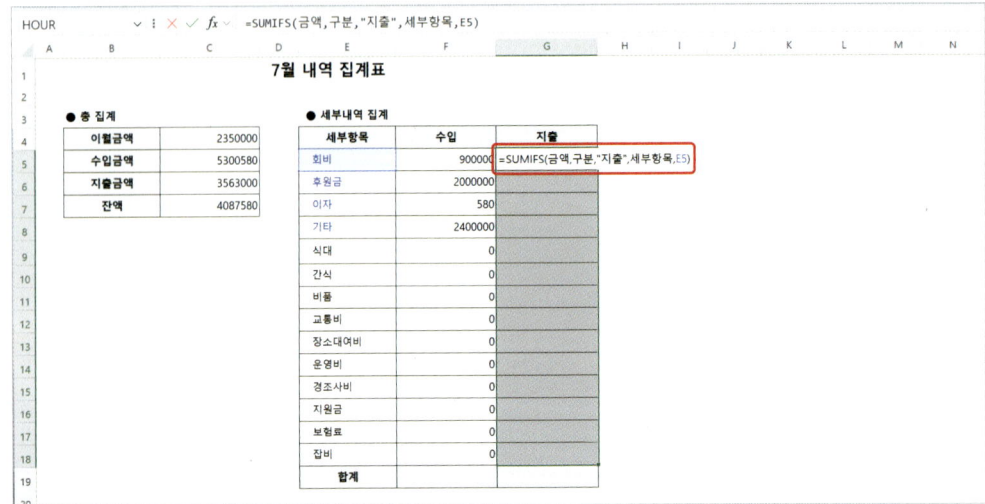

수식 풀이

=SUMIFS(금액,구분,"지출",세부항목,E5)

'지출'이 입력된 '구분'과 [E5] 셀의 '회비'가 입력된 '세부항목'의 금액에 대한 합계를 구합니다.

03. [F19:G19] 범위를 선택하고 [홈 → 편집] 그룹에서 [자동 합계]를 클릭합니다.

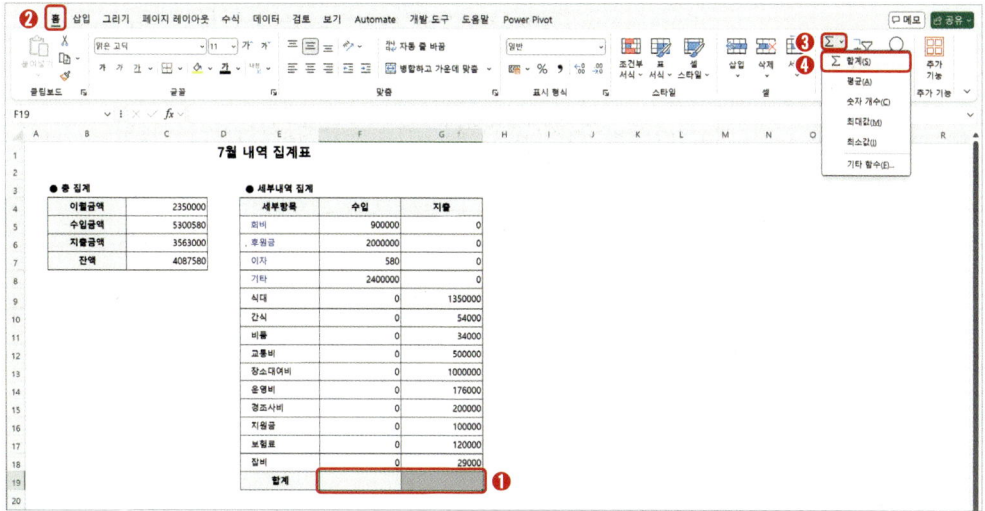

서식 지정하기

작성한 집계표의 가독성을 높이기 위해 서식을 지정합니다.

01. [C4:C7] 범위를 선택하고 〈Ctrl〉키를 누른 상태에서 [F5:G19] 범위를 드래그해서 선택합니다.

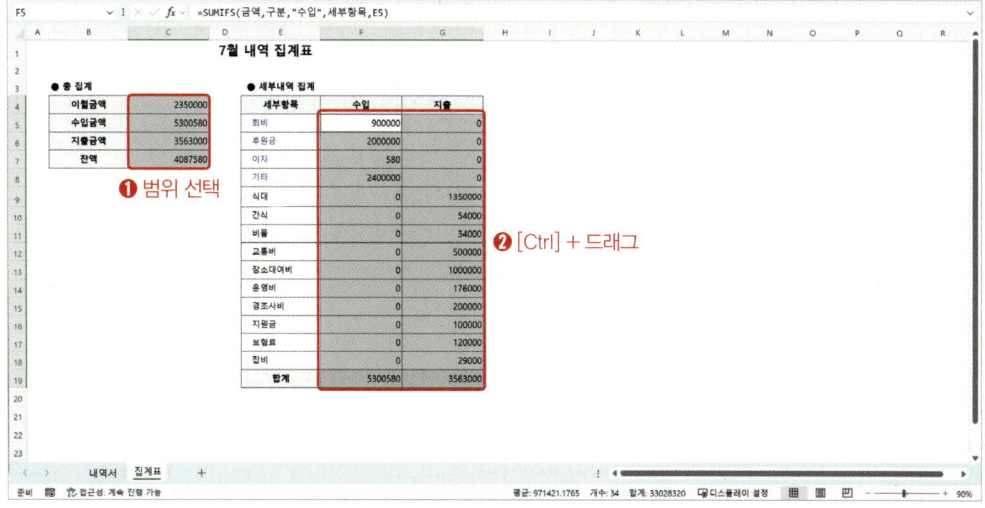

CHAPTER 05 _ 동호회비 관리하기 | 97

02. 범위가 지정된 상태에서 마우스 오른쪽 버튼을 클릭한 후 단축 메뉴에서 [셀 서식]을 클릭합니다. [셀 서식] 대화상자가 열리면 [표시 형식] 탭의 '범주'란에서 [숫자]를 선택하고 [1000 단위 구분 기호(,) 사용]을 체크한 후에 [확인]을 클릭합니다.

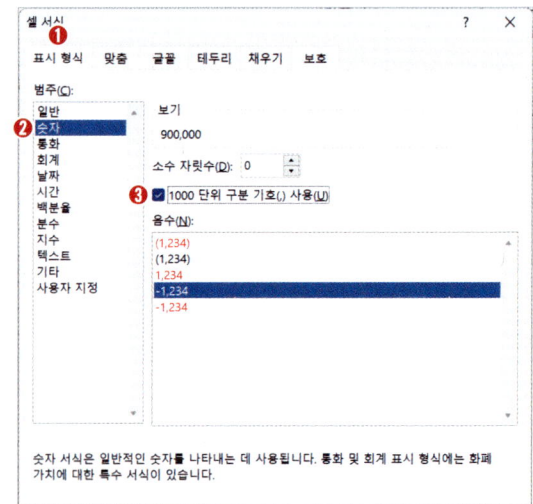

03. 잔액이 입력된 [C7] 셀을 선택하고 마우스 오른쪽 버튼을 클릭한 후 단축 메뉴에서 [셀 서식]을 클릭합니다. [셀 서식] 대화상자가 열리면 [글꼴] 탭의 '글꼴 스타일'에서 [굵게], '색'에서 빨간색을 선택한 후 [확인]을 클릭합니다.

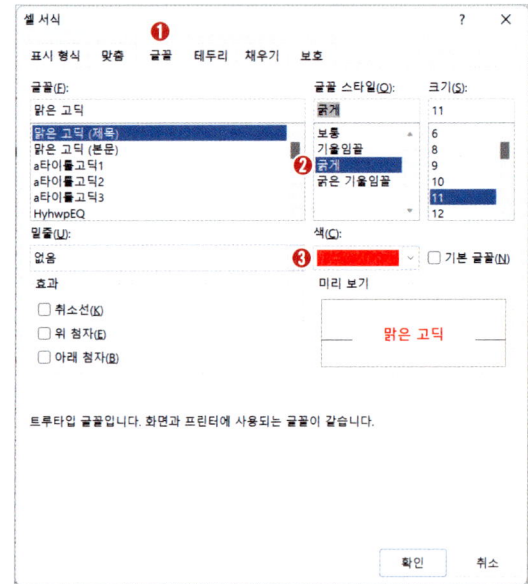

04. 잔액이 굵은 빨간색으로 표시되는 것을 확인할 수 있습니다.

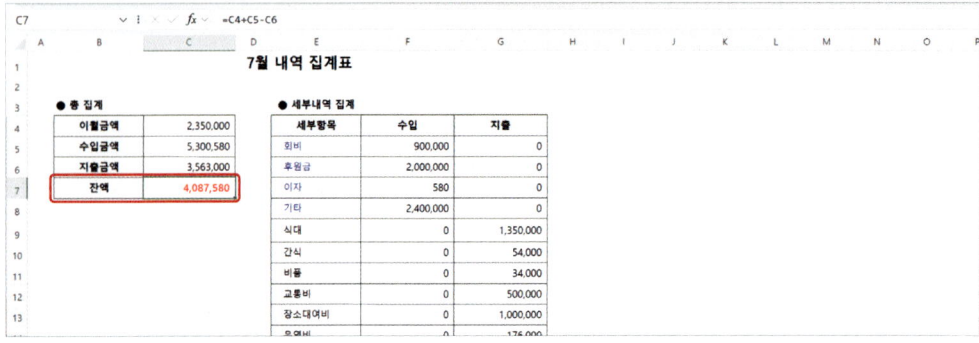

챗GPT로 한 걸음 더

추가로 처리하고 싶은 작업에 대해 챗GPT에게 질문하고 받은 응답으로 진행해 보겠습니다.

> ⚠️ 챗GPT의 답변은 사용자별로 동일하지 않을 수 있습니다.
> 세부적인 사항은 사용자가 수정할 수 있습니다.
> 종종 틀린 답변을 할 때가 있습니다.

01. [집계표] 워크시트의 '세부내역 집계'에 입력된 0 값을 하이픈(-)으로 표기하는 방법을 챗GPT에게 물어보겠습니다. 지금까지 작성한 파일을 첨부하고 채팅 창에 다음과 같이 프롬프트를 입력합니다.

 [집계표] 워크시트에서 [F5] 셀부터 [G18] 셀 범위에 0 값을 하이픈(-)으로 표기하는 방법을 알려줘.

 엑셀 워크시트에서 [F5]~[G18] 셀 범위에 하이픈을 사용하여 0 값을 표시하려면 사용자 지정 숫자 형식을 사용할 수 있습니다. 수행 방법은 다음과 같습니다.

- **범위 선택:**
[F5]부터 [G18]까지 셀 범위를 클릭하고 드래그하여 선택하세요.
- **[셀 서식] 대화상자 열기:**
  - 선택한 범위를 마우스 오른쪽 버튼으로 클릭하고 상황에 맞는 메뉴에서 [셀 서식]을 선택합니다.
  - 또는 리본의 [홈] 탭으로 이동한 다음 [숫자] 그룹의 오른쪽 하단에 있는 작은 화살표를 클릭하여 [셀 서식] 대화상자를 열 수 있습니다.

1. 사용자 정의 숫자 형식 설정:
- [셀 서식] 대화상자에서 [숫자] 탭으로 이동합니다.
- 왼쪽 목록에서 [사용자 정의]를 선택하십시오.
- '유형' 필드에 다음 맞춤 형식을 입력합니다.

  `0;-0; -`

- 이 형식은 세미콜론으로 구분된 세 부분을 지정합니다.
   1. 양수는 '0'입니다.
   2. 음수는 '-0'입니다.
   3. '-'는 0입니다.

- **형식 적용:**
선택한 셀에 사용자 정의 형식을 적용하려면 [확인]을 클릭하세요.

이제 0을 포함하는 [F5]~[G18] 셀은 하이픈(-)으로 표시됩니다.

사용자 정의 형식의 세부 분석
- '0': 형식의 이 부분은 양수가 표시되는 방식을 지정합니다. 이 경우 양수가 정상적으로 표시됩니다.
- '-': 형식의 이 부분은 음수가 표시되는 방식을 지정합니다. 이 경우 음수는 빼기 기호와 함께 표시됩니다.

- '-': 형식의 이 부분은 0 값이 표시되는 방식을 지정합니다. 이 경우 0은 하이픈으로 표시됩니다.

이 사용자 정의 숫자 형식을 사용하면 0 값이 하이픈으로 시각적으로 구분되어 데이터를 더 쉽게 읽고 해석할 수 있습니다.

02. 챗GPT가 알려준 코드는 1000 단위 구분 기호가 해제됩니다. 따라서 해당 조건을 추가해 다시 프롬프트를 입력합니다.

 위의 코드에서 1000단위 구분 기호가 표기되면서 0의 값을 하이픈으로 표기하는 방법을 다시 알려줘.

 천 단위 구분 기호를 포함하고 [F5]부터 [G18]까지의 범위에 0을 하이픈으로 표시하려면 사용자 지정 숫자 형식을 수정하면 됩니다. 방법은 다음과 같습니다.

범위 선택:
- [F5]부터 [G18]까지 셀 범위를 클릭하고 드래그하여 선택하세요.

셀 서식 대화상자 열기:
- 선택한 범위를 마우스 오른쪽 버튼으로 클릭하고 상황에 맞는 메뉴에서 [셀 서식]을 선택합니다.
- 또는 리본의 [홈] 탭으로 이동한 다음 [숫자] 그룹 오른쪽 하단에 있는 작은 화살표를 클릭하여 [셀 서식] 대화상자를 엽니다.

1. 사용자 정의 숫자 형식 설정:
- [셀 서식] 대화상자에서 [숫자] 탭으로 이동합니다.
- 왼쪽 목록에서 "사용자 정의"를 선택하십시오.

'유형' 필드에 다음 맞춤 형식을 입력합니다.

```less
#,##0;-#,##0;-
```

- 이 형식은 세미콜론으로 구분된 세 부분을 지정합니다.
1. 천 단위 구분 기호가 있는 양수의 경우 '#,##0'.
2. 천 단위 구분 기호가 있는 음수의 경우 '-#,##0'입니다.
3. '-'는 0입니다.

형식 적용:
- 선택한 셀에 사용자 정의 형식을 적용하려면 [확인]을 클릭하세요.

이제 0이 포함된 [F5]~[G18] 셀은 하이픈(-)으로 표시되며 모든 숫자에는 해당되는 경우 천 단위 구분 기호가 포함됩니다.

사용자 정의 형식의 세부 분석
- '#,##0': 형식의 이 부분은 천 단위 구분 기호를 사용하여 양수를 표시하는 방법을 지정합니다.
- '-#,##0': 형식의 이 부분은 빼기 기호 및 천 단위 구분 기호를 사용하여 음수를 표시하는 방법을 지정합니다.

• 이 형식 부분은 0 값을 하이픈으로 표시하는 방법을 지정합니다.

이 사용자 정의 숫자 형식을 사용하면 0 값이 하이픈으로 표시되고 양수와 음수 모두 가독성을 높이기 위해 천 단위 구분 기호와 함께 표시됩니다.

03. 이제 챗GPT가 알려준 순서대로 [F5:G18] 범위를 선택하고 마우스 오른쪽 버튼을 클릭해 단축 메뉴에서 [셀 서식]을 선택합니다. [셀 서식] 대화상자가 열리면 앞에서 지정한 '1000 단위 구분 기호(,) 사용'을 확인할 수 있습니다.

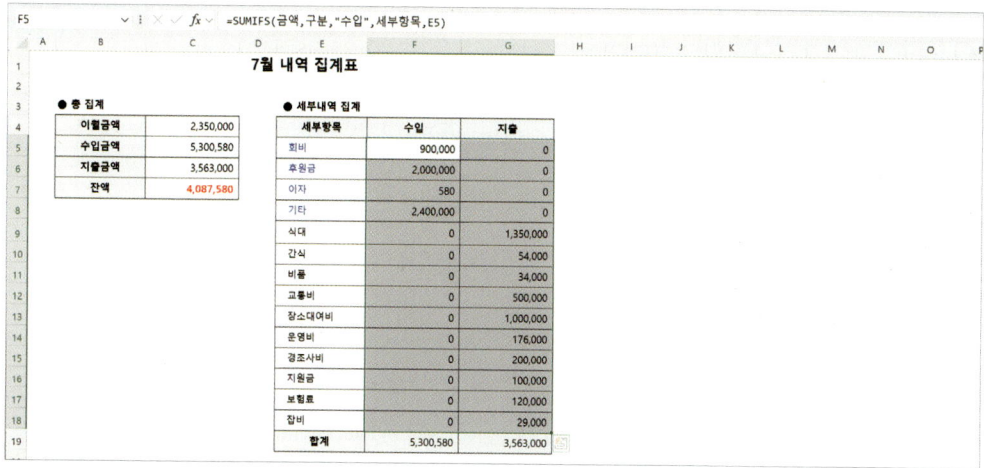

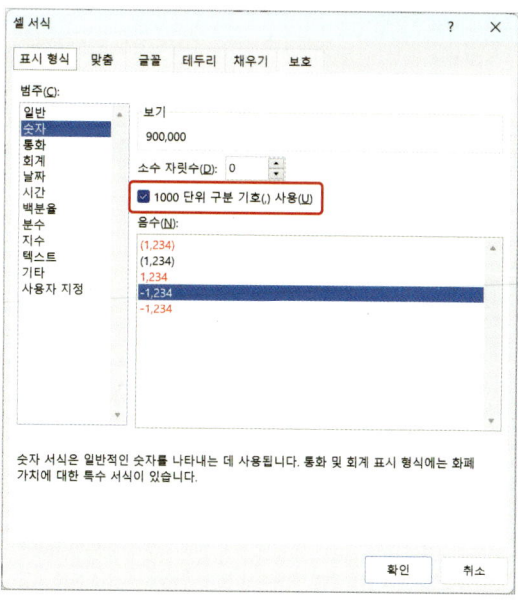

04. [셀 서식] 대화상자가 열리면 [표시 형식] 탭의 '범주'에서 [사용자 지정]을 선택하고 '형식'란에 #,##0;-#,##0;- 을 입력한 후에 [확인]을 클릭합니다. 표시 형식은 '양수;음수;0의값'의 순서로 표시되므로 음수와 0의 값이 입력될 구역을 구분하기 위해 ;;을 입력합니다.

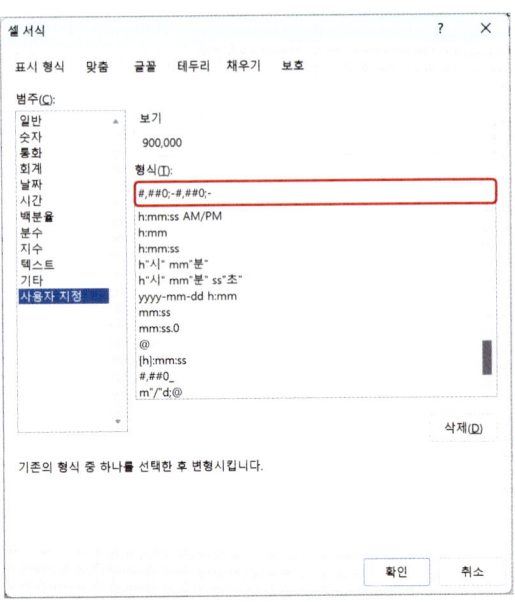

05. 양수와 음수는 1000단위 구분 기호로 표기되며 0은 하이픈(-)으로 표시됩니다.

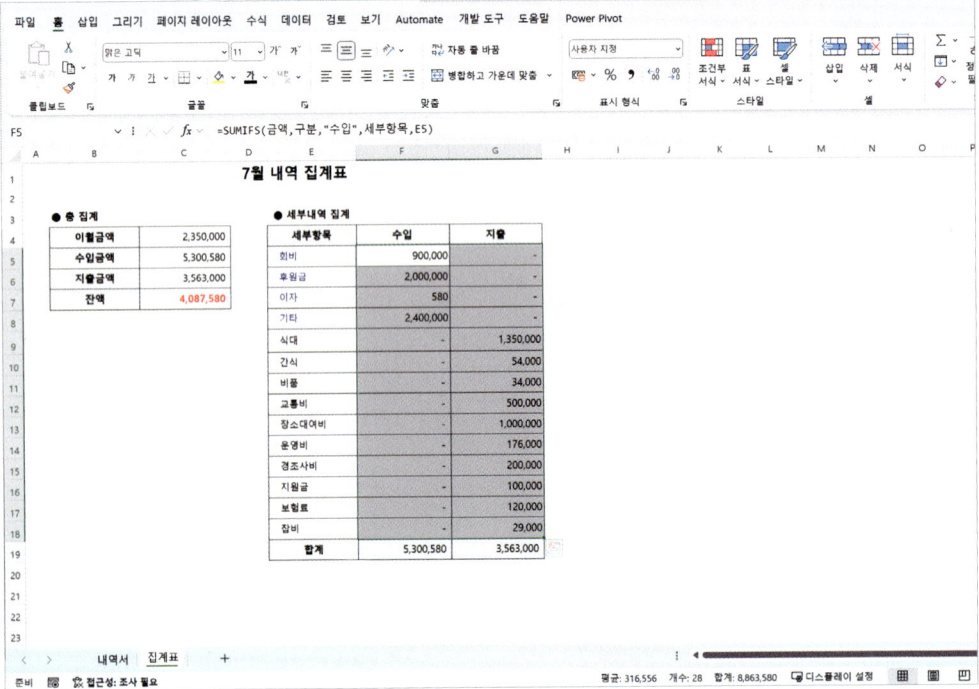

CHAPTER

06

지원 정책 자료 분석하기

📁 예제 파일명: 06_지원정책.xlsx

공공기관에서 지원하는 정책을 주최기관별 및 카테고리명으로 분석하고 구분 및 카테고리명으로 분석합니다.

미리 보기 | 완성 파일명: 06_지원정책_결과.xlsx

등록일	등록일자	카테고리명	제목	주최기관	구분
2024-01-04 PM 12:12:43	2024-01-04	직장생활	육아기 근로시간 단축	고용노동부	중앙정부
2024-01-10 PM 6:28:40	2024-01-10	주거지원	수원시 내 방을 잡아라 대학생 무료 기숙사 지원	백양재단	공공기관(경기도)
2024-01-11 AM 10:46:28	2024-01-11	생활지원	경기도 지자체 수어통역도우미 배치	경기도청	지방정부(경기도)
2024-01-11 AM 11:20:05	2024-01-11	생활지원	용인시 모든 출산가정에 산후도우미 지원	용인시청	지방정부(경기도)
2024-01-11 AM 11:33:43	2024-01-11	기업지원	부천시 청년일자리 쿠폰	부천시청	지방정부(경기도)
2024-01-11 PM 2:38:29	2024-01-11	주거지원	경기도 송파학사 입사 희망 대학생 모집	경기도평생교육진흥원	공공기관(경기도)
2024-01-11 PM 4:05:48	2024-01-11	교통지원	수원시 취업준비 청년 교통비 지원	수원시청	지방정부(경기도)
2024-01-11 PM 6:40:10	2024-01-11	자산형성	수원시 생활임금 인상	수원시청	지방정부(경기도)
2024-01-12 AM 8:51:29	2024-01-12	생활지원	경기도 통합문화이용권(문화누리카드) 확대	한국문화예술위원회	공공기관(타시도)
2024-01-12 AM 11:51:10	2024-01-12	기업지원	경기도 지역서점 인증제	경기콘텐츠진흥원	공공기관(경기도)
2024-01-15 AM 9:51:48	2024-01-15	기업지원	경기도 중소기업 데이터 유출방지 솔루션(DLP) 지원	융합보안지원센터	공공기관(경기도)
2024-01-19 AM 9:03:06	2024-01-19	자산형성	청년희망키움통장	보건복지부	중앙정부
2024-01-22 AM 9:20:42	2024-01-22	주거지원	가평장학관 입사 신청	가평장학관	공공기관(경기도)
2024-01-22 AM 1:46:21	2024-01-22	생활지원	두루누리 사회보험 지원사업	근로복지공단	공공기관(타시도)
2024-01-30 AM 11:42:18	2024-01-30	기업지원	2024 농업법인 취업지원	농림수산식품교육문화정보원	공공기관(타시도)
2024-02-02 AM 9:53:17	2024-02-02	기업지원	(예비)사회적기업 전문인력 및 사회보험료 지원사업	경기도청	지방정부(경기도)
2024-02-05 AM 11:37:57	2024-02-05	구직활동	경기 청년 및 대학생(경기도청) 인턴 채용	경기도청	지방정부(경기도)
2024-02-05 PM 3:25:31	2024-02-05	구직활동	2024년 상반기 경기 청년 및 대학생 인턴모집(공공기관)	경기도일자리재단	공공기관(경기도)
2024-02-07 AM 11:52:04	2024-02-07	생활지원	국가장학금 I유형	한국장학재단	공공기관(타시도)
2024-02-09 PM 1:12:57	2024-02-09	생활지원	청년 학자금대출상환지원	청년희망재단	공공기관(경기도)
2024-02-26 PM 12:53:51	2024-02-26	구직활동	경기도일자리재단 찾아가는 일자리버스 3월	경기도일자리재단	공공기관(경기도)
2024-02-26 PM 4:18:40	2024-02-26	구직활동	2024년 경기도 청년구직지원금 모집	경기도일자리재단	공공기관(경기도)
2024-02-27 AM 9:46:51	2024-02-27	자산형성	2024 경기도민회장학회 장학생 및 특기생 선발	경기도민회장학회	공공기관(경기도)
2024-03-06 AM 10:14:28	2024-03-06	구직활동	과천시 면접대비 헤어관리, 증명사진 비용 지원	과천시청	지방정부(경기도)
2024-03-07 AM 1:54:14	2024-03-07	구직활동	2024 여성과학기술인 R&D 경력복귀 지원사업(Returner)	한국여성과학기술인지원센터	공공기관(타시도)
2024-03-09 AM 10:53:18	2024-03-09	구직활동	에스토니아 IT 개발자 글로벌 채용	경기도일자리재단	공공기관(경기도)
2024-03-16 AM 11:31:56	2024-03-16	자산형성	경기도 일하는 청년통장 2024년 상반기 모집	경기복지재단	공공기관(경기도)
2024-03-21 PM 12:33:51	2024-03-21	구직활동	경기도일자리재단 찾아가는 일자리버스 4월	경기도일자리재단	공공기관(경기도)
2024-03-26 PM 2:49:24	2024-03-26	구직활동	2024 경기도 뿌리산업 취업지원사업	경기도경제과학진흥원	공공기관(경기도)
2024-03-26 PM 4:54:53	2024-03-26	기업지원	2024년 상반기 일자리우수기업 인증제	경기도일자리재단	공공기관(경기도)
2024-03-27 AM 11:27:14	2024-03-27	자산형성	2024년 상반기 경기도 대학생 학자금 대출이자 지원	경기도청	지방정부(경기도)
2024-03-28 PM 2:37:07	2024-03-28	구직활동	(군포시) 청년날개(면접정장 무료대여)	군포시청	지방정부(경기도)
2024-04-06 PM 4:48:46	2024-04-06	구직활동	글로벌 잡 디스커버리(Global Job Discovery) 참가자 모집	경기도일자리재단	공공기관(경기도)
2024-04-09 AM 11:22:44	2024-04-09	구직활동	3D 디지털패션 전문인력 양성과정	경기도일자리재단	공공기관(경기도)
2024-04-10 AM 10:40:35	2024-04-10	구직활동	2024년도 4050 재취업지원사업 취업특강	경기도경제과학진흥원	공공기관(경기도)
2024-04-12 AM 10:59:49	2024-04-12	구직활동	2024 여성고용우수기업 모집	한국장학재단	공공기관(타시도)
2024-04-12 PM 7:39:41	2024-04-12	자산형성	중소기업 취업연계 장학금(희망사다리) 신규장학생 모집	한국장학재단	공공기관(타시도)
2024-04-17 PM 4:06:14	2024-04-17	생활지원	근로자 휴가지원 사업	한국관광공사	공공기관(타시도)
2024-04-17 PM 5:30:11	2024-04-17	구직활동	과학기술분야 R&D 대체인력 활용 지원사업	한국여성과학기술인지원센터	공공기관(타시도)
2024-04-18 AM 11:26:35	2024-04-18	기업지원	경기도 가족친화 일하기 좋은 기업(GGWP) 인증 사업	경기도청	지방정부(경기도)

주최기관	직장생활	주거지원	생활지원	기업지원	교통지원	자산형성	구직활동
고용노동부	14	-	7	31	-	3	21
백양재단	-	1	-	-	-	-	-
경기도청	1	1	12	6	1	1	3
용인시청	-	-	4	2	-	-	-
부천시청	-	-	-	1	-	-	-
경기도평생교육진흥원	-	1	-	-	-	-	-
수원시청	-	-	2	-	1	1	3
한국문화예술위원회	-	-	2	-	-	-	1
경기콘텐츠진흥원	-	-	1	3	-	-	-
융합보안지원센터	-	-	-	1	-	-	-
보건복지부	2	-	12	1	1	9	2
가평장학관	-	1	-	-	-	-	-
근로복지공단	4	-	3	4	-	2	1
농림수산식품교육문화정보원	-	-	-	1	-	-	-
경기도일자리재단	-	-	-	1	-	1	21
한국장학재단	-	1	7	-	-	1	-
청년희망재단	-	-	2	-	-	1	2
경기도민회장학회	-	-	-	-	-	1	-
과천시청	-	-	1	-	-	1	1
한국여성과학기술인지원센터	1	-	-	5	-	-	6
경기복지재단	1	-	1	-	-	1	-
경기도경제과학진흥원	1	-	-	5	-	-	2
군포시청	-	-	-	-	-	-	3
한국관광공사	-	-	1	-	-	-	-
한국환경산업기술원	-	-	-	1	-	-	-
한국장애인고용공단	1	-	-	9	-	-	9
한국직업능력개발원	-	-	1	-	-	-	-
여성가족부	-	-	7	-	-	-	5
행정안전부	-	-	-	-	-	-	1
국가보훈처	-	-	1	-	-	-	2
차세대융합기술연구원	-	-	-	-	-	-	2
경기도 버스정책과	-	-	-	-	-	-	1
남북하나재단	-	-	1	1	-	1	3
한국노인인력개발원	-	-	-	-	-	-	5
대한법률구조공단	-	-	1	-	-	-	-
건설근로자공제회	1	-	3	-	-	-	1
안전보건공단	1	-	2	3	-	-	-
한국자산관리공사 캠코	-	-	-	-	-	-	1
제대군인지원센터 경기북부	-	-	-	-	-	-	2
중소기업진흥공단	1	-	-	2	-	-	-

구분	직장생활	주거지원	생활지원	기업지원	교통지원	자산형성	구직활동
중앙정부	24	7	37	64	2	22	48
공공기관(경기도)	8	17	11	17	-	4	45
지방정부(경기도)	1	11	48	30	3	3	45
공공기관(타시도)	11	13	40	42	2	7	43
사설(비경기)	1	1	9	1	-	4	3
공공기관(비경기)	1	-	1	1	-	-	-
사설(경기)	-	-	-	1	-	-	1

사용한 함수

- ROUNDDOWN   55쪽
- COUNTIFS   39쪽

등록일 입력하기

등록일을 시간 없이 날짜만 입력하도록 합니다.

01. [자료] 워크시트에서 [B] 열을 선택한 후 마우스 오른쪽 버튼을 클릭해 단축 메뉴에서 [삽입]을 클릭합니다.

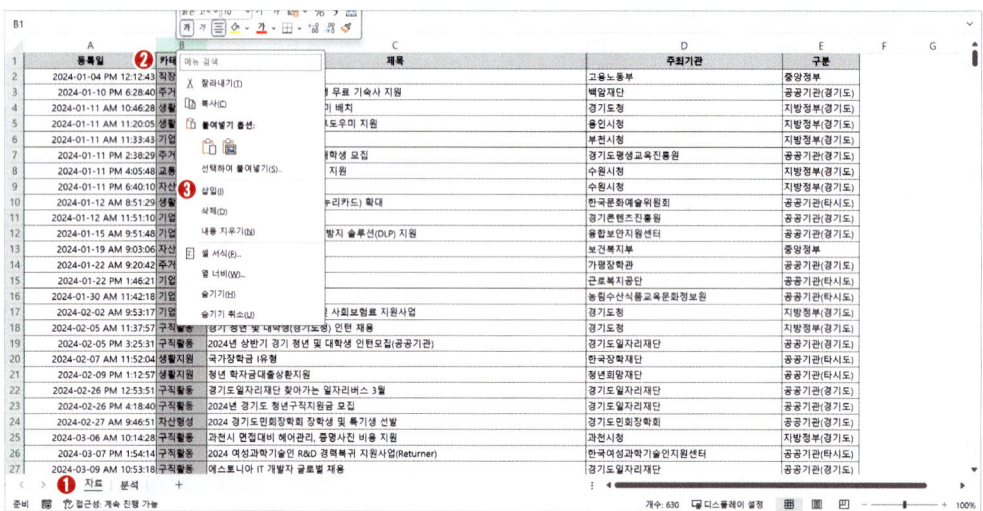

02. [B1] 셀에 **등록일자**를 입력합니다.

03. [B2] 셀을 선택하고 =ROUNDDOWN(A2,0)를 입력합니다.

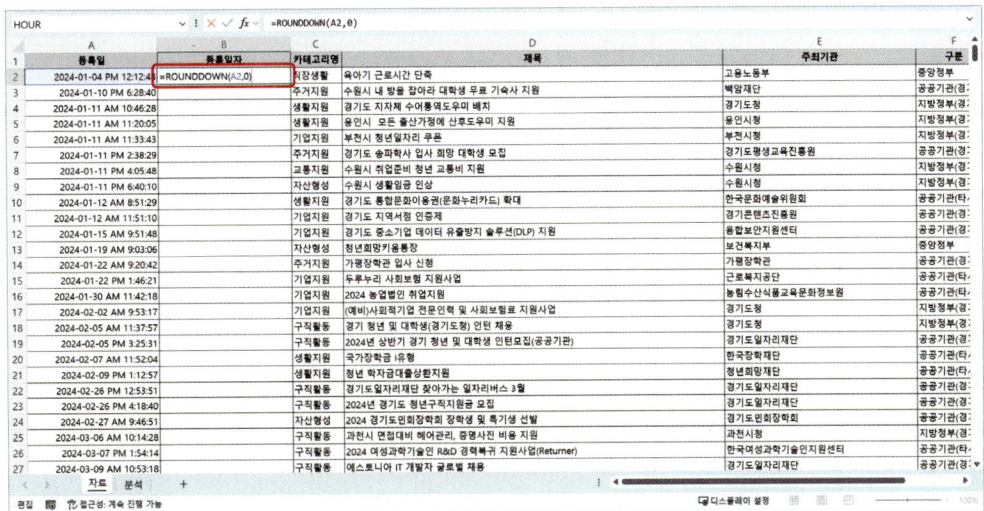

🔍 수식 풀이

=ROUNDDOWN(A2,0)
날짜와 시간은 정수와 소수점으로 이루어진 serial_number입니다.
ROUNDDOWN 함수는 날짜의 값인 정수만 구합니다.

04. [B2] 셀을 선택한 후 셀의 오른쪽 아래에 마우스 포인터를 맞추고 채우기 핸들을 더블클릭해 [B] 열에 수식을 복사합니다.

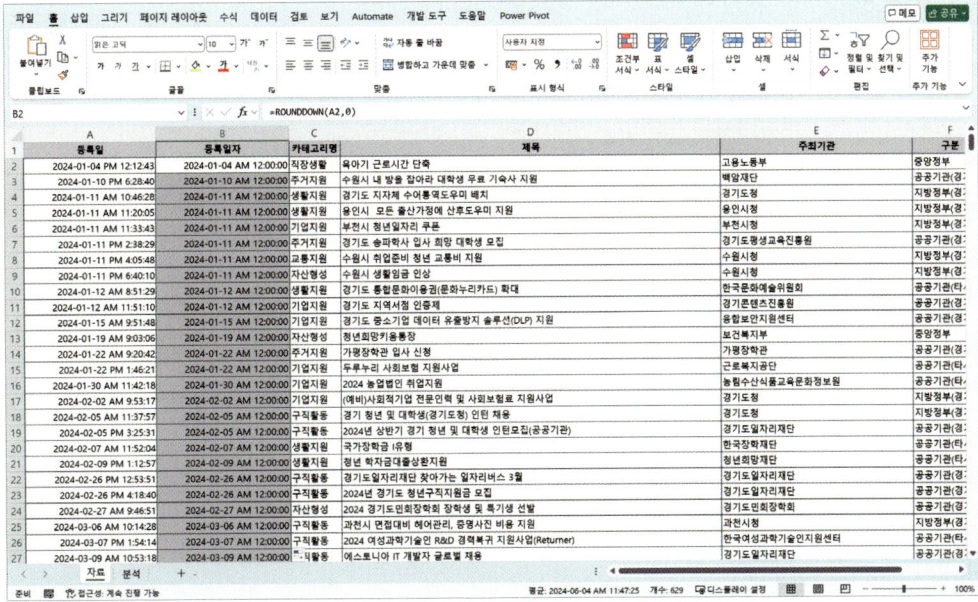

05. [B2:B630] 범위가 선택된 상태에서 마우스 오른쪽 버튼을 클릭한 후 단축 메뉴에서 [셀 서식]을 클릭합니다.

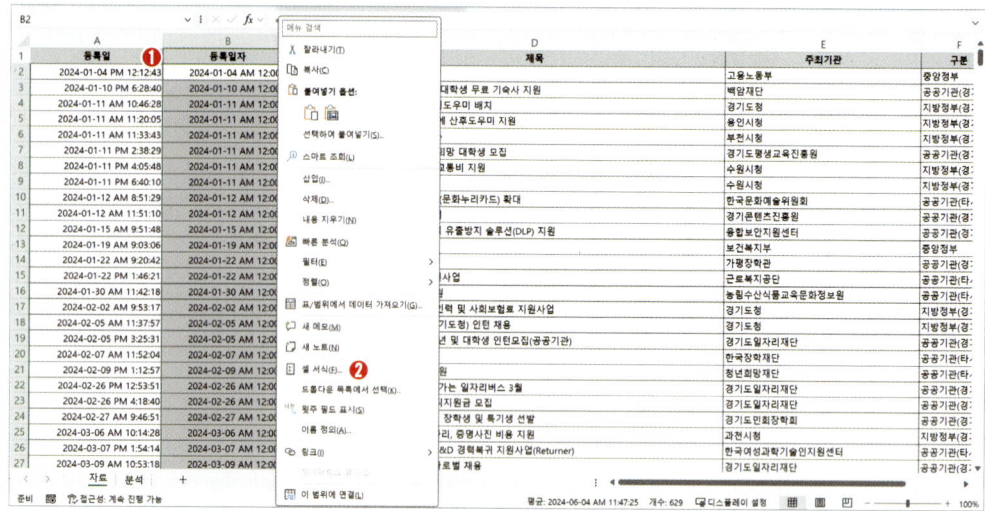

06. [셀 서식] 대화상자가 열리면 [표시 형식] 탭의 '범주'란에서 [날짜]를 선택하고 '형식'란에 [2012-03-14]를 선택한 후 [확인]을 클릭합니다.

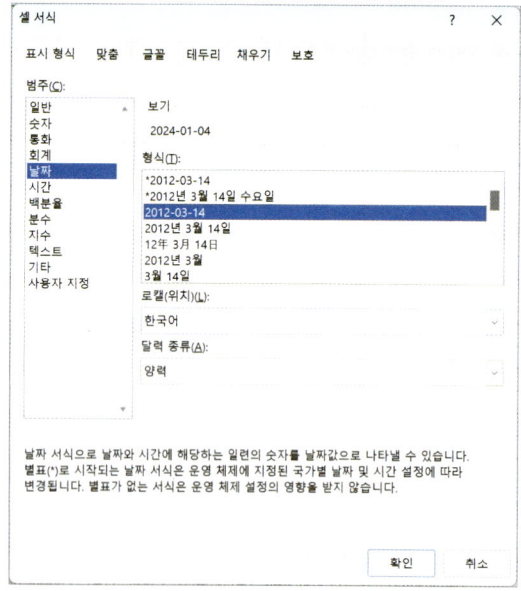

선택 영역 이름 정의하기

분석을 하기 위해 먼저 이름 정의를 합니다.

01. [자료] 워크시트에서 [A1] 셀을 선택하고 〈Ctrl〉 + 〈*〉 또는 〈Ctrl〉 + 〈Shift〉 + 〈8〉키를 눌러서 데이터 범위를 선택합니다. [수식 → 정의된 이름] 그룹에서 [선택 영역에서 만들기]를 클릭합니다.

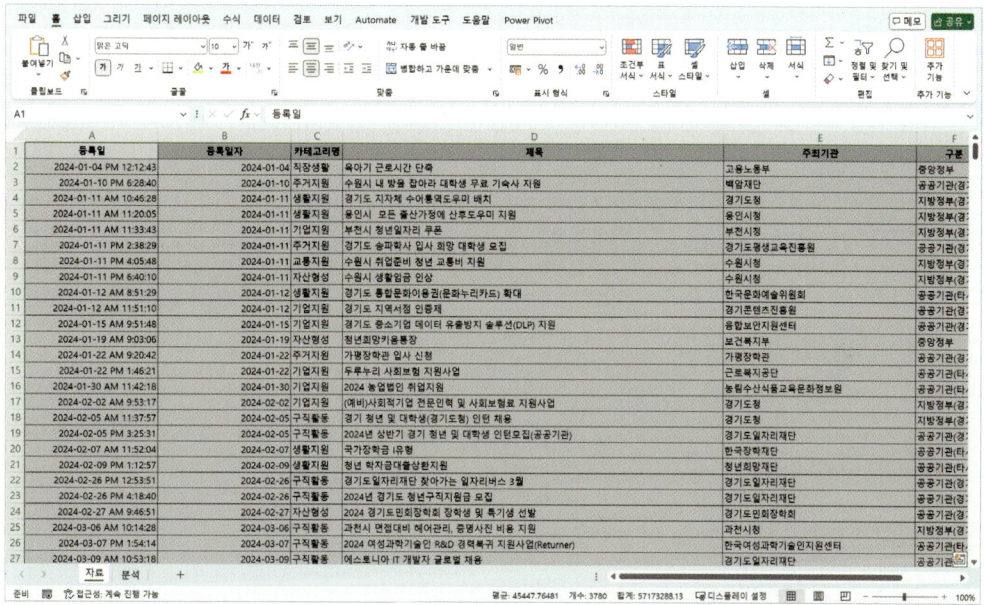

02. [선택 영역에서 만들기] 대화상자가 열리면 [첫 행]이 체크된 상태에서 [확인]을 클릭합니다.

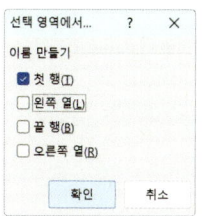

정책 개수 구하기

주최 기관과 카테고리를 기준으로 정책의 개수를 구합니다.

01. [분석] 워크시트에서 [B2] 셀을 선택하고 =COUNTIFS(주최기관,$A2,카테고리명,B$1)을 입력합니다.

수식 풀이

=COUNTIFS(주최기관,"고용노동부",카테고리명,"직장생활")

'주최기관' 범위에 '고용노동부'이면서, '카테고리명' 범위에 '직장생활'에 해당하는 개수를 구합니다.

02. [B2] 셀을 선택한 후 셀의 오른쪽 아래의 채우기 핸들에 마우스 포인터를 맞춘 후 [H2] 셀까지 드래그합니다.

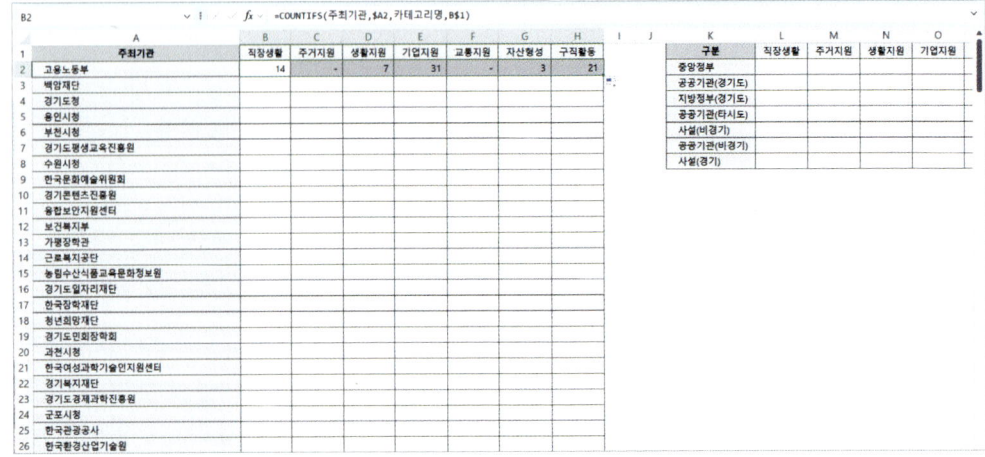

03. [B2:H2] 범위를 선택한 상태에서 셀의 오른쪽 아래에 마우스 포인터를 맞추고 채우기 핸들을 더블클릭해 수식을 복사합니다.

구분 기준으로 개수 구하기

[구분]과 [카테고리명]을 기준으로 정책의 개수를 구합니다.

01. [분석] 워크시트에서 [L2] 셀을 선택하고 **=COUNTIFS(구분,$K2,카테고리명,L$1)**을 입력합니다.

≡Q 수식 풀이

=COUNTIFS(구분,$K2,카테고리명,L$1)
'구분' 범위 안에 '중앙정부'이면서, '카테고리명' 범위 안에 '직장생활'에 해당하는 개수를 구합니다.

02. [L2] 셀을 선택한 후 셀의 오른쪽 아래의 채우기 핸들에 마우스 포인터를 맞춘 후 [R2] 셀까지 드래그합니다.

03. [L2:R2] 범위를 선택한 상태에서 셀의 오른쪽 아래에 마우스 포인터를 맞추고 채우기 핸들을 더블클릭해 수식을 복사합니다.

챗GPT로 한 걸음 더

추가로 처리하고 싶은 작업에 대해 챗GPT에게 질문하고 받은 응답으로 진행해 보겠습니다.

> 챗GPT의 답변은 사용자별로 동일하지 않을 수 있습니다.
> 세부적인 사항은 사용자가 수정할 수 있습니다.
> 종종 틀린 답변을 할 때가 있습니다.

01. 참조 주소 방식 중 혼합참조에 대해 자세히 물어보겠습니다. 채팅 창에 다음과 같이 프롬프트를 입력합니다.

 혼합참조 설명을 예제와 함께 자세히 설명해줘.

 엑셀에서 혼합참조는 셀 주소가 고정된 부분과 고정되지 않은 부분이 혼합된 참조 방식입니다. 이를 쉽게 이해하기 위해서는 셀 참조의 세 가지 종류를 알아야 합니다:

1. 절대참조 (Absolut Reference): 셀 주소가 완전히 고정되어 있으며, "$" 기호를 사용합니다. 예: $A$1. 수식을 복사해도 참조하는 셀 주소가 변하지 않습니다.

2. **상대참조 (Relative Reference)**: 셀 주소가 완전히 유동적이며, 수식을 복사하면 참조하는 셀 주소도 변경됩니다.

3. **혼합참조 (Mixed Reference)**: 셀 주소의 행이나 열 중 하나만 고정되고 나머지는 유동적입니다. "$" 기호를 사용해 행 또는 열을 고정합니다.

예제

셀 B2에 다음 수식을 입력했다고 가정해 봅시다:

=A$1+ $A2

여기서 'A$1'은 열 A의 1번 행을 고정한 참조입니다. 즉, 행 1은 고정되지만 열은 이동할 수 있습니다.
$A2는 열 A를 고정한 참조입니다. 즉, 열 A는 고정되지만 행은 이동할 수 있습니다.

요약

혼합참조는 수식을 작성할 때 행 또는 열 중 하나만 고정하여, 수식을 복사할 때 특정 방향으로만 참조 셀을 고정하려는 경우에 유용합니다.
이해를 돕기 위해 더 궁금한 부분이나 예시가 필요하면 알려주세요!

02. 챗GPT의 응답에서 혼합참조를 비롯한 세 가지 참조에 대한 설명과 예시를 덧붙이면 다음과 같습니다.

- **절대참조**: 셀 주소가 완전히 고정되어 있으며, "$" 기호를 사용합니다. 수식을 복사해도 참조하는 셀 주소가 변하지 않습니다.

  예: $A$1 (열 고정 + 행 고정)

- **상대참조**: 셀 주소가 완전히 유동적이며, 수식을 복사하면 참조하는 셀 주소도 변경됩니다.

  예: A1

- **혼합참조**: 셀 주소의 행이나 열 중 하나만 고정되고 나머지는 유동적입니다. "$" 기호를 사용해 행 또는 열을 고정합니다.

  예: $A1 (열 고정), A$1 (행 고정)

즉, **=A$1 + $A2**에서 A$1은 열 A의 1번 행을 고정한 참조입니다. 즉, 행 1은 고정되지만 열은 이동할 수 있습니다. $A2는 열 A를 고정한 참조입니다. 즉, 열 A는 고정되지만 행은 이동할 수 있습니다.

CHAPTER 07

재고조사표 작성하기

📁 예제 파일명: 07_재고조사표.xlsx

재고 조사는 회사의 자산을 확인하고 이익을 확정하기 위한 중요한 자료로, 엑셀을 활용해 쉽게 값을 구하고 정리할 수 있습니다. 재고조사표에 재고 조사한 정상 제품과 폐기 제품을 구분하여 수량을 입력하면 정상 제품에는 정상 단가를, 폐기 제품에는 원가를 적용한 금액을 자동 계산하고 그에 따르는 평가 손실 등을 자동으로 구할 수 있도록 합니다.

미리 보기 | 완성 파일명: 07_재고조사표_결과.xlsx

	A	B	C	D	E	F	G	H	I	J
1	기본 자료					정상제품		폐기제품		평가손실
2	제품번호	품명	구분	상태	재고수량	단가	금액	원가	금액	
3	st003	뻥기에초콜릿	간식류	정상	10	12,700	127,000	5,080		
4	st010	자숙새우	수산물	폐기	4	23,900		9,560	38,240	38,240
5	st008	트윅스	간식류	정상	20	9,360	187,200	3,744		
6	st011	화이트와인	음료	폐기	5	21,500		8,600	43,000	43,000
7	st004	프랑스초콜릿	간식류	정상	10	13,700	137,000	5,480		
8										
9										
10										
11										
12										
13										

구분별 재고평가

작성일자 : 08월 16일

구분	정상제품 수	정상제품 합계	폐기제품 수	폐기제품 합계
가공육	0	0	0	0
간식류	3	451,200	0	0
수산물	0	0	1	38,240
음료	0	0	1	43,000
합계	3	451,200	2	81,240

사용한 함수

- LOOKUP   47쪽
- IFERROR   44쪽
- IF   43쪽
- TEXT   59쪽
- TODAY   60쪽
- COUNTIFS   39쪽
- SUMIFS   58쪽
- SUM   57쪽

선택 영역 이름 정의하기

계산 작업을 유용하게 하기 위해 먼저 이름 정의를 합니다.

01. [품명자료] 워크시트에서 [A1] 셀을 선택하고 〈Ctrl〉+〈*〉 또는 〈Ctrl〉+〈Shift〉+〈8〉키를 눌러서 데이터 범위를 선택합니다. [수식 → 정의된 이름] 그룹에서 [선택 영역에서 만들기]를 클릭합니다.

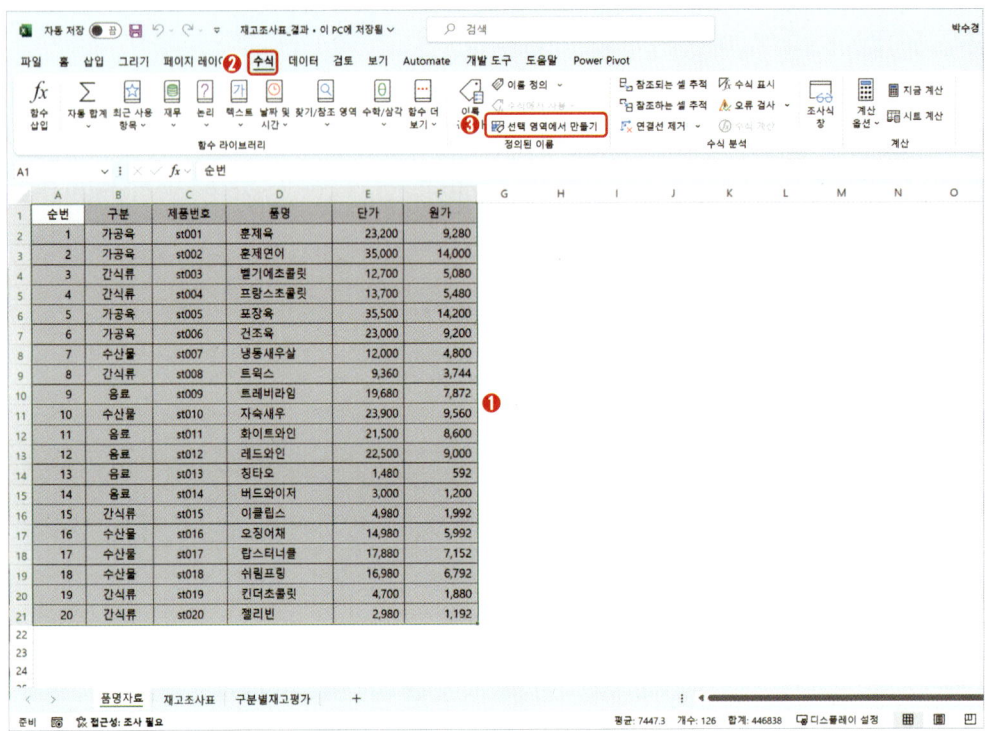

02. [선택 영역에서 만들기] 대화상자가 열리면 [첫 행]이 체크된 상태에서 [확인]을 클릭합니다.

▶ 수식 입력줄 왼쪽의 이름 상자를 열어서 이름으로 정의된 내용을 확인할 수 있습니다.

유효성 검사로 목록 만들기

01. [제품번호] 열에 유효성 검사를 만들기 위해 [재고조사표] 워크시트에서 [A3:A22] 범위를 선택하고 [데이터 → 데이터 도구] 그룹에서 [데이터 유효성 검사]를 클릭합니다.

02. [데이터 유효성] 대화상자가 열리면 [설정] 탭에서 '제한 대상'은 [목록]으로 선택하고, '원본' 입력란에 **=제품번호**를 입력한 후에 [확인]을 클릭합니다.

▶ 이름이 [제품번호]로 정의된 셀 범위의 데이터만 입력할 수 있습니다.

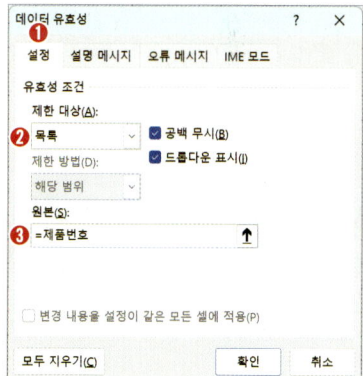

03. [상태] 열에 유효성 검사를 만들기 위해 [D3:D22] 범위를 선택하고 [데이터 → 데이터 도구] 그룹에서 [데이터 유효성 검사]를 클릭합니다.

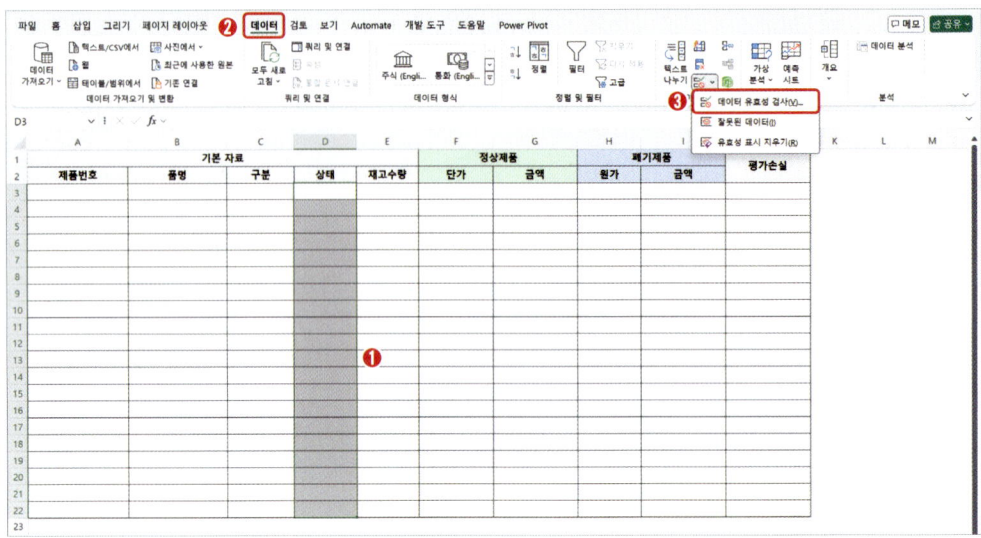

04. [데이터 유효성] 대화상자가 열리면 [설정] 탭에서 '제한 대상'은 [목록]으로 선택하고, '원본' 입력란에 **정상,폐기**를 입력한 다음 [확인]을 클릭합니다.

> 쉼표로 구분한 데이터만 입력할 수 있습니다. 즉, "정상" 또는 "폐기"만 입력할 수 있습니다.

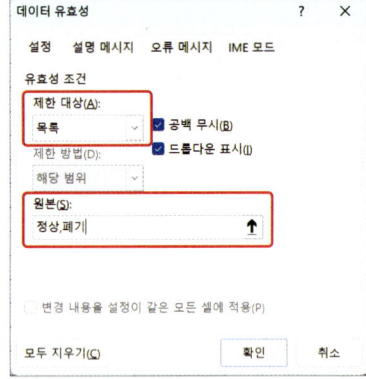

05. 데이터 유효성 검사를 진행한 셀에 마우스 포인터를 두면 오른쪽에 뜨는 목록 단추가 뜹니다. 이를 클릭하면 입력한 '원본'란에 입력한 데이터가 목록으로 뜨는 것을 확인할 수 있습니다.

품명 구하기

01. 품명을 구하기 위해 [재고조사표] 워크시트에서 [B3:B22] 범위를 선택하고 수식 입력줄에 **=LOOKUP(A3, 제품번호, 품명)**을 입력한 후에 〈Ctrl〉+〈Enter〉키를 누릅니다.

▶ 결과를 확인하면 제품번호가 없는데, LOOKUP 함수를 실행했으므로 #N/A 오류가 발생합니다.

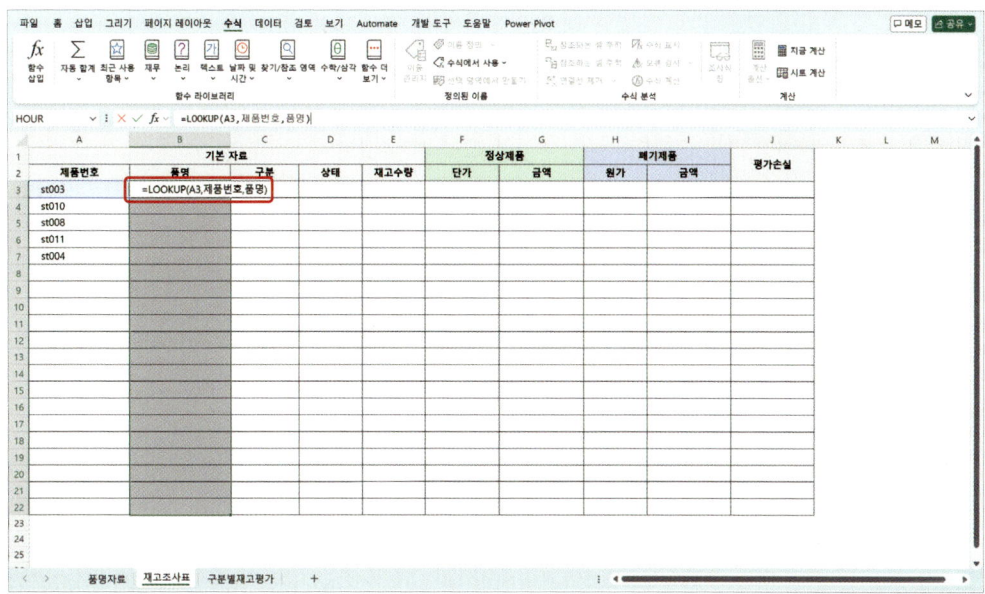

수식 풀이

=LOOKUP(A3, 제품번호, 품명)
[A3] 셀의 값 st003을 '제품번호' 범위에서 찾은 다음 같은 행에 있는 '품명' 범위의 '벨기에초콜릿' 값을 구합니다.

02. #N/A 오류를 해결하기 위해 다시 [B3:B22] 범위를 선택하고 수식을 **=IFERROR(LOOKUP(A3,제품번호,품명),"")**로 변경한 후 〈Ctrl〉 + 〈Enter〉키를 누릅니다.

수식 풀이

=IFERROR(LOOKUP(A3,제품번호,품명),"")
=IFERROR는 LOOKUP 함수를 실행하여 결과가 나오면 결과를 입력하고 에러가 발생하면 ""(공백)을 입력합니다.

03. [제품번호] 열에서 데이터 유효성 목록 단추를 눌러 제품번호를 선택하면 [품명] 열에 데이터가 입력되는 것을 확인할 수 있습니다.

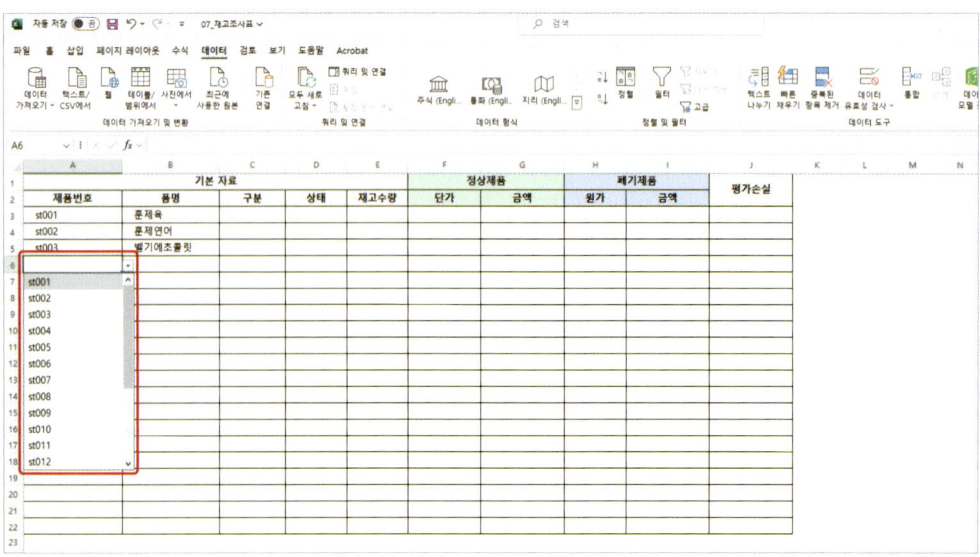

구분, 단가, 원가 구하기

01. 구분을 구하기 위해 [재고조사표] 워크시트에서 [C3:C22] 범위를 선택하고, **=IFERROR(LOOKUP(A3,제품번호,구분),"")**을 입력한 후에 〈Ctrl〉+〈Enter〉키를 누릅니다.

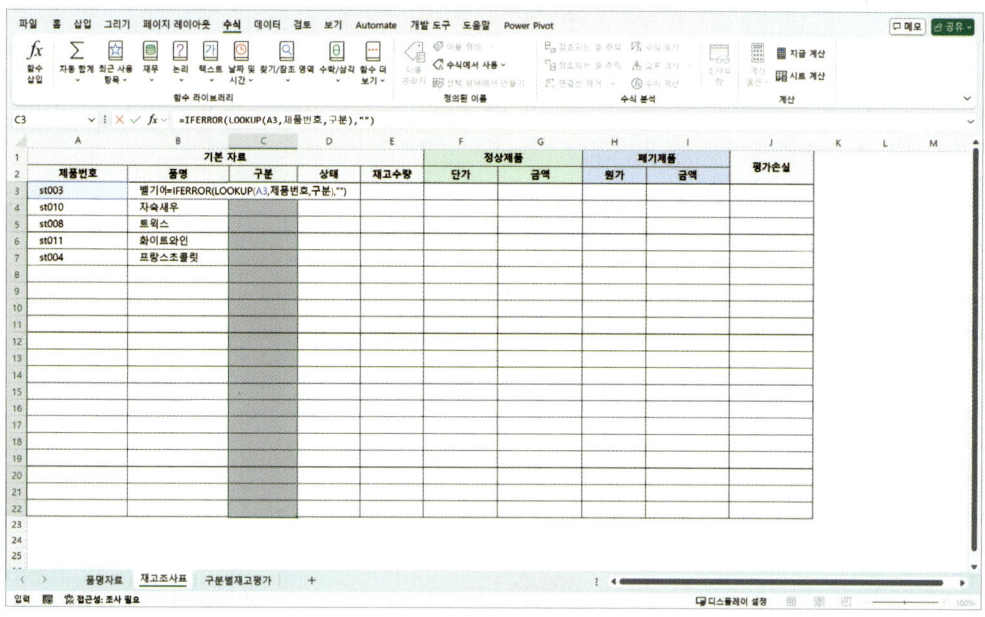

수식 풀이

=IFERROR(LOOKUP(A3,제품번호,구분),"")

[A3] 셀의 값 'st003'을 '제품번호' 범위에서 찾은 다음, 같은 행에 있는 '구분' 범위의 '간식류' 값을 구합니다.

02. 단가를 구하기 위해 [F3:F22] 범위를 선택하고 **=IFERROR(LOOKUP(A3,제품번호,단가),0)**을 입력한 후에 〈Ctrl〉+〈Enter〉키를 누릅니다.

수식 풀이

=IFERROR(LOOKUP(A3,제품번호,단가),0)
[A3] 셀의 값 'st003'을 '제품번호' 범위에서 찾은 다음 같은 행에 있는 '단가' 범위의 12700 값을 구합니다.

03. 원가를 구하기 위해 [H3:H22] 범위를 선택하고 **=IFERROR(LOOKUP(A3,제품번호,원가),0)**을 입력한 후에 〈Ctrl〉+〈Enter〉키를 누릅니다.

🔍 수식 풀이

```
=IFERROR(LOOKUP(A3,제품번호,원가),0)
```
[A3] 셀의 값 'st003'을 '제품번호' 범위에서 찾은 다음 같은 행에 있는 '원가' 범위의 5080 값을 구합니다

금액, 평가손실 구하기

재고 상태가 "정상"이면 평가손실은 0을 입력하고, 재고 상태가 "폐기"면 원가로 계산한 금액을 평가손실로 입력합니다.

01. 정상 제품의 금액을 구하기 위해 [재고조사표] 워크시트에서 [G3:G22] 범위를 선택하고 **=IF(D3="정상",E3*F3,0)**를 입력한 후에 〈Ctrl〉+〈Enter〉키를 누릅니다.

제품번호	품명	구분	상태	재고수량	단가	금액	원가	금액	평가손실
st003	벨기에초콜릿	간식류	정상	10	12,700	=IF(D3="정상",E3*F3,0)			
st010	자숙새우	수산물	폐기	4	23,900		9,560		
st008	트윅스	간식류	정상	20	9,360		3,744		
st011	화이트와인	음료	폐기	5	21,500		8,600		
st004	프랑스초콜릿	간식류	정상	10	13,700		5,480		
						0	0		
						0	0		
						0	0		
						0	0		
						0	0		
						0	0		
						0	0		
						0	0		
						0	0		
						0	0		
						0	0		
						0	0		

🔍 수식 풀이

```
=IF(D3="정상",E3*F3,0)
```
[D3] 셀의 값이 '정상'이면 [E3] 셀과 [F3] 셀을 곱하여 금액을 구하고, 아니면 0을 입력합니다.

```
IF("정상"="정상",E3*F3,0)
        TRUE
=> 10*12700 => 127000
```

02. 폐기 제품의 금액을 구하기 위해 [I3:I22] 범위를 선택하고 **=IF(D3="폐기",E3*H3,0)**를 입력한 후에 〈Ctrl〉 + 〈Enter〉키를 누릅니다.

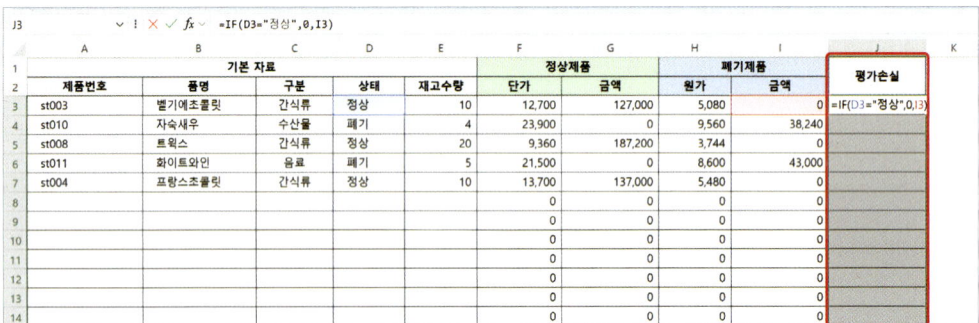

수식 풀이

=IF(D3="폐기",E3*H3,0)
[D3] 셀의 값이 "폐기"면 [E3] 셀과 [H3] 셀을 곱하여 금액을 구하고, 아니면 0을 입력합니다.

=IF("정상"="폐기",E3*H3,0)
    FALSE
=> 0

03. 평가손실을 구하기 위해 [J3:J22] 범위를 선택하고 **=IF(D3="정상",0,I3)**을 입력한 후에 〈Ctrl〉 + 〈Enter〉키를 누릅니다.

수식 풀이

=IF(D3="정상",0,I3)
[D3] 셀의 값이 '정상'이면 평가손실은 0을 입력하고, '폐기'면 폐기 제품 금액이 입력된 [I3] 셀의 값을 입력합니다.

=IF("정상"="정상",0,I3)
    TRUE
=> 0

04. 이제 재고 조사를 통해 [상태]에 정상 또는 폐기, [재고수량]에 재고의 수량을 입력하면 금액과 평가손실이 자동으로 입력되는 것을 확인할 수 있습니다.

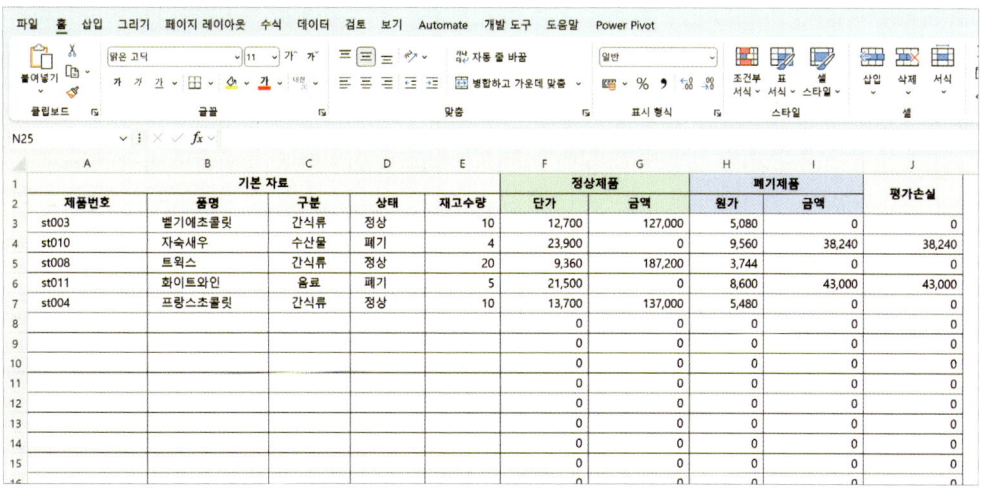

0 값을 보이지 않게 지정하기

[표시 형식]을 이용하여 0 값을 보이지 않게 지정합니다.

01. [재고조사표] 워크시트에서 [F3:J22] 범위를 선택하고 마우스 오른쪽 버튼을 클릭해 단축 메뉴에서 [셀 서식]을 클릭합니다.

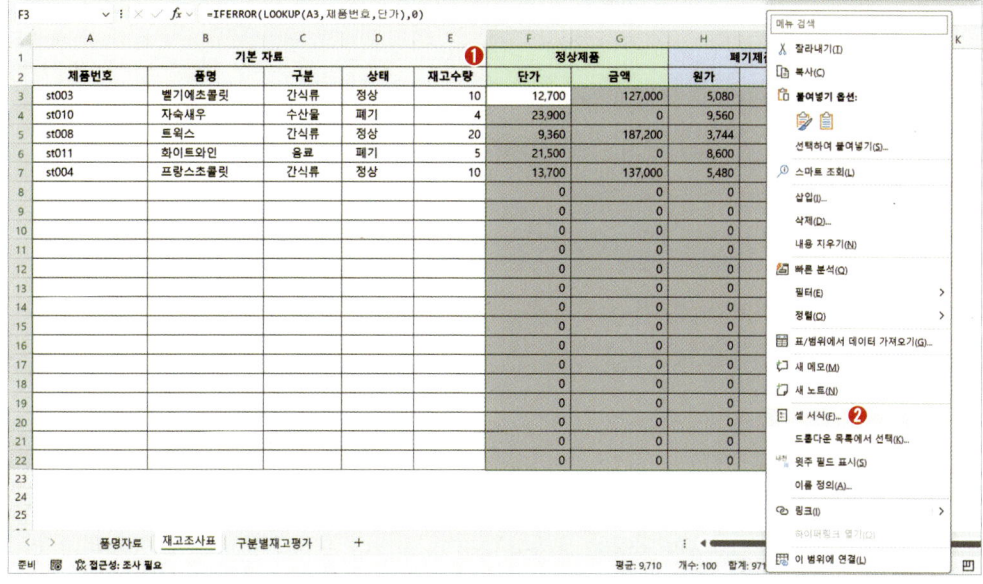

CHAPTER 07 _ 재고조사표 작성하기   125

02. [셀 서식] 대화상자가 열리면 [표시 형식] 탭의 '범주'란에서 [사용자 지정]을 선택한 후에 '형식' 란에 #,##0_ ;;을 입력합니다.

> ▶ 표시 형식은 '양수;음수;0의 값'의 순서로 표시되므로 음수와 0의 값이 입력될 구역을 구분하기 위해 ;; 을 입력합니다. 음수와 0이 입력될 구역에 아무것도 입력하지 않았으므로 음수와 0은 값이 입력되어 있어도 표시되지 않습니다.

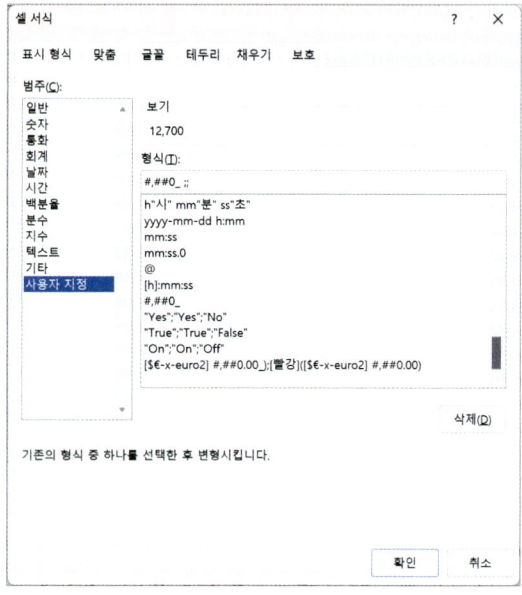

작성일 구하기

01. [구분별재고평가] 워크시트에서 [B2:C2] 범위를 선택하고 [홈 → 맞춤] 그룹에 있는 [병합하고 가운데 맞춤]을 클릭합니다.

> ▶ 선택한 셀들이 하나로 병합되고 텍스트가 가운데로 맞춰집니다.

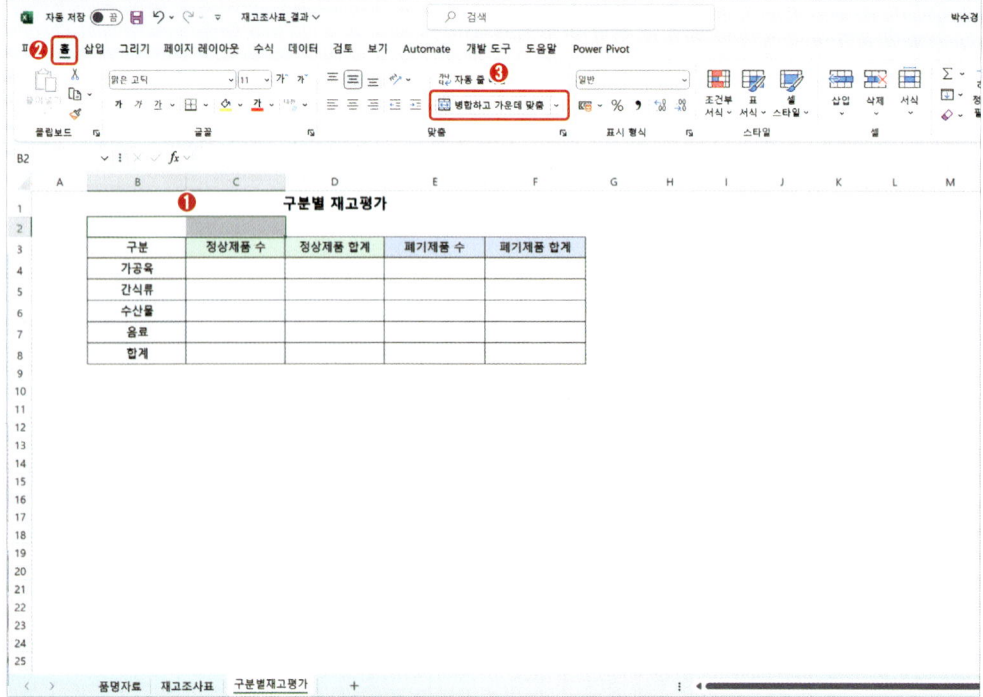

02. 병합된 [B2] 셀을 선택한 상태에서 **="작성일자 : "&TEXT(TODAY(),"mm월 dd일")**를 입력하고 〈Enter〉키를 누릅니다. 표 상단에 오늘 날짜로 작성일자가 입력됩니다.

수식 풀이

="작성일자 : "&TEXT(TODAY(),"mm월 dd일")
연결 연산자(&)를 이용하여 **"작성일자 : "**와 TEXT 함수 결괏값을 연결합니다.

TEXT(TODAY(),"mm월 dd일")
TEXT 함수는 입력한 값을 지정한 표시 형식으로 변환합니다. 즉, TODAY()로 입력된 현재 날짜가 큰따옴표("") 안의 표시 형식으로 변환하여 입력됩니다

이름 상자에서 이름 정의하기

구분별 재고 평가의 합계 등을 구하기 위해 이름을 먼저 정의합니다.

01. [재고조사표] 워크시트에서 [C3:C22] 범위를 선택하고 이름 상자에 **구분자료**를 입력한 다음 〈Enter〉키를 누릅니다.

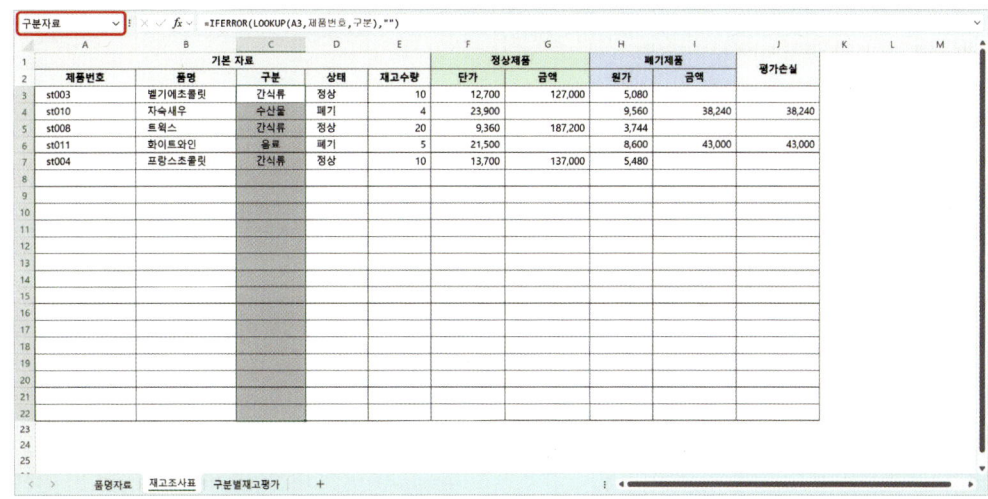

02. [D3:D22] 범위를 선택하고 이름 상자에 **상태**를 입력한 다음 〈Enter〉키를 누릅니다.

03. [G3:G22] 범위를 선택하고 이름 상자에서 **정상금액**을 입력한 다음 〈Enter〉키를 누릅니다.

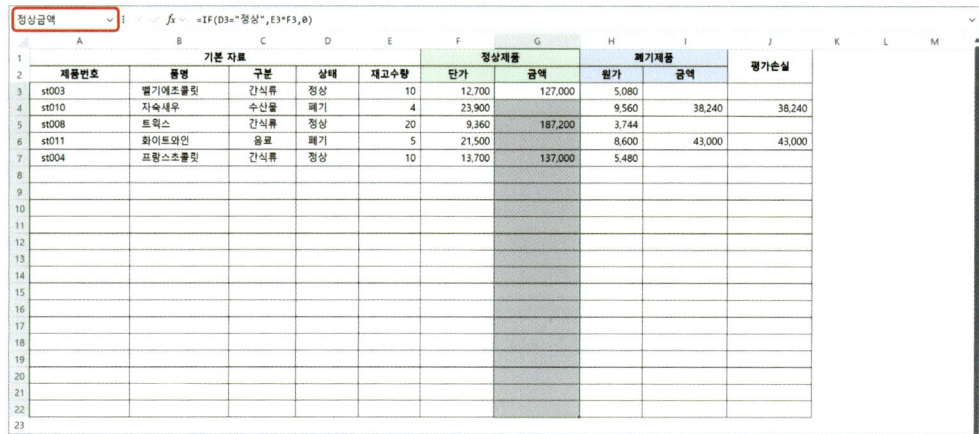

04. [I3:I22] 범위를 선택하고 이름 상자에서 **폐기금액**을 입력한 다음 〈Enter〉키를 누릅니다.

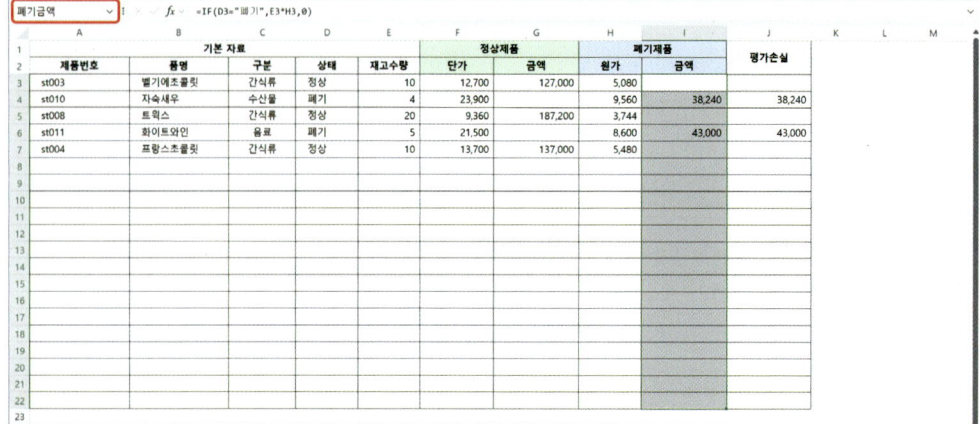

구분별 재고 평가 구하기

가공육, 간식류, 수산물, 음료별로 정상 제품의 합계와 폐기 제품의 합계 그리고 평가손실의 합계를 구합니다.

01. 정상 제품 수를 구하기 위해 [구분별재고평가] 워크시트에서 [C4:C7] 범위를 선택하고 **=COUNTIFS(구분자료,B4,상태,"정상")**를 입력한 후에 〈Ctrl〉+〈Enter〉키를 누릅니다.

수식 풀이

=COUNTIFS(구분자료,B4,상태,"정상")
'**구분자료**' 범위 안에 '**B4**'이면서 '**상태**' 범위 안에 '**정상**'에 해당하는 개수를 구합니다.

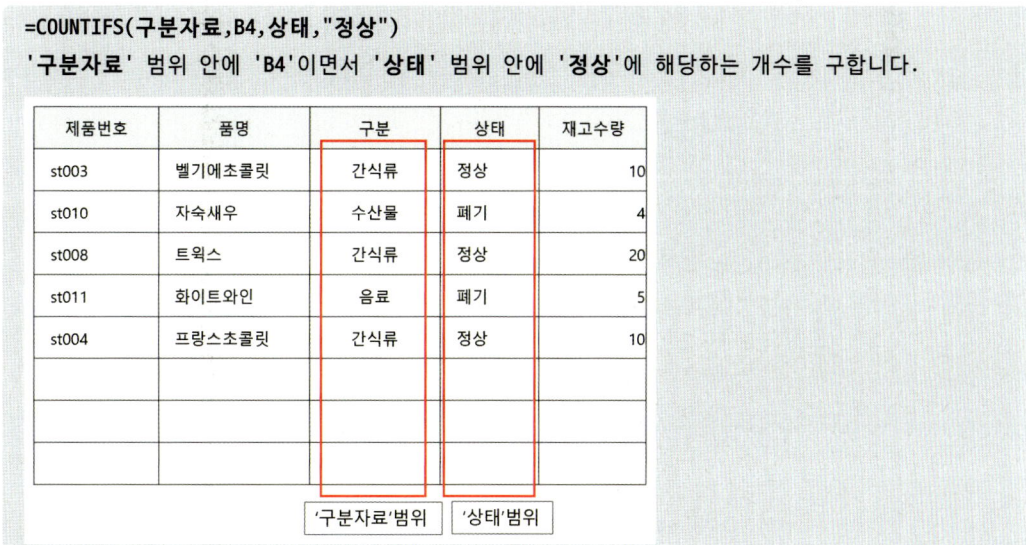

CHAPTER 07 _ 재고조사표 작성하기 | 129

02. 정상 제품 합계를 구하기 위해 [D4:D7] 범위를 선택하고 =SUMIFS(**정상금액,구분자료,B4,상태,"정상"**)를 입력한 후에 〈Ctrl〉+〈Enter〉키를 누릅니다.

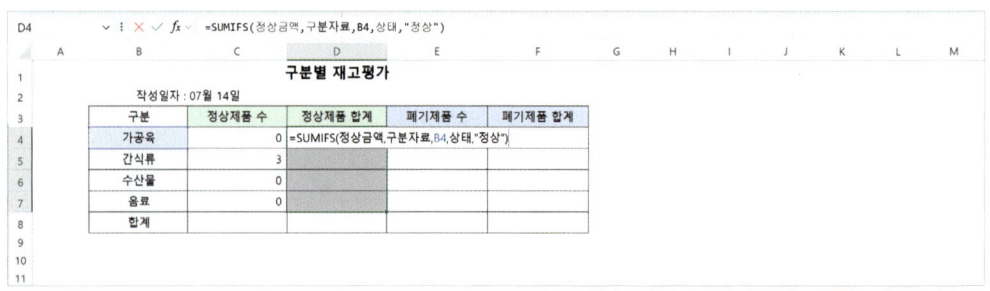

수식 풀이

=SUMIFS(**정상금액,구분자료,B4,상태,"정상"**)

=SUMIFS(**정상금액,구분자료,"가공육",상태,"정상"**)
'**구분자료**' 범위 안에 '**가공육**'이면서 '**상태**' 범위 안에 '**정상**'에 해당하는 '**정상금액**' 범위의 합계를 구합니다.

03. 폐기 제품 수를 구하기 위해 [E4:E7] 범위를 선택하고 =COUNTIFS(**구분자료,B4,상태,"폐기"**)를 입력한 후에 〈Ctrl〉+〈Enter〉키를 누릅니다.

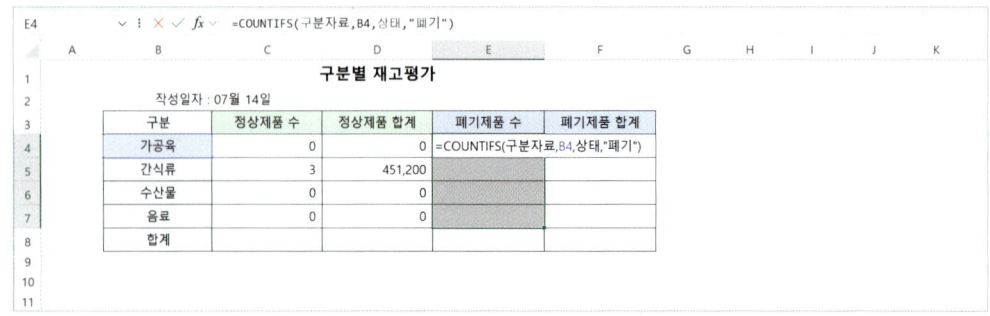

수식 풀이

=COUNTIFS(**구분자료,B4,상태,"폐기"**)
'**구분자료**' 범위 안에 '**B4**'면서 '**상태**' 범위 안에 '**폐기**'에 해당하는 개수를 구합니다.

04. 폐기 제품 합계를 구하기 위해 [F4:F7] 범위를 선택하고 **=SUMIFS(폐기금액,구분자료,B4,상태,"폐기")** 를 입력한 후에 〈Ctrl〉 + 〈Enter〉키를 누릅니다.

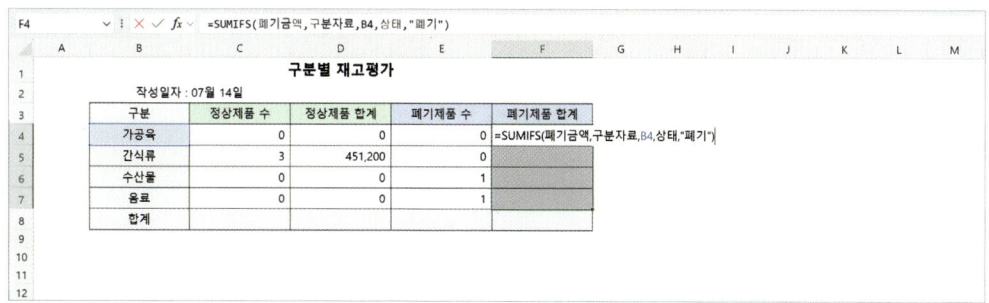

수식 풀이

=SUMIFS(폐기금액,구분자료,B4,상태,"폐기")

=SUMIFS(폐기금액,구분자료,"가공육",상태,"폐기")
'구분자료' 범위 안에 '가공육'이면서 '상태' 범위 안에 '폐기'에 해당하는 '폐기금액' 범위의 합계를 구합니다.

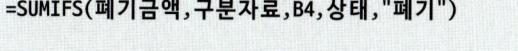

05. 총 합계를 구하기 위해 [C8:F8] 범위를 선택하고 [홈 → 편집] 그룹의 [합계]를 선택합니다.

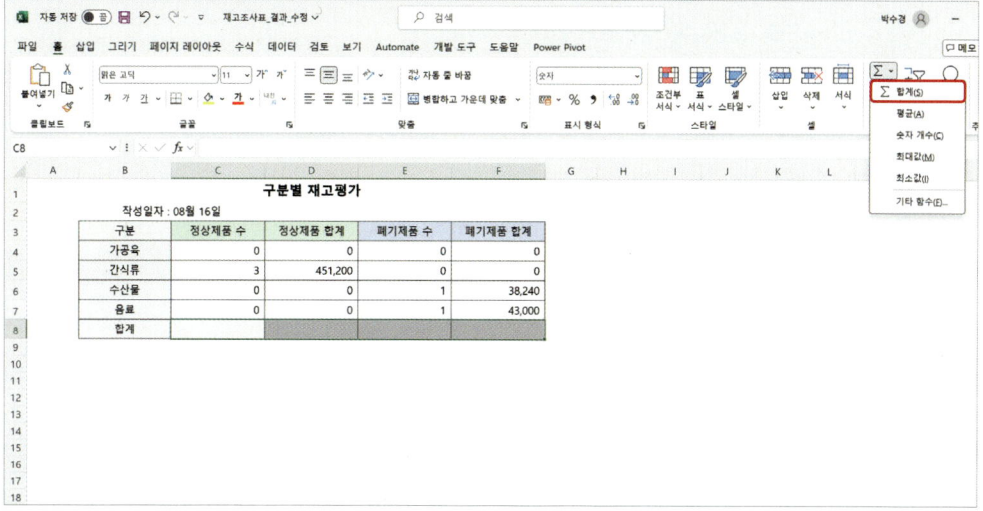

챗GPT로 한 걸음 더

추가로 처리하고 싶은 작업에 대해 챗GPT에게 질문하고 받은 응답으로 진행해 보겠습니다.

> ⓘ 챗GPT의 답변은 사용자별로 동일하지 않을 수 있습니다.
> 세부적인 사항은 사용자가 수정할 수 있습니다.
> 종종 틀린 답변을 할 때가 있습니다.

01. [폐기금액]에 입력된 값 중에서 40,000 이상인 값의 색을 빨간색으로 변경하는 방법을 챗GPT에게 물어보겠습니다. 지금까지 작성한 파일을 첨부하고 채팅 창에 다음과 같이 프롬프트를 입력합니다.

엑셀 워크시트에서 [I3] 셀부터 [I22] 셀 범위에 40,000 이상인 값만 빨간색으로 변경하는 방법을 알려줘.

엑셀에서 셀 I3에서 I22까지의 범위에서 40,000보다 큰 값에 대해 글꼴 색상을 빨간색으로 변경하려면 다음 단계를 따르세요.

1. 범위 선택:
- 엑셀 워크시트를 엽니다.
- [I3] 셀을 클릭하세요.
- 아래로 드래그하여 [I3]에서 [I22] 셀을 선택하거나 [I3]을 클릭한 다음 <Shift>를 누른 상태에서 [I22]를 클릭하여 전체 범위를 선택할 수 있습니다.

2. 조건부 서식:
- 엑셀 리본 메뉴의 [홈] 탭으로 이동하세요.
- [스타일] 그룹에서 [조건부 서식]을 클릭하세요.

3. 새 규칙:
- 드롭다운 메뉴에서 [새 규칙…]을 선택하세요.

4. 규칙 설정:
- [새 서식 규칙] 대화상자에서 [다음을 포함하는 셀만 서식 지정]을 선택하세요.
- 첫 번째 드롭다운에서 [셀 값]을 선택합니다.
- 두 번째 드롭다운에서 [보다 큼]을 선택하세요.
- 세 번째 칸에는 40000(쉼표 없이)을 입력하세요.

5. 형식 스타일:
- [형식…] 버튼을 클릭하여 적용하려는 형식을 지정하세요.
- [셀 서식] 대화상자에서 [글꼴] 탭으로 이동합니다.
- 글꼴 색상으로 빨간색을 선택하세요(필요한 경우 다른 글꼴 속성을 조정할 수도 있음).
- 서식을 적용하고 [새 서식 규칙] 대화상자로 돌아가려면 [확인]을 클릭하세요.

이제 '40,000'보다 큰 값을 포함하는 [I3:I22] 범위의 모든 셀은 글꼴 색상이 빨간색으로 변경됩니다.

노트:

• [I3:I22] 범위에는 헤더 셀이나 서식을 지정해서는 안 되는 셀이 포함되어 있지 않은지 확인하세요. 엑셀에서는 선택한 범위 전체에 조건부 서식을 적용하기 때문입니다.

• 조건부 서식 규칙은 동적이며 셀의 값이 변경되면 자동으로 조정됩니다.

02. 챗GPT가 알려준 순서대로 [I3:I22] 범위를 선택하고 [홈 → 스타일] 그룹에서 [조건부 서식]을 클릭하고 [새 규칙]을 선택합니다.

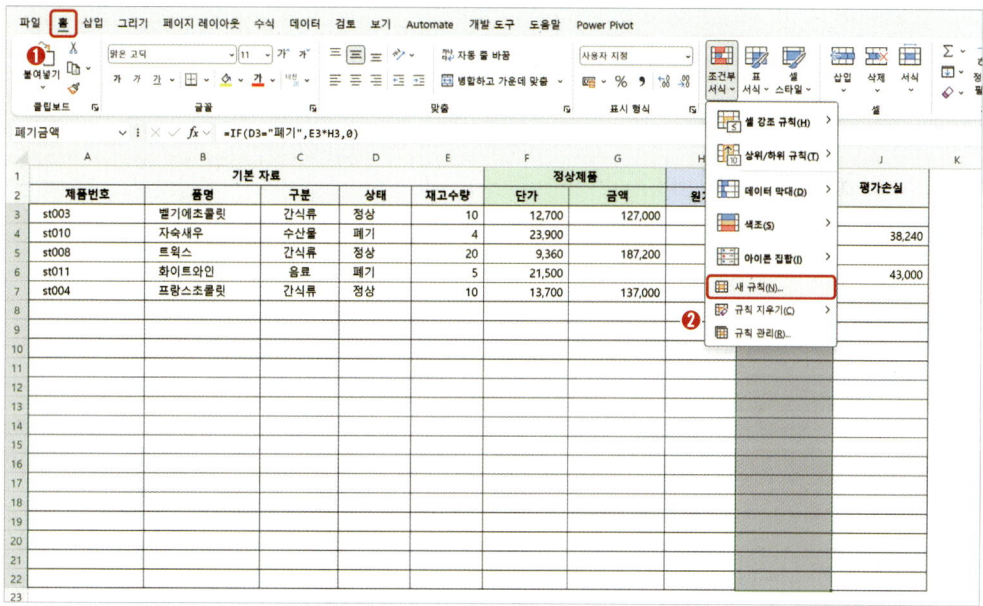

03. [새 서식 규칙] 대화상자가 열리면 '규칙 유형 선택'에서 [다음을 포함하는 셀만 서식 지정]을 선택하고, '규칙 설명 편집'에서 [셀 값], [>=]를 차례로 지정하고 40000을 입력한 다음 [서식]을 클릭합니다.

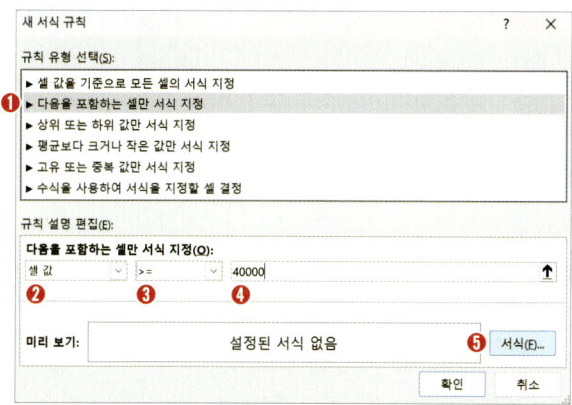

CHAPTER 07 _ 재고조사표 작성하기 | 133

04. [셀 서식] 대화상자가 열리면 [글꼴] 탭의 '색'에서 빨간색을 선택한 후에 [확인]을 클릭합니다.

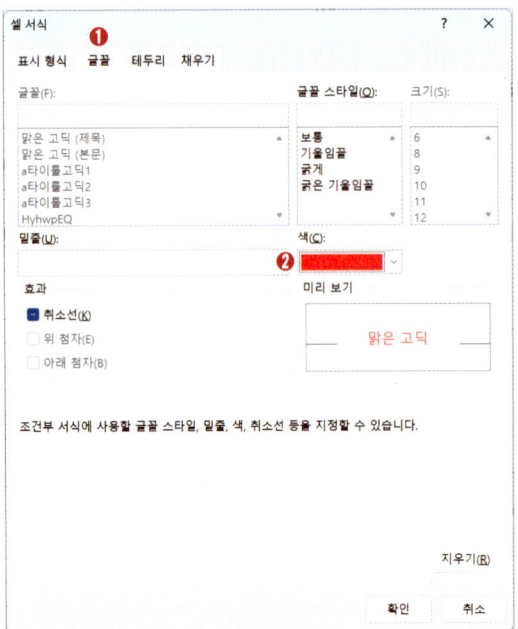

05. 40,000 이상의 값이 빨간색으로 변경된 것을 확인할 수 있습니다.

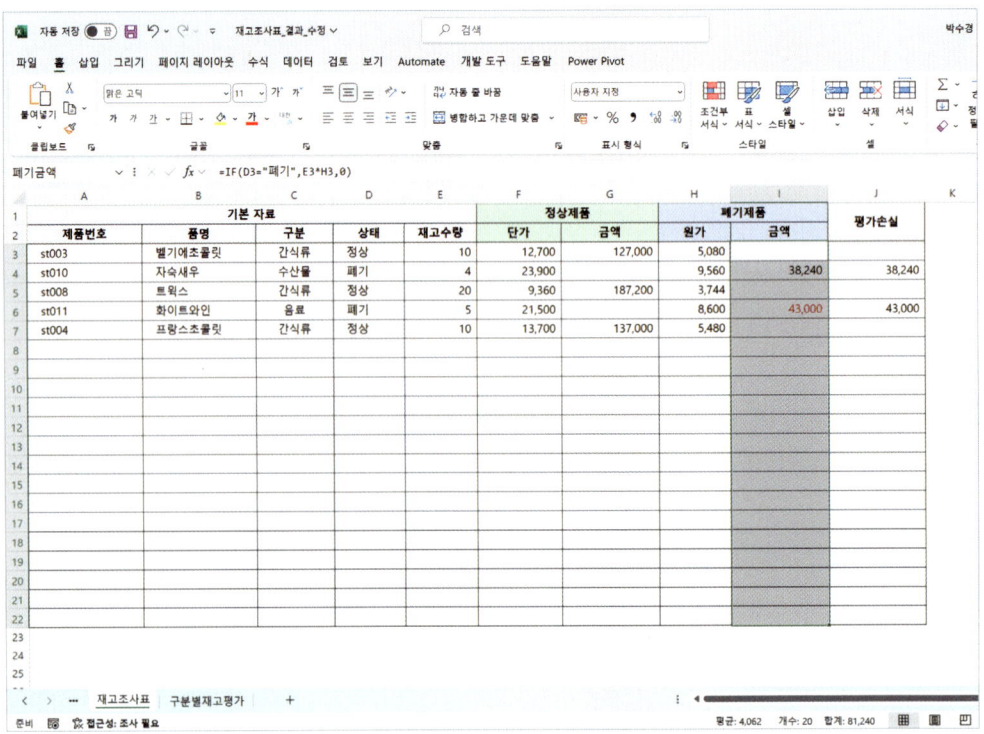

CHAPTER

08

회원 명부 작성하기

예제 파일명: 08_회원명부.xlsx

등록된 회원 자료에 함수와 수식 등을 사용하여 자동으로 성별, 생년월일, 나이 등의 데이터베이스를 작성하고, 구매 금액을 기준으로 등급을 구분하여 등급별 회원 서비스를 할 수 있는 회원 명부를 만듭니다.

미리 보기 | 완성 파일명: 08_회원명부_결과.xlsx

회원번호	성명	주민등록번호	성별	생년월일	요일	나이	이번달생일	년간구매액	등급	월평균구매금액
A01	정준석	021219-3******	남자	2002-12-19	목요일	21		32,400,000	일반	2,700,000
A02	강장황	871014-1******	남자	1987-10-14	수요일	36		106,525,000	LVVIP	8,877,100
A03	이예원	010119-4******	여자	2001-01-19	금요일	23		59,280,000	VIP	4,940,000
A04	김진곤	860220-1******	남자	1986-02-20	목요일	38		53,066,000	VIP	4,422,200
A05	채경휘	860608-1******	남자	1986-06-08	일요일	38		16,878,000	일반	1,406,500
A06	김길수	020919-3******	남자	2002-09-19	목요일	21		65,319,000	VVIP	5,443,300
A07	정호돌	000715-3******	남자	2000-07-15	토요일	24	🔔	6,634,000	일반	552,900
A08	최현우	931025-2******	여자	1993-10-25	월요일	30		30,186,000	일반	2,515,500
A09	노찬종	850315-1******	남자	1985-03-15	금요일	39		18,050,000	일반	1,504,200
A10	주청철	870725-2******	여자	1987-07-25	토요일	36	🔔	9,314,000	일반	776,200
A11	김호식	881105-2******	여자	1988-11-05	토요일	35		77,600,000	VVIP	6,466,700
A12	최영철	901225-1******	남자	1990-12-25	화요일	33		79,920,000	VVIP	6,660,000
A13	황대산	750517-1******	남자	1975-05-17	토요일	49		70,537,000	VVIP	5,878,100
A14	이상건	830228-2******	여자	1983-02-28	월요일	41		126,454,000	LVVIP	10,537,900
A15	정태호	060410-3******	남자	2006-04-10	월요일	18		13,020,000	일반	1,085,000
A16	김하늘	840826-1******	남자	1984-08-26	일요일	39		14,520,000	일반	1,210,000
A17	정호김	850511-2******	여자	1985-05-11	토요일	39		121,600,000	LVVIP	10,133,400
A18	김영주	811104-2******	여자	1981-11-04	수요일	42		103,799,000	LVVIP	8,650,000
A19	이인아	050111-3******	남자	2005-01-11	화요일	19		43,310,000	일반	3,609,200
A20	박수욱	110111-3******	남자	2011-01-11	화요일	13		25,327,000	일반	2,110,600
A21	김현주	001105-4******	여자	2000-11-05	일요일	23		28,710,000	일반	2,392,500
A22	김애정	010922-4******	여자	2001-09-22	토요일	22		11,457,000	일반	954,800
A23	김주현	990210-2******	여자	1999-02-10	수요일	25		52,345,000	VIP	4,362,100
A24	박다겸	830307-2******	여자	1983-03-07	월요일	41		21,840,000	일반	1,820,000
A25	박유찬	900214-1******	남자	1990-02-14	수요일	34		3,515,000	일반	293,000
A26	이도은	110111-3******	남자	2011-01-11	화요일	13		56,917,000	VIP	4,743,100
A27	김명식	941104-1******	남자	1994-11-04	금요일	29		11,000,000	일반	916,700
A28	윤현서	990523-1******	남자	1999-05-23	일요일	25		29,100,000	일반	2,425,000
A29	윤현진	930126-1******	남자	1993-01-26	화요일	31		20,216,000	일반	1,684,700
A30	김예진	800422-2******	여자	1980-04-22	화요일	44		102,600,000	LVVIP	8,550,000
A31	최명훈	690512-1******	남자	1969-05-12	월요일	55		113,800,500	LVVIP	9,483,400
A32	이진명	790626-1******	남자	1979-06-26	화요일	45		12,632,400	일반	1,052,700
A33	유승현	840615-1******	남자	1984-06-15	금요일	40		25,740,000	일반	2,145,000
A34	허계선	750603-2******	여자	1975-06-03	화요일	49		50,242,500	VIP	4,186,900
A35	박상하	801129-2******	여자	1980-11-29	토요일	43		17,150,760	일반	1,429,300
A36	박진유	720810-1******	남자	1972-08-10	목요일	51		228,315,780	LVVIP	19,026,400
A37	민하온	670228-1******	남자	1967-02-28	화요일	57		11,511,720	일반	959,400
A38	정우정	680727-1******	남자	1968-07-27	토요일	55	🔔	15,444,000	일반	1,287,000
A39	변온미	880504-2******	여자	1988-05-04	수요일	36		5,853,870	일반	487,900

사용한 함수

- IF   43쪽
- CHOOSE   37쪽
- MID   50쪽
- DATE   40쪽
- LEFT   46쪽
- DATEDIF   40쪽
- MONTH   52쪽
- TODAY   60쪽
- ROUNDUP   55쪽

성별, 생년월일 구하기

주민등록번호의 성별 코드를 이용하여 1은 "남자", 2는 "여자", 3은 "남자", 4는 "여자"를 구하고 주민등록번호 앞의 6자리를 이용하여 생년월일을 구합니다.

01. [회원명부] 워크시트에서 [D2] 셀을 선택하고 =CHOOSE(MID(C2,8,1),"남자","여자","남자","여자")를 입력합니다.

수식 풀이

=CHOOSE(MID(C2,8,1),"남자","여자","남자","여자")
지정한 위치부터 지정한 글자를 추출하고 원하는 값을 구합니다.

=CHOOSE(MID("021219-3******",8,1),"남자","여자","남자","여자")
MID("021219-3******",8,1)
"021219-3******"의 8번째 위치부터 1글자를 추출합니다.
=> 3

CHOOSE(3,"남자","여자","남자","여자")
세 번째 값인 '남자'를 구합니다.
=> 남자

02. [D2] 셀을 선택한 후 셀의 오른쪽 아래에 마우스 포인터를 맞추고 채우기 핸들을 더블클릭해 [D열에] 수식을 자동으로 복사합니다.

03. [E2] 셀을 선택하고 =DATE(LEFT(C2,2),MID(C2,3,2),MID(C2,5,2))를 입력합니다.

수식 풀이

=DATE(LEFT(C2,2),MID(C2,3,2),MID(C2,5,2))
지정한 위치부터 지정한 글자 수를 추출한 다음 날짜를 입력합니다.

=DATE(LEFT("021219-3******",2),MID("021219-3******",3,2),MID("021219-3******",5,2))

LEFT("021219-3******",2)
"021219-3******" 왼쪽부터 2글자를 추출합니다.
=> 02

MID("021219-3******",3,2)
"021219-3******"의 3번째 위치부터 2글자를 추출합니다.
=> 12

```
MID("021219-3******",5,2)
"021219-3******"의 5번째 위치부터 2글자를 추출합니다.
=> 19

=DATE(02,12,19)
날짜로 입력됩니다.
=> 1902-12-19
```

04. [E2] 셀을 선택한 후 셀의 오른쪽 아래에 마우스 포인터를 맞추고 채우기 핸들을 더블클릭해 [E] 열에 수식을 복사합니다.

05. 그런데 2000년대 생년월일이 1900년대로 잘못 입력되어 있습니다. 다시 [E2] 셀을 선택하고 **=DATE(CHOOSE (MID(C2,8,1),1900,1900,2000,2000)+LEFT(C2,2),MID(C2,3,2),MID(C2,5,2))** 를 입력합니다.

수식 풀이

=DATE(CHOOSE(MID(C2,8,1),1900,1900,2000,2000)+LEFT(C2,2),MID(C2,3,2),MID(C2,5,2))
지정한 위치부터 지정한 글자 수를 추출한 다음 날짜를 입력합니다.

=DATE(CHOOSE(MID("021219-3******",8,1),1900,1900,2000,2000)+LEFT("021219-3******",2),MID("021219-3******",3,2),MID("021219-3******",5,2))

MID("021219-3******",8,1)
"021219-3******"의 8번째 위치부터 1글자를 추출합니다.
=> 3

CHOOSE(3,1900,1900,2000,2000)
MID 함수의 결괏값 3은 세 번째 값인 2000을 구합니다.
=> 2000

=DATE(2000+02,12,19)
날짜로 입력됩니다.
=> 2002-12-19

06. [E2] 셀을 선택한 후 셀의 오른쪽 아래에 마우스 포인터를 맞추고 채우기 핸들을 더블클릭해 [E] 열에 수식을 복사합니다.

	A	B	C	D	E	F	G	H	I	J	K
1	회원번호	성명	주민등록번호	성별	생년월일	요일	나이	이번달생일	년간구매액	등급	월평균구매금액
2	A01	정준석	021219-3******	남자	2002-12-19				32,400,000		
3	A02	강장환	871014-1******	남자	1987-10-14				106,525,000		
4	A03	이예원	010119-4******	여자	2001-01-19				59,280,000		
5	A04	김진곤	860220-1******	남자	1986-02-20				53,066,000		
6	A05	채경휘	860608-1******	남자	1986-06-08				16,878,000		
7	A06	김길수	020919-3******	남자	2002-09-19				65,319,000		
8	A07	정호돌	000715-3******	남자	2000-07-15				6,634,000		
9	A08	최현우	931025-2******	여자	1993-10-25				30,186,000		
10	A09	노찬중	850315-1******	남자	1985-03-15				18,050,000		
11	A10	주정철	870725-2******	여자	1987-07-25				9,314,000		
12	A11	김호식	881105-2******	여자	1988-11-05				77,600,000		
13	A12	최영철	901225-1******	남자	1990-12-25				79,920,000		
14	A13	황대산	750517-1******	남자	1975-05-17				70,537,000		
15	A14	이상건	830228-2******	여자	1983-02-28				126,454,000		
16	A15	정태호	060410-3******	남자	2006-04-10				13,020,000		
17	A16	김하늘	840826-1******	남자	1984-08-26				14,520,000		
18	A17	정호김	850511-2******	여자	1985-05-11				121,600,000		
19	A18	김영주	811104-2******	여자	1981-11-04				103,799,000		
20	A19	이인아	050111-3******	남자	2005-01-11				43,310,000		
21	A20	박수옥	110111-3******	남자	2011-01-11				25,327,000		
22	A21	김현주	001105-4******	여자	2000-11-05				28,710,000		
23	A22	김애정	010922-4******	여자	2001-09-22				11,457,000		
24	A23	김주현	990210-2******	여자	1999-02-10				52,345,000		
25	A24	박다경	830307-2******	여자	1983-03-07				21,840,000		
26	A25	박유찬	900214-1******	남자	1990-02-14				3,515,000		

요일과 나이 구하기

요일은 입력된 날짜 데이터의 셀 서식을 이용해 구하고, 나이는 정확한 만 나이로 입력합니다.

01. 먼저 요일을 구하기 위해 [회원명부] 워크시트에서 [F2] 셀을 선택하고 **=E2**를 입력합니다.

02. [F2] 셀을 선택한 후 셀의 오른쪽 아래에 마우스 포인터를 맞추고 채우기 핸들을 더블클릭해 [F] 열에 수식을 복사합니다.

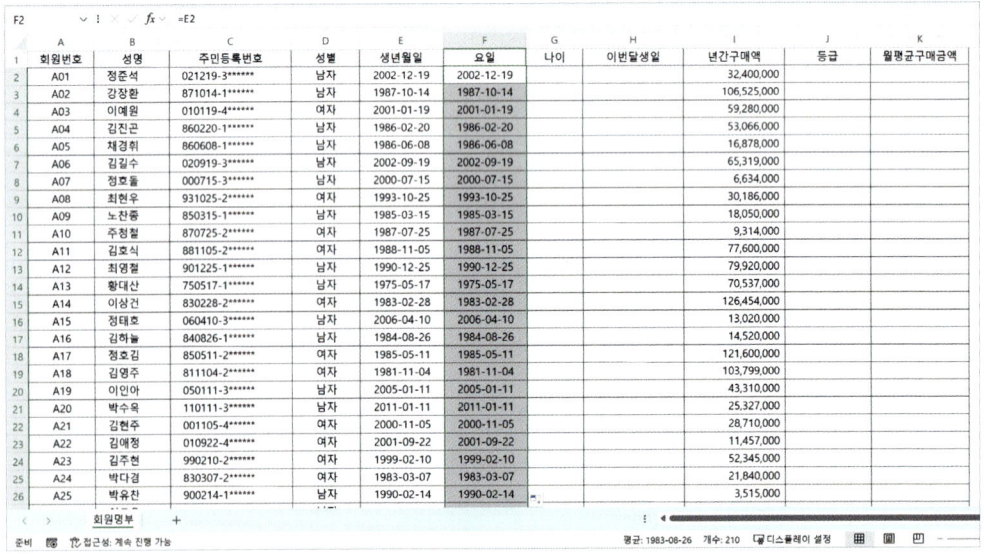

03. [F2:F211] 범위가 선택된 상태에서 마우스 오른쪽 버튼을 클릭한 후 단축 메뉴에서 [셀 서식]을 클릭합니다.

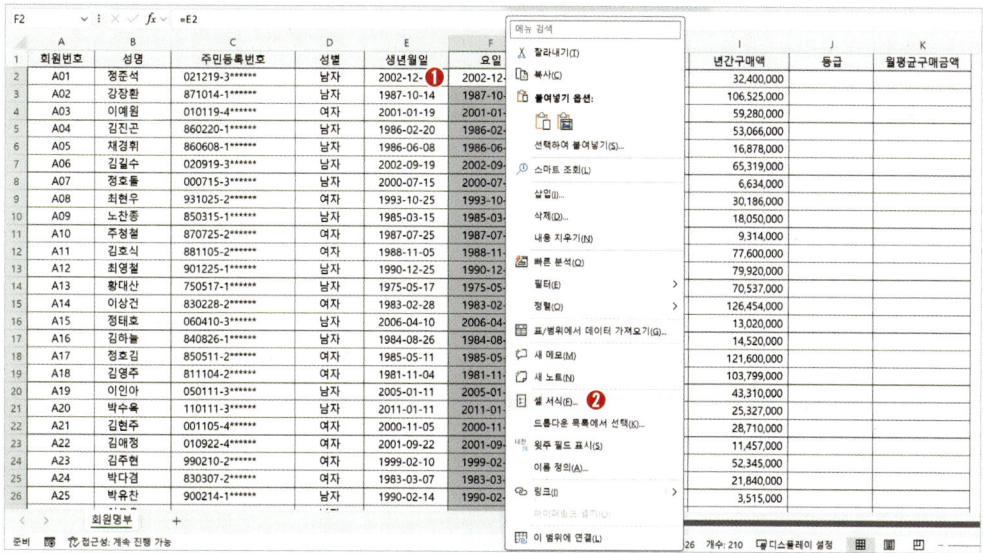

04. [셀 서식] 대화상자가 열리면 [표시 형식] 탭의 '범주'란에서 [사용자 지정]을 선택하고, '형식'란에 aaaa를 입력한 다음 [확인]을 클릭합니다.

▶ **aaaa** 표시 형식은 날짜 데이터를 한글 요일로 표시합니다.

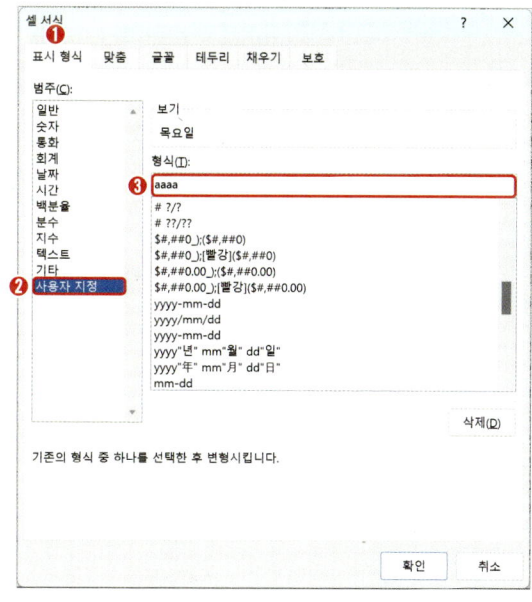

CHAPTER **08** _ 회원 명부 작성하기 | 143

05. 이번엔 정확한 만 나이를 입력하기 위해 [G2] 셀을 선택하고 =DATEDIF(E2,TODAY(),"y")를 입력합니다.

수식 풀이

=DATEDIF(E2,TODAY(),"y")

생년월일([E2] 셀)부터 오늘 날짜(TODAY())까지의 연수("y")를 구합니다.

06. [G2] 셀을 선택한 후 셀의 오른쪽 아래에 마우스 포인터를 맞추고 채우기 핸들을 더블클릭해 [G] 열에 수식을 복사합니다.

이번 달 생일과 등급 구하기

각 회원의 생년월일의 월과 현재 날짜의 월이 같으면 종 모양 이모지(🔔)를 입력하고 아니면 공백("")을 입력해 생일인 회원을 구분합니다. 등급은 연간 구매액에 따라 1억 원 이상이면 LVVIP, 6천만 원 이상이면 VVIP, 5천만 원 이상이면 VIP, 나머지는 공백("")을 입력합니다.

01. 먼저 회원의 생일을 구합니다. [회원명부] 워크시트에서 [H2] 셀을 선택하고 **=IF(MONTH(E2)=MONTH(TODAY()),"🔔","")**를 입력합니다.

회원번호	성명	주민등록번호	성별	생년월일	요일	나이	이번달생일	년간구매액	등급	월평균구매금액
A01	정준석	021219-3******	남자	2002-12-19	목		=IF(MONTH(E2)=MONTH(TODAY()),"🔔","")			
A02	강장환	871014-1******	남자	1987-10-14	수요일	36		106,525,000		
A03	이예원	010119-4******	여자	2001-01-19	금요일	23		59,280,000		
A04	김진곤	860220-1******	남자	1986-02-20	목요일	38		53,066,000		
A05	채경휘	860608-1******	남자	1986-06-08	일요일	38		16,878,000		
A06	김길수	020919-3******	남자	2002-09-19	목요일	21		65,319,000		
A07	정호풀	000715-3******	남자	2000-07-15	토요일	24		6,634,000		
A08	최현우	931025-2******	여자	1993-10-25	월요일	30		30,186,000		
A09	노찬종	850315-1******	남자	1985-03-15	금요일	39		18,050,000		
A10	주정철	870725-2******	남자	1987-07-25	토요일	36		9,314,000		
A11	김호식	881105-2******	여자	1988-11-05	토요일	35		77,600,000		
A12	최영철	901225-1******	남자	1990-12-25	화요일	33		79,920,000		
A13	황대산	750517-1******	남자	1975-05-17	토요일	49		70,537,000		
A14	이상건	830228-2******	여자	1983-02-28	월요일	41		126,454,000		
A15	정태호	060410-3******	남자	2006-04-10	월요일	18		13,020,000		
A16	김하늘	840826-1******	남자	1984-08-26	일요일	39		14,520,000		
A17	정호김	850511-2******	여자	1985-05-11	토요일	39		121,600,000		
A18	김영주	811104-2******	여자	1981-11-04	수요일	42		103,799,000		
A19	이인아	050111-3******	남자	2005-01-11	화요일	19		43,310,000		
A20	박수욱	110111-3******	남자	2011-01-11	화요일	13		25,327,000		
A21	김현주	001105-4******	여자	2000-11-05	일요일	23		28,710,000		

수식 풀이

```
=IF(MONTH(E2)=MONTH(TODAY()),"🔔","")
```

MONTH(E2)
셀 [E2]에 있는 날짜의 월을 반환합니다.
MONTH(TODAY())
오늘 날짜의 월을 반환합니다.
IF(MONTH(E2)=MONTH(TODAY()),"🔔","")
[E2]의 월이 현재 월과 같다면 🔔, 아니면 공백("")을 반환합니다.

02. [H2] 셀을 선택한 후 셀의 오른쪽 아래에 마우스 포인터를 맞추고 채우기 핸들을 더블클릭해 [H] 열에 수식을 복사합니다.

03. %를 [H2:H211] 범위가 선택된 상태에서 [홈 → 글꼴] 그룹에서 글꼴 목록을 클릭하여 [Wingdings]를 찾거나 또는 Windings를 입력합니다.

▶ 글꼴을 변경하면 "%"가 종("🔔")으로 입력됩니다.

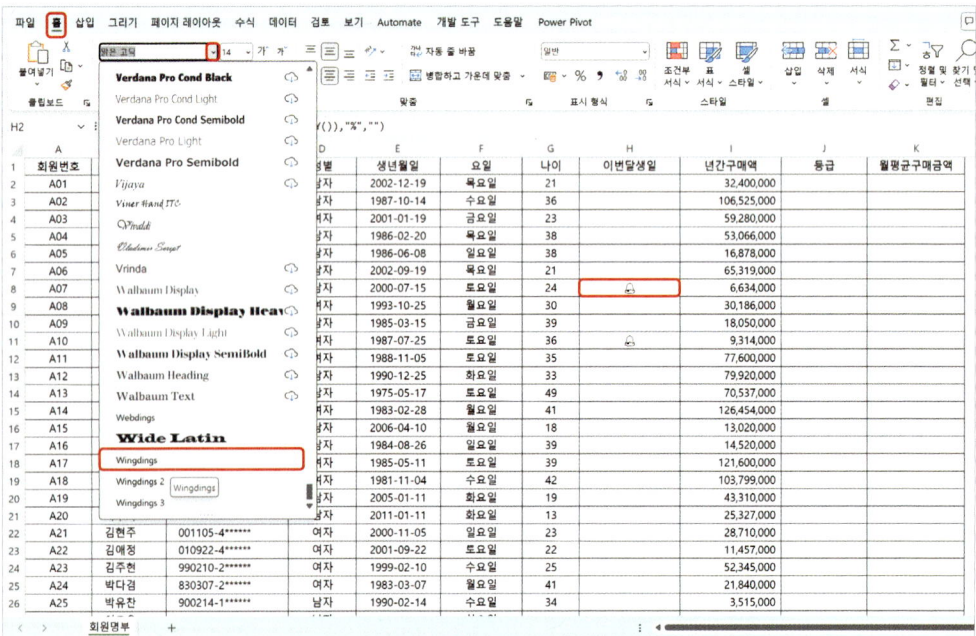

04. 이번엔 회원 등급을 구하기 위해 [J2] 셀을 선택하고 =**IF(I2>=100000000,"LVVIP",IF(I2>=60000000,"VVIP",IF(I2>=50000000,"VIP","일반")))**를 입력합니다.

수식 풀이

=IF(I2>=100000000,"LVVIP",IF(I2>=60000000,"VVIP",IF(I2>=50000000,"VIP","일반")))
첫 번째 IF 함수에서 1억 원 이상이면 "LVVIP"를 입력하고 아니면,
두 번째 IF 함수에서 6천만 원 이상이면 "VVIP"를 입력하고 아니면,
세 번째 IF 함수에서 5천만 원 이상이면 "VIP"를 입력하고 아니면 "일반"을 입력합니다.

05. [J2] 셀을 선택한 후 셀의 오른쪽 아래에 마우스 포인터를 맞추고 채우기 핸들을 더블클릭해 [J] 열에 수식을 복사합니다.

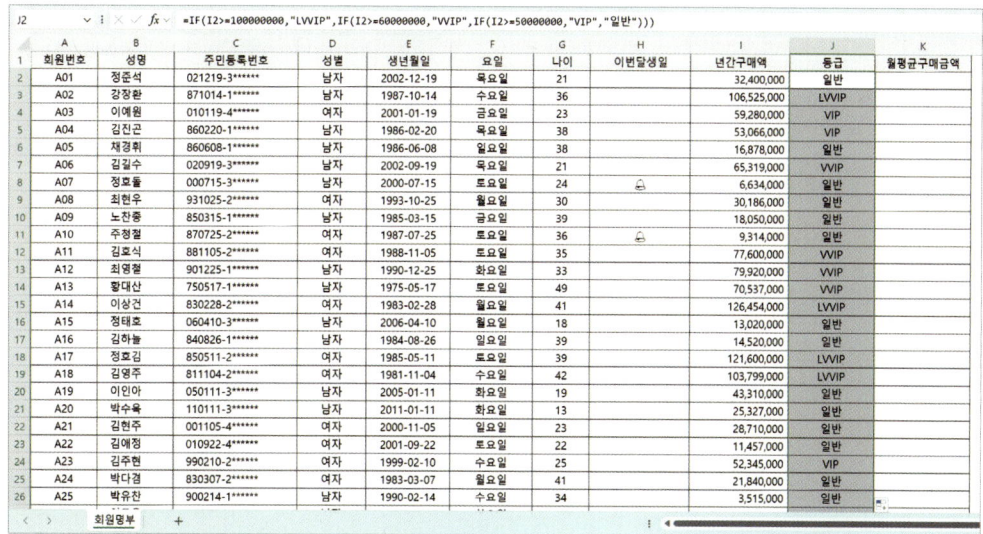

월평균 구매 금액 구하기

연간 구매액을 12로 나누어 월평균 구매 금액을 입력합니다. 결괏값으로 구한 월평균 구매 금액은 백의 자리까지 올림하여 입력합니다.

01. [회원명부] 워크시트에서 [K2] 셀을 선택하고 **=I2/12**를 입력합니다.

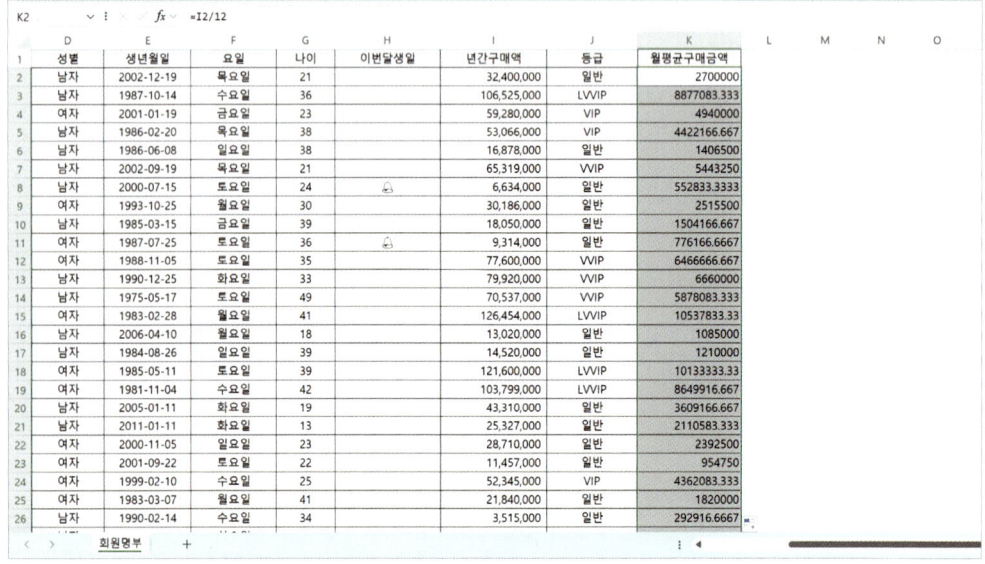

02. [K2] 셀을 선택한 후 셀의 오른쪽 아래에 마우스 포인터를 맞추고 채우기 핸들을 더블클릭해 [K] 열에 수식을 복사합니다.

03. 앞서 구한 결괏값을 백의 자리까지 올림으로 계산하기 위해 다시 [K2] 셀을 선택하고 **=ROUNDUP(I2/12,-2)**을 입력합니다.

수식 풀이

=ROUNDUP(32400000/12,-2)
백의 자리까지 올림한 결괏값을 입력합니다.
=> 2700000

04. [K2] 셀을 선택한 후 셀의 오른쪽 아래에 마우스 포인터를 맞추고 채우기 핸들을 더블클릭해 [K] 열에 수식을 복사합니다.

05. [K2:K211] 범위가 선택된 상태에서 마우스 오른쪽 버튼을 클릭한 후 단축 메뉴에서 [셀 서식]을 클릭합니다.

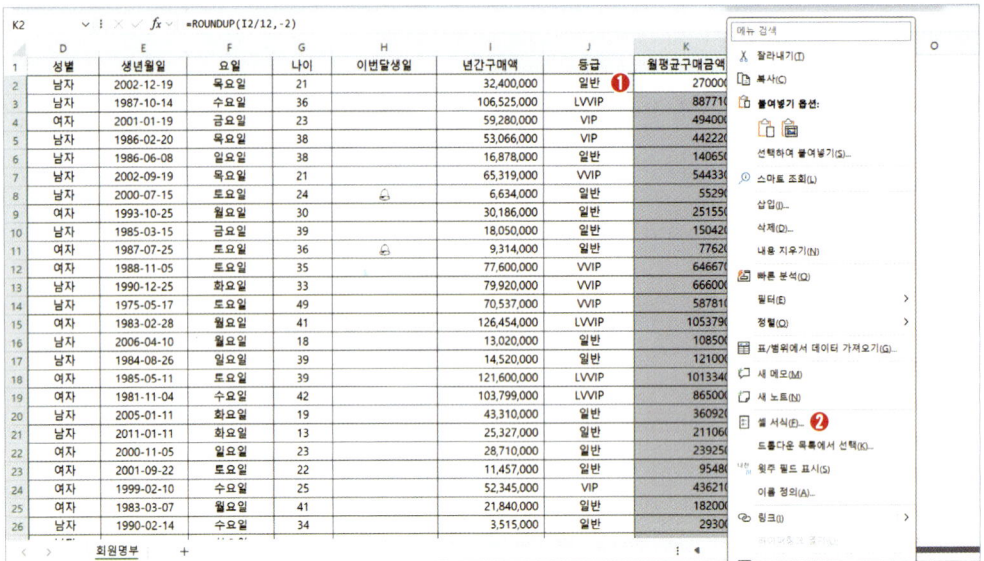

06. [셀 서식] 대화상자가 열리면 [표시 형식] 탭의 '범주'란에서 [숫자]를 선택하고 [1000 단위 구분 기호(,) 사용]을 체크한 후에 [확인]을 클릭합니다.

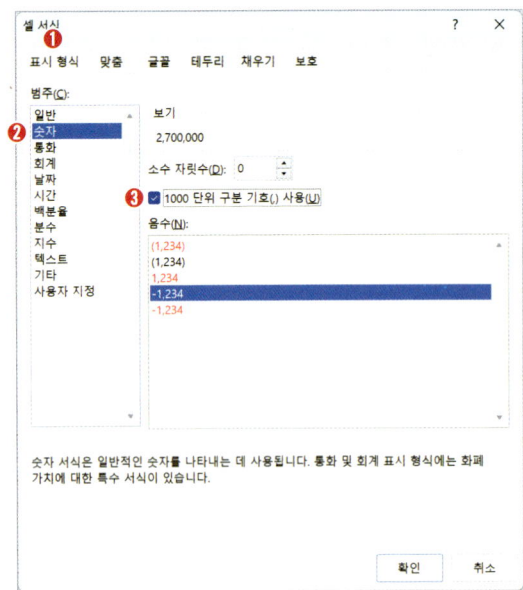

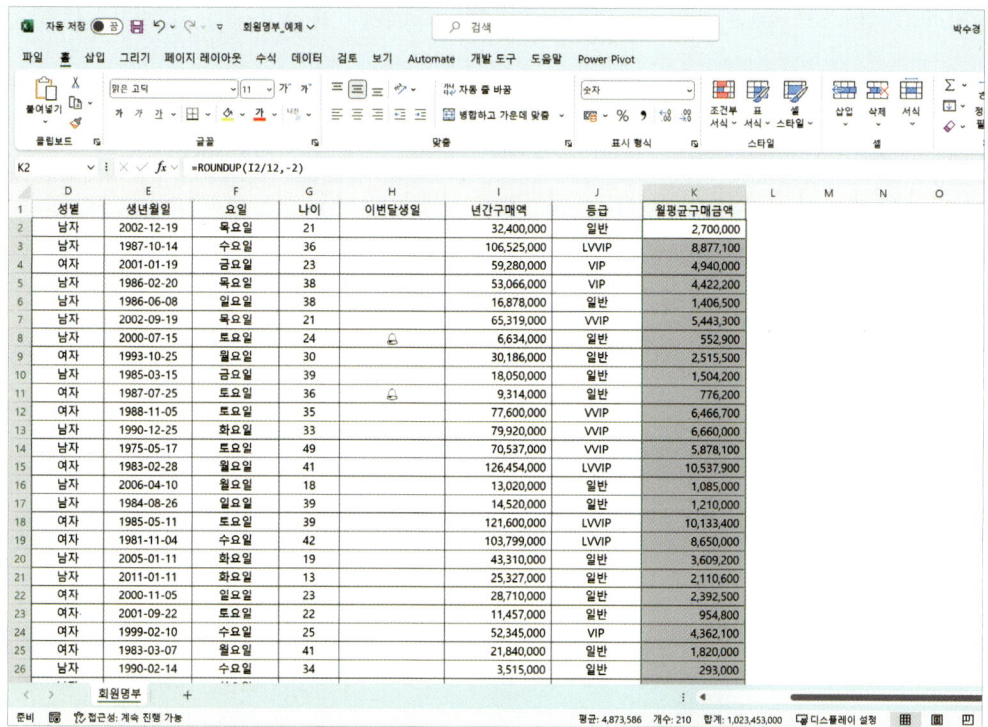

챗GPT로 한 걸음 더

추가로 처리하고 싶은 작업에 대해 챗GPT에게 질문하고 받은 응답으로 진행해 보겠습니다.

> ⚠ 챗GPT의 답변은 사용자별로 동일하지 않을 수 있습니다.
> 세부적인 사항은 사용자가 수정할 수 있습니다.
> 종종 틀린 답변을 할 때가 있습니다.

01. [회원명부] 워크시트에서 특별 관리해야 하는 LVVIP 등급인 회원의 행 전체에 색을 지정하려고 합니다. 지금까지 작성한 파일을 첨부하고 채팅 창에 다음과 같이 프롬프트를 입력합니다.

워크시트 [회원명부]의 [A2:K211] 범위에서 [J2] 셀에 입력된 값이 "LVVIP"면 해당 행의 모든 셀에 색을 지정하는 방법을 알려줘.

[J2] 셀의 값을 기준으로 행의 모든 셀에 셀 색상을 지정하려면("LVVIP"를 대상 값으로 가정) 엑셀에서 조건부 서식을 사용할 수 있습니다. 설정 방법은 다음과 같습니다.

- A2 범위를 선택하세요. 서식을 적용할 범위입니다.

- 조건부 서식 열기:
- 엑셀 리본 메뉴의 [홈] 탭으로 이동하세요.
- 스타일 그룹에서 [조건부 서식]을 클릭하세요.
- 드롭다운 메뉴에서 [새 규칙]을 선택하세요.

- 조건부 서식 규칙 설정:
- [새 서식 규칙] 대화상자에서 [수식을 사용하여 서식을 지정할 셀 결정]을 선택하세요.

- 수식 상자에 다음 수식을 입력합니다.

=$J2="LVVIP"

이 수식은 [J2] 셀의 값이 "LVVIP"와 같은지 확인합니다.

- 형식 선택:
- [포맷...] 버튼을 클릭하세요.
- [채우기] 탭으로 이동하여 전체 행에 적용할 색상을 선택하세요.
- 포맷을 확인하려면 [확인]을 클릭하세요.
- 규칙 적용: 서식을 설정한 후 [새 서식 규칙] 대화상자에서 [확인]을 클릭하세요.

이제 [J2] 셀의 값이 "LVVIP"인 모든 행의 모든 셀에 선택한 셀 채우기 색상을 적용합니다.

중요 참고 사항:
- 상대참조: 수식에 [$J2]가 사용됩니다. $는 열 참조를 절대적으로 만들지만 행 번호는 상대적입니다. 즉, 서식을 적용하면 엑셀에서 해당 특정 행에 대한 [J]열의 값을 기준으로 각 행을 개별적으로 확인합니다.
- 범위 조정: 범위가 변경되거나 이 서식을 다른 범위에 적용하려는 경우 A2 범위를 조정하세요.

이 접근 방식을 사용하면 [J2] 셀의 값이 "LVVIP"일 때마다 해당 행 전체(A~K 열)가 선택한 색상으로 강조 표시됩니다.

02. 챗GPT가 알려준 대로 [A2:K211] 범위를 선택하고 [홈 → 스타일] 그룹에서 [조건부 서식]을 클릭하고 [새 규칙]을 선택합니다.

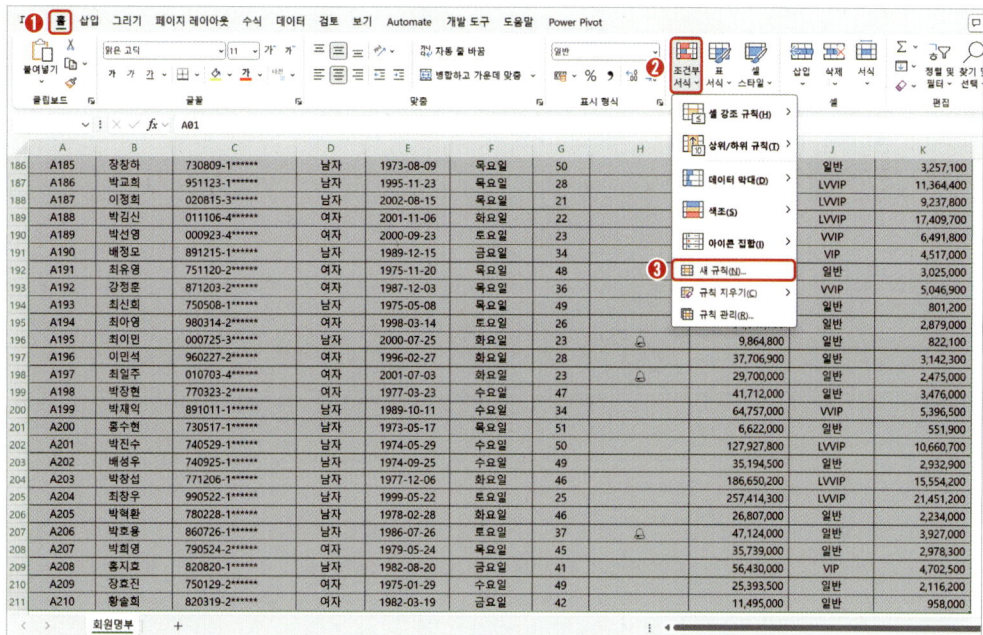

03. [새 서식 규칙] 대화상자가 열리면 '규칙 유형 선택'에서 [수식을 사용하여 서식을 지정할 셀 결정]을 선택하고, '규칙 설명 편집'의 '다음 수식이 참인 값의 서식 지정'에 **=$J2="LVVIP"**를 입력합니다. 그리고 색을 지정하기 위해 오른쪽의 [서식]을 클릭합니다.

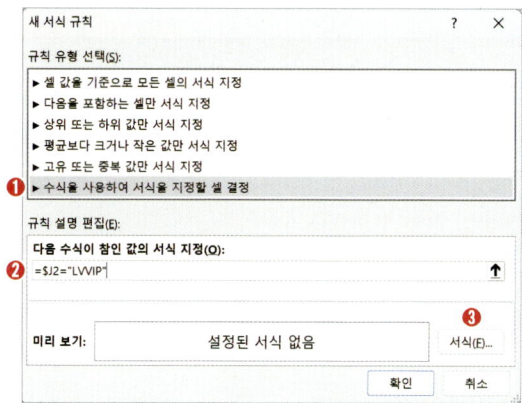

CHAPTER 08 _ 회원 명부 작성하기 | 153

04. [셀 서식] 대화상자가 열리면 [채우기] 탭의 색을 클릭하여 원하는 배경색을 선택한 후에 [확인]을 클릭합니다.

05. 다시 [새 서식 규칙] 화면으로 돌아오면 [확인]을 눌러 설정을 반영합니다.

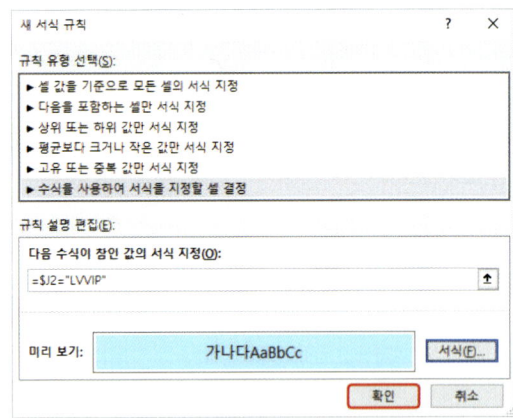

06. LVVIP 등급인 행의 모든 셀 색이 변경된 것을 확인할 수 있습니다.

회원번호	성명	주민등록번호	성별	생년월일	요일	나이	이번달생일	년간구매액	등급	월평균구매금액
A01	정준석	021219-3******	남자	2002-12-19	목요일	21		32,400,000	일반	2,700,000
A02	강장환	871014-1******	남자	1987-10-14	수요일	36		106,525,000	LVVIP	8,877,100
A03	이예원	010119-4******	여자	2001-01-19	금요일	23		59,280,000	VIP	4,940,000
A04	김진곤	860220-1******	남자	1986-02-20	목요일	38		53,066,000	VIP	4,422,200
A05	채경휘	860608-1******	남자	1986-06-08	일요일	38		16,878,000	일반	1,406,500
A06	김길수	020919-3******	남자	2002-09-19	목요일	21		65,319,000	VVIP	5,443,300
A07	정호돌	000715-3******	남자	2000-07-15	토요일	24	🔔	6,634,000	일반	552,900
A08	최현우	931025-2******	여자	1993-10-25	월요일	30		30,186,000	일반	2,515,500
A09	노찬종	850315-1******	남자	1985-03-15	금요일	39		18,050,000	일반	1,504,200
A10	주정철	870725-2******	여자	1987-07-25	토요일	36	🔔	9,314,000	일반	776,200
A11	김호식	881105-2******	여자	1988-11-05	토요일	35		77,600,000	VVIP	6,466,700
A12	최영철	901225-1******	남자	1990-12-25	화요일	33		79,920,000	VVIP	6,660,000
A13	황대산	750517-1******	남자	1975-05-17	토요일	49		70,537,000	VVIP	5,878,100
A14	이상건	830228-2******	여자	1983-02-28	월요일	41		126,454,000	LVVIP	10,537,900
A15	정태호	060410-3******	남자	2006-04-10	월요일	18		13,020,000	일반	1,085,000
A16	김하늘	840826-1******	남자	1984-08-26	일요일	39		14,520,000	일반	1,210,000
A17	정호김	850511-2******	여자	1985-05-11	토요일	39		121,600,000	LVVIP	10,133,400
A18	김영주	811104-2******	여자	1981-11-04	수요일	42		103,799,000	LVVIP	8,650,000
A19	이인아	050111-3******	남자	2005-01-11	화요일	19		43,310,000	일반	3,609,200
A20	박수옥	110111-3******	남자	2011-01-11	화요일	13		25,327,000	일반	2,110,600
A21	김현주	001105-4******	여자	2000-11-05	일요일	23		28,710,000	일반	2,392,500
A22	김애정	010922-4******	여자	2001-09-22	토요일	22		11,457,000	일반	954,800
A23	김주현	990210-2******	여자	1999-02-10	수요일	25		52,345,000	VIP	4,362,100
A24	박다검	830307-2******	여자	1983-03-07	월요일	41		21,840,000	일반	1,820,000
A25	박유찬	900214-1******	남자	1990-02-14	수요일	34		3,515,000	일반	293,000

CHAPTER

09

주간업무표 작성하기

예제 파일명: 09_주간업무표.xlsx

주간업무표란 7일간의 업무 및 일정을 작성하는 문서입니다. 시작일만 입력하면 자동으로 7일간의 날짜와 요일이 입력되도록 수식을 적용합니다.

미리 보기 | 완성 파일명: 09_주간업무표_결과.xlsx

주 간 업 무 표
(2100-07-30 ~ 2100-08-05)

날짜	요일	구분	시간	일정	비고
7/30	금요일	오전			
		오후			
7/31	토요일	오전			
		오후			
8/1	일요일	오전			
		오후			
8/2	월요일	오전			
		오후			

➔ 다음 페이지 그림과 연결

8/3	화요일	오전		
		오후		
8/4	수요일	오전		
		오후		
8/5	목요일	오전		
		오후		

사용한 함수

- TEXT   59쪽
- WEEKDAY   62쪽

시작일과 날짜 구간 입력하기

수식을 사용해 시작일을 입력하면 자동으로 7일간 구간을 입력합니다.

01. [업무표] 워크시트에서 [B2] 셀을 선택하고 임의의 날짜를 입력합니다.

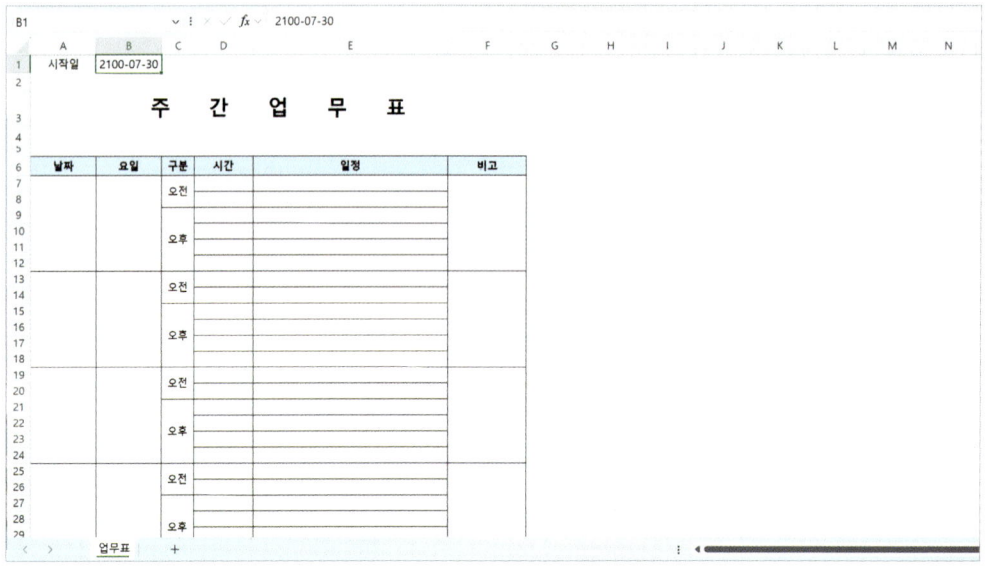

02. [A4:F4] 범위를 선택하고 [홈 → 맞춤] 그룹에서 [병합하고 가운데 맞춤]을 클릭합니다.

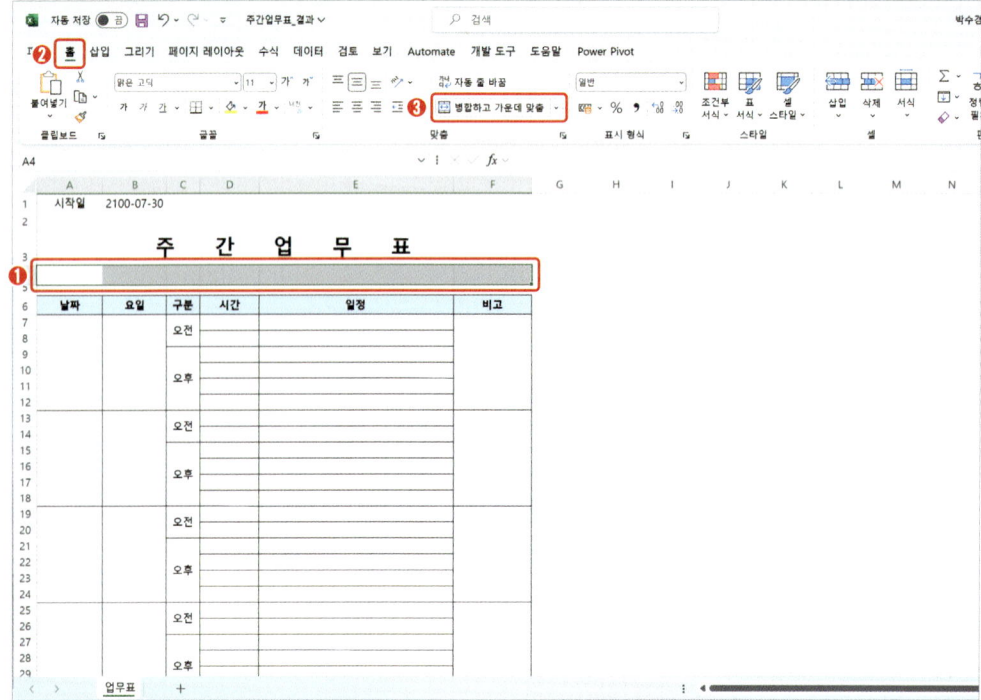

03. 병합된 [A4] 셀을 선택하고 =" ("&B1&"~"&B1+6&")"을 입력합니다.

▶ 연결 연산자(&)를 이용하여 데이터를 연결하면 서식이 해제된 값으로 표기됩니다.

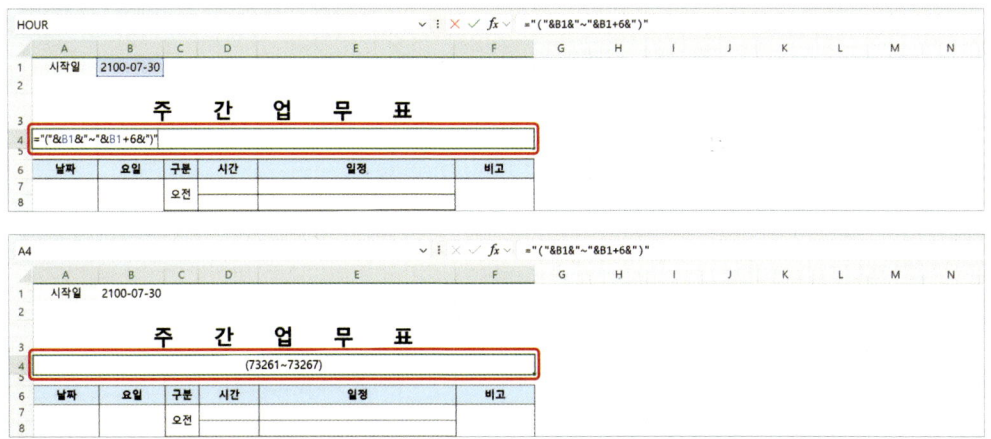

04. serial_number로 날짜가 표기되었으므로 다시 [A4] 셀을 선택하고 ="("&TEXT(B1,"yyyy-mm-dd")&" ~ "&TEXT(B1+6,"yyyy-mm-dd")&")"을 입력합니다.

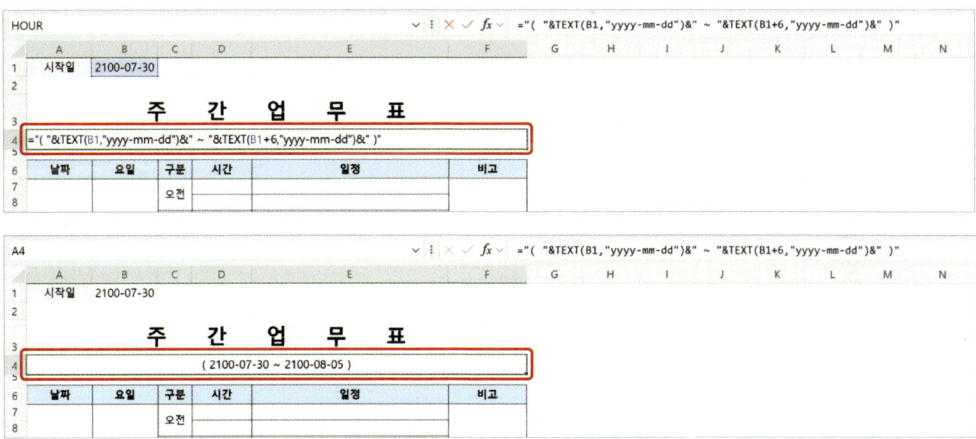

🔍 **수식 풀이**

="("&TEXT(73261,"yyyy-mm-dd")&" ~ "&TEXT(73261+6,"yyyy-mm-dd")&")"
TEXT(73261,"yyyy-mm-dd")
73261 값을 날짜 형식의 텍스트로 변환합니다.
=> 2100-07-30

TEXT(73261+6,"yyyy-mm-dd")
73267 값을 날짜 형식의 텍스트로 변환합니다.
=> 2100-08-05

="("&2100-07-30&" ~ "&2100-08-05&")"
=> (2100-07-30 ~ 2100-08-05)

날짜 입력하기

01. [업무표] 워크시트에서 [A7] 셀을 선택하고 **=B1**을 입력합니다.

02. [A13:A43] 범위를 선택하고 **=A7+1**을 입력한 후에 〈Ctrl〉+〈Enter〉키를 눌러 날짜를 모두 자동으로 채웁니다.

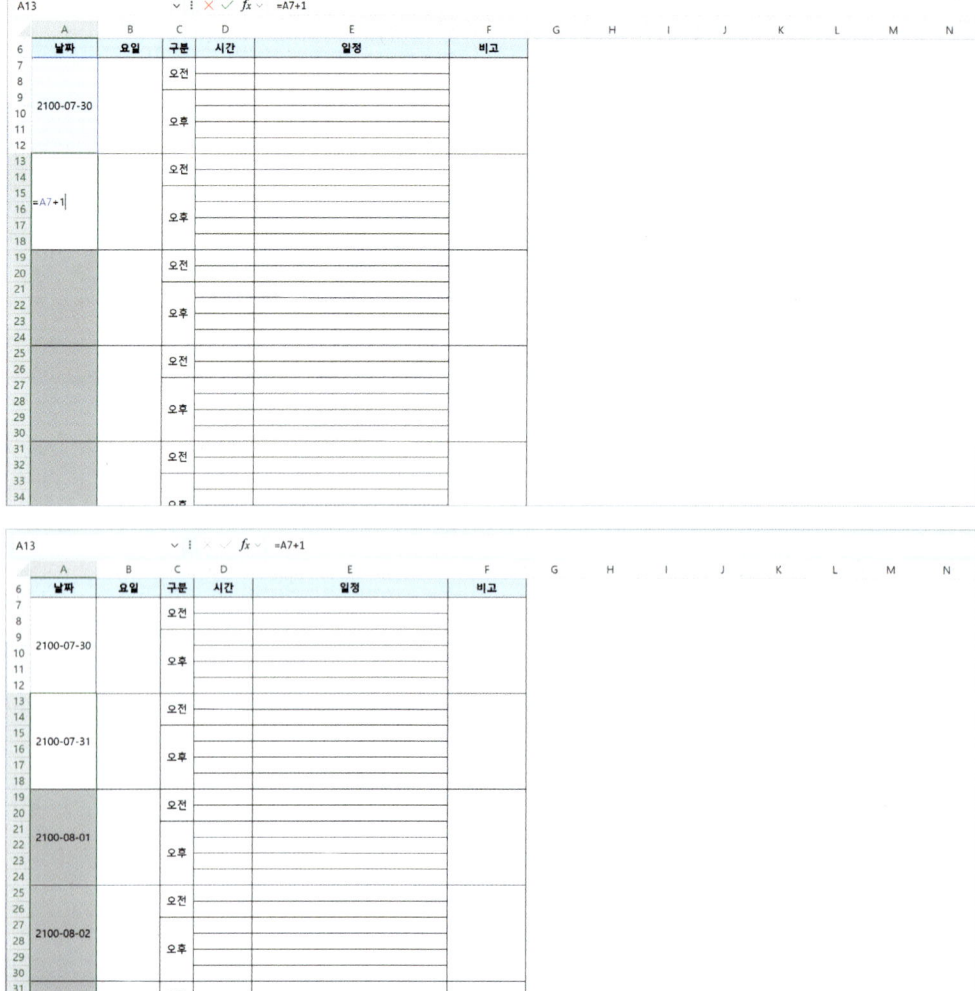

03. [A7:A43] 범위를 선택하고 마우스 오른쪽 버튼을 클릭해 단축 메뉴에서 [셀 서식]을 클릭합니다.

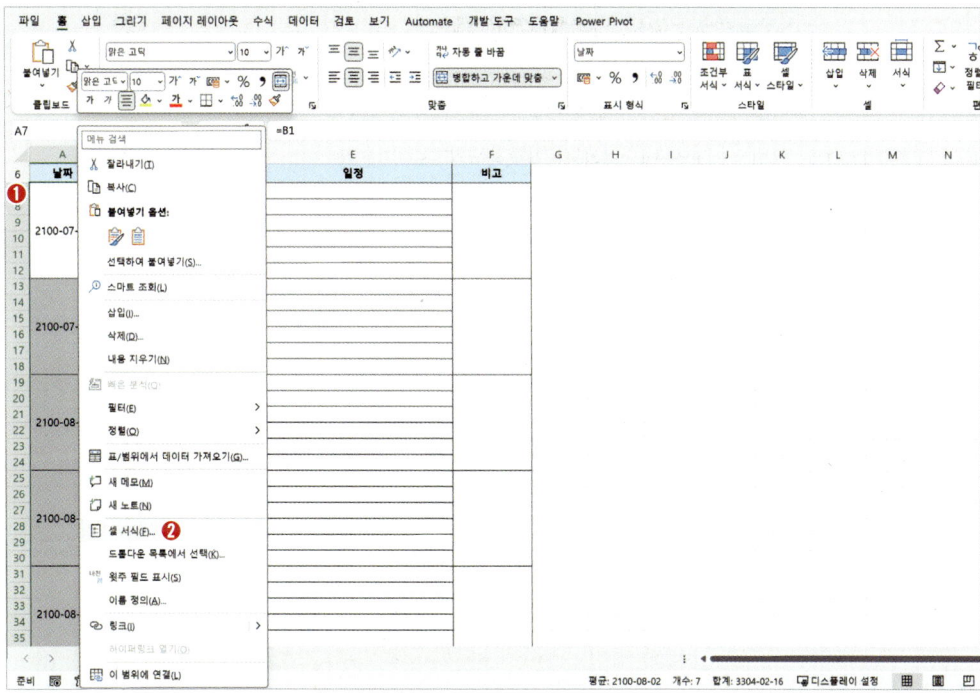

04. [셀 서식] 대화상자가 열리면 [표시 형식] 탭의 '범주'란에서 [날짜]를 선택하고, '형식'란에서 [3/14]를 선택한 후 [확인]을 클릭합니다.

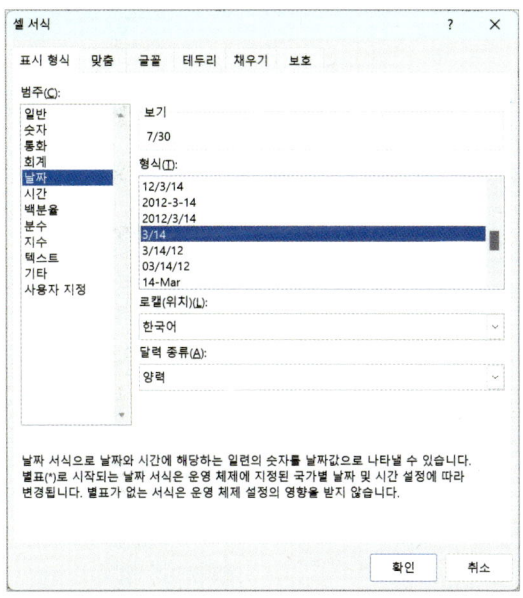

05. 지정한 형식으로 날짜 형식이 바뀐 것을 확인할 수 있습니다.

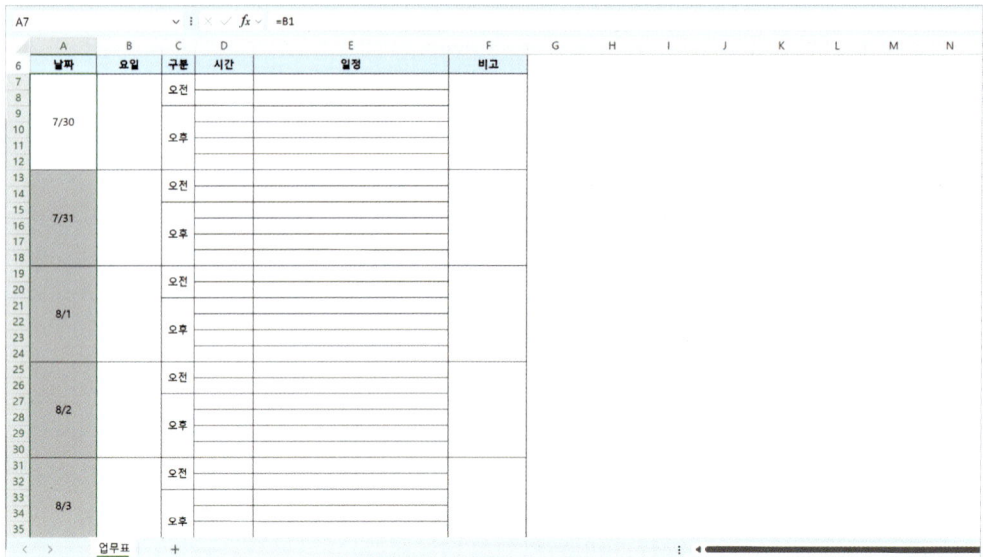

요일 구하기

입력된 날짜에 해당하는 요일을 구하고 한글로 요일을 작성합니다.

01. [업무표] 워크시트에서 [B7:B43] 범위를 선택하고 **=A7**을 입력한 후에 〈Ctrl〉+〈Enter〉키를 누릅니다.

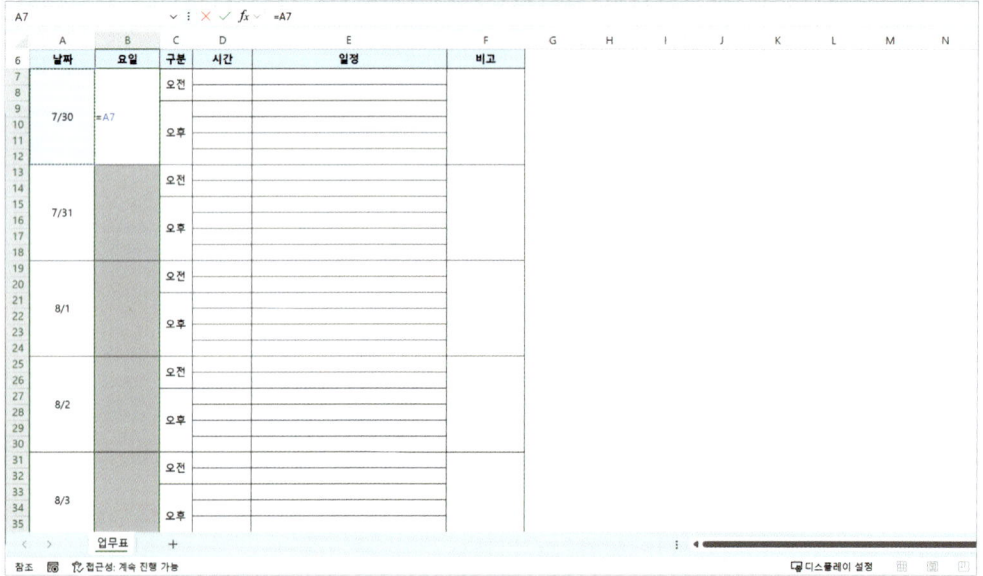

02. [B7] 셀을 선택한 후 셀의 오른쪽 아래에 마우스 포인터를 맞추고 채우기 핸들을 더블클릭해 [B] 열에 수식을 복사합니다.

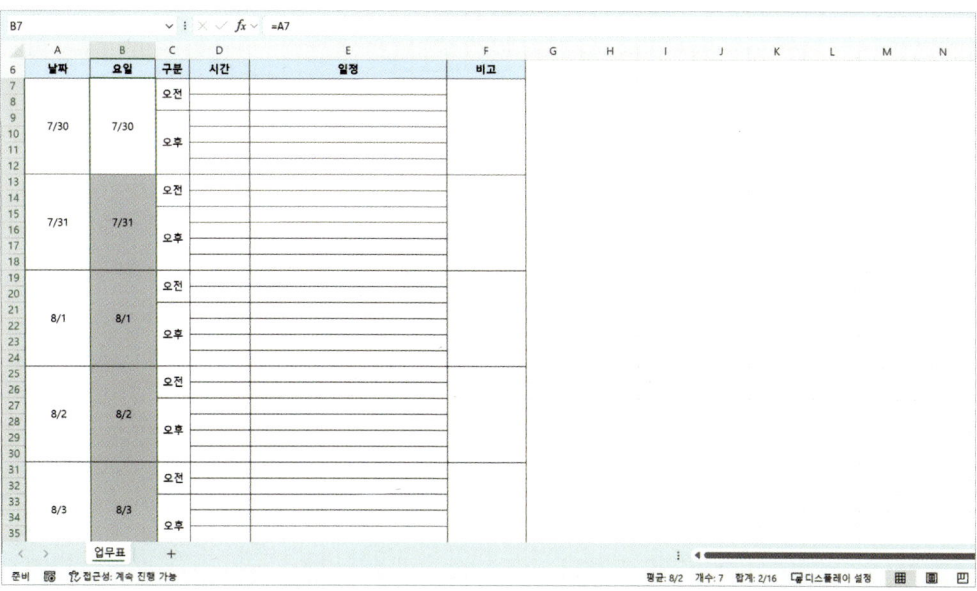

03. [B7:B43] 범위가 지정된 상태에서 마우스 오른쪽 버튼을 클릭한 후 단축 메뉴에서 [셀 서식]을 클릭합니다.

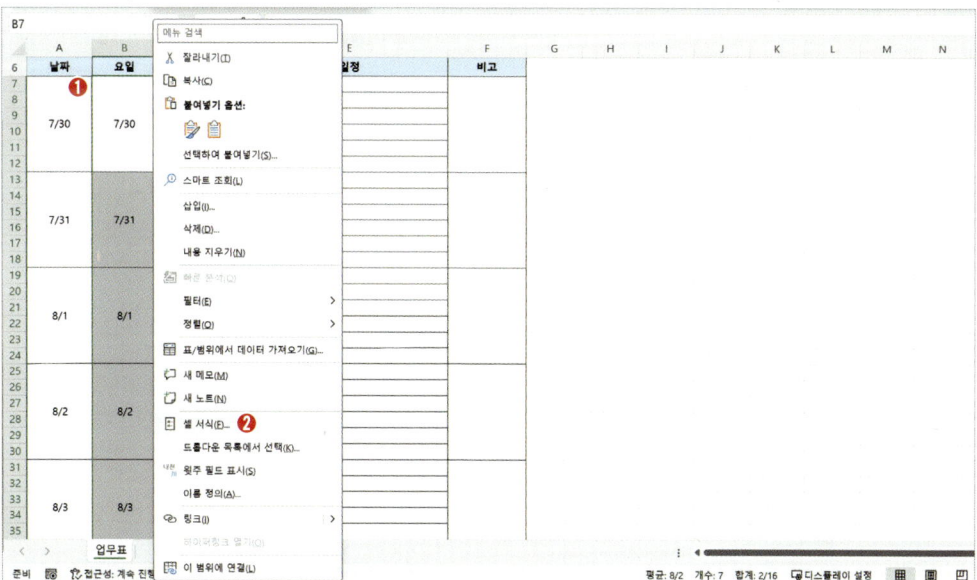

04. [셀 서식] 대화상자가 열리면 [표시 형식] 탭의 '범주'란에서 [사용자 지정]을 선택하고 '형식'란에 aaaa를 입력한 다음 [확인]을 클릭합니다.

▶ aaaa 표시 형식은 날짜 데이터를 한글 요일로 표시합니다.

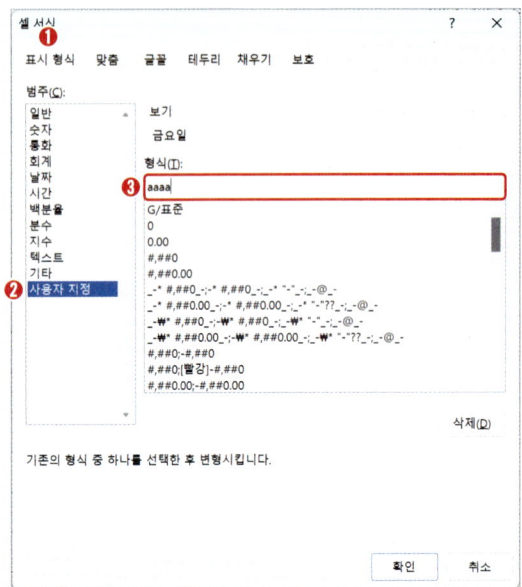

05. [A] 열의 날짜에 해당하는 요일이 자동으로 입력됩니다.

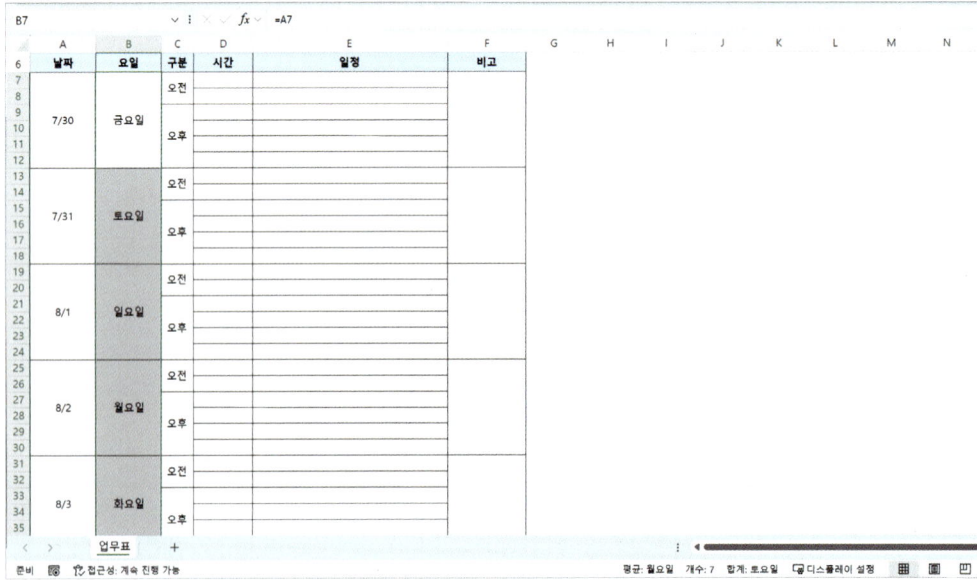

요일 색 변경하기

일요일은 빨간색으로, 토요일은 파란색으로 글꼴 색을 변경합니다.

01. 일요일에 빨간색 글꼴을 지정하기 위해 [업무표] 워크시트에서 [A7:B43] 범위를 선택하고 [홈 → 스타일] 그룹에서 [조건부 서식]을 클릭하고 [규칙 관리]를 선택합니다.

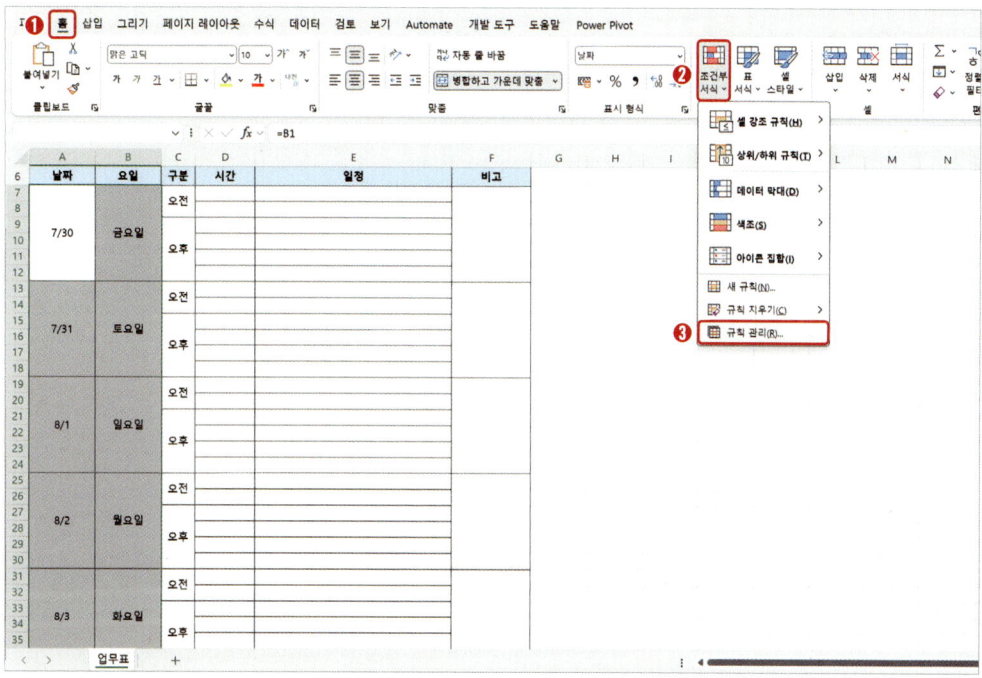

02. [조건부 서식 규칙 관리자] 대화상자가 열리면 [새 규칙]을 클릭합니다.

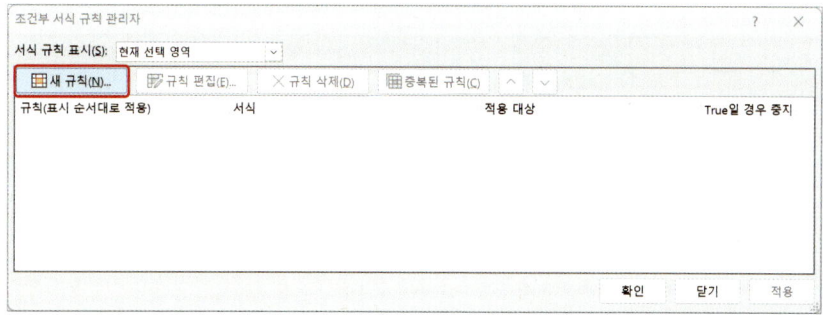

03. [새 서식 규칙] 대화상자가 열리면 '규칙 유형 선택'에서 [수식을 사용하여 서식을 지정할 셀 결정]을 선택한 후 '규칙 설명 편집'의 '다음 수식이 참인 값의 서식 지정'에 =WEEKDAY(A7)=1을 입력합니다. 이어서 색을 지정하기 위해 [서식]을 누릅니다.

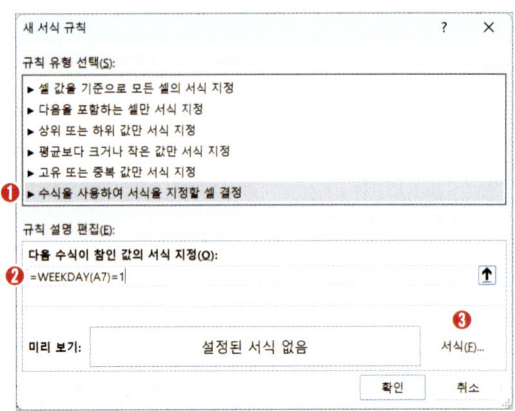

🔍 **수식 풀이**

=WEEKDAY(73261)=1
WEEKDAY 함수는 73261값의 요일 값을 구하는 함수입니다. 요일 값이 1이면 [서식]을 실행합니다.

=6=1
=>FALSE (서식을 실행하지 않습니다.)

04. [셀 서식] 대화상자가 열리면 [글꼴] 탭의 '색'에서 빨간색을 선택하고 [확인]을 클릭합니다.

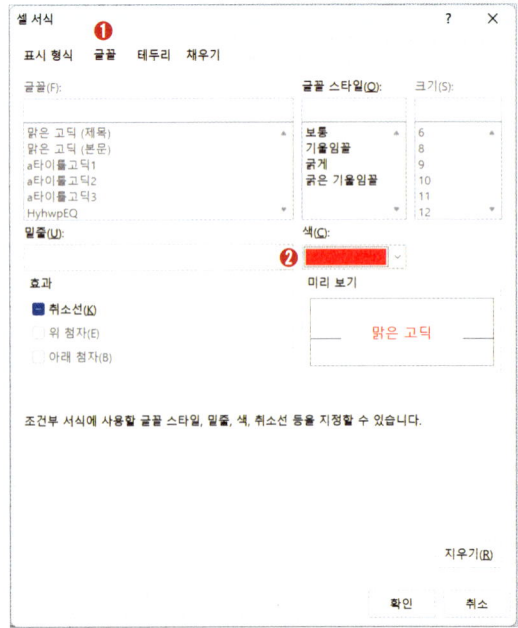

05. [새 서식 규칙] 상자에서 [확인]을 눌러 규칙을 저장합니다.

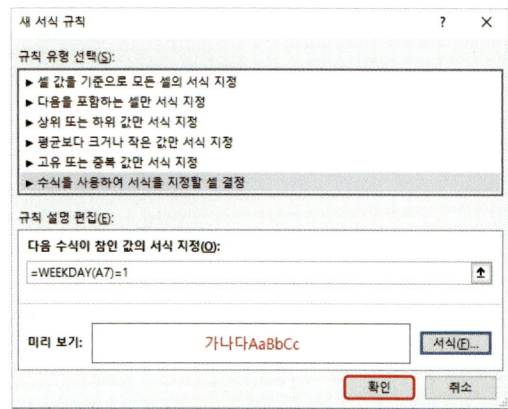

06. [확인]을 누르면 다시 [조건부 서식 규칙 관리자] 대화상자로 돌아옵니다. 이번에는 토요일에 파란색 지정하기 위해 [새 규칙]을 클릭합니다.

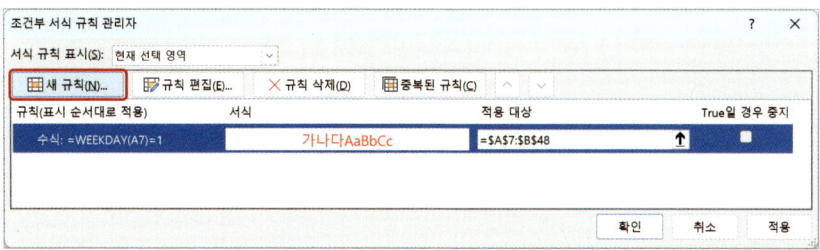

07. [새 서식 규칙] 대화상자가 열리면 '규칙 유형 선택' 상자에서 [수식을 사용하여 서식을 지정할 셀 결정]을 선택한 후 '규칙 설명 편집'의 '다음 수식이 참인 값의 서식 지정'에 **=WEEKDAY(A7)=7**을 입력합니다. 이어서 색을 지정하기 위해 [서식]을 누릅니다.

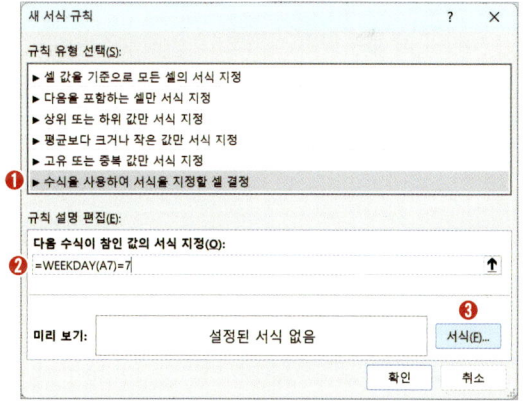

수식 풀이

=WEEKDAY(73261)=7
WEEKDAY 함수는 73261 값의 요일 값을 구하는 함수입니다. 요일 값이 7이면 [서식]을 실행합니다.

=6=7
=>FALSE

False일 경우 서식을 실행하지 않습니다.

08. [셀 서식] 대화상자가 열리면 [글꼴] 탭의 '색'에서 파란색을 선택한 후 [확인]을 클릭합니다.

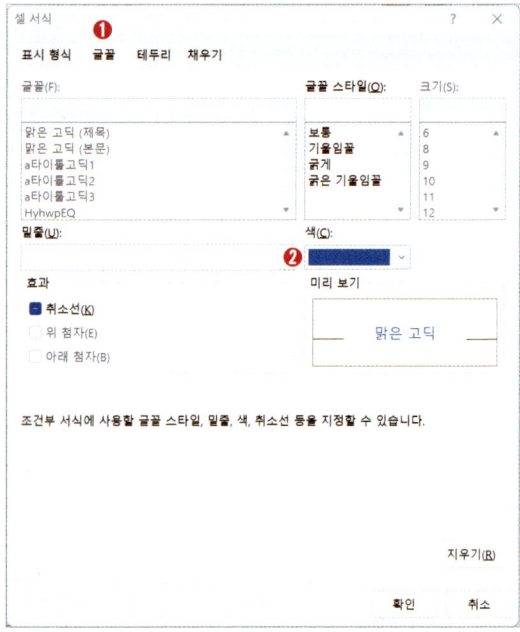

09. [새 서식 규칙]에서 지정한 규칙을 저장하기 위해 [확인]을 누릅니다.

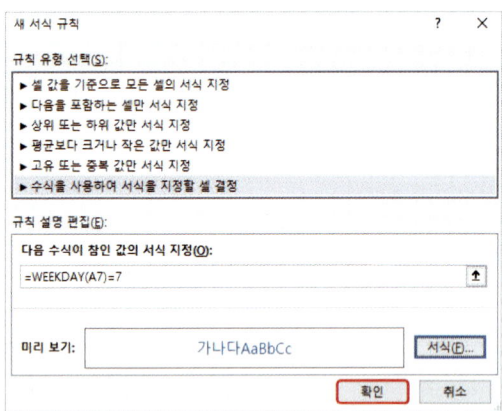

10. [조건부 서식 규칙 관리자] 대화상자에서 입력한 서식을 확인하고 마지막으로 [확인]을 클릭합니다.

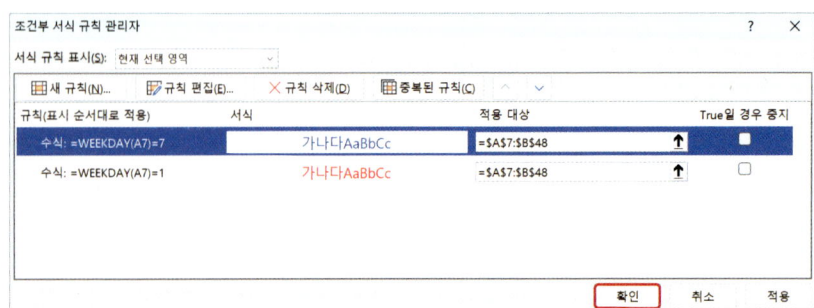

11. 워크시트로 돌아오면 일요일은 빨간색, 토요일은 파란색이 적용된 것을 확인할 수 있습니다.

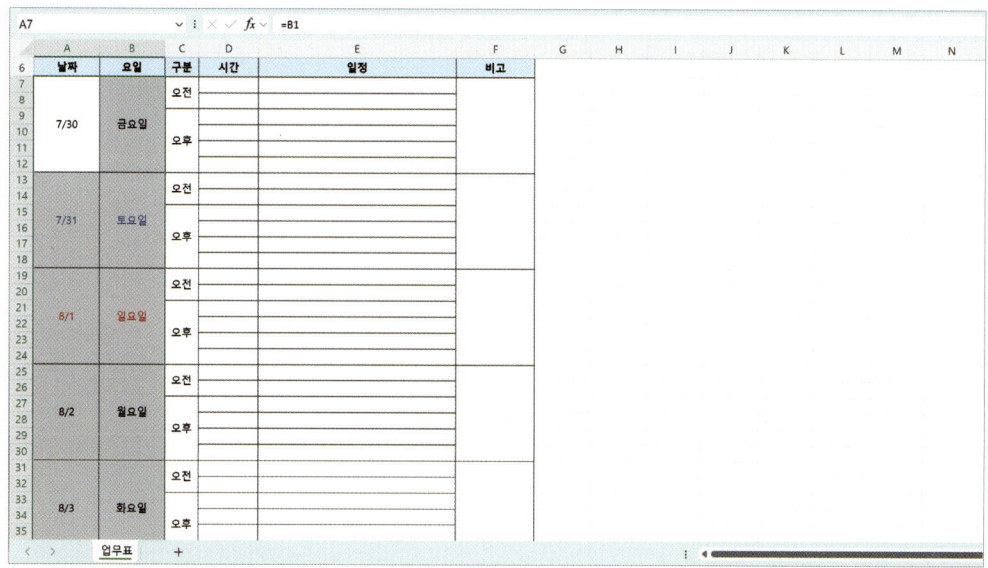

챗GPT로 한 걸음 더

추가로 처리하고 싶은 작업에 대해 챗GPT에게 질문하고 받은 응답으로 진행해 보겠습니다.

> ⚠ 챗GPT의 답변은 사용자별로 동일하지 않을 수 있습니다.
> 세부적인 사항은 사용자가 수정할 수 있습니다.
> 종종 틀린 답변을 할 때가 있습니다.

01. 연결 연산자(&)를 사용하면 셀 값과 텍스트 또는 텍스트와 텍스트 등을 연결할 수 있습니다. 그렇다면 연결 연산자가 아닌 엑셀 함수로 값과 텍스트들을 연결할 방법은 없는지 챗GPT에게 물어보겠습니다. 채팅 창에 다음과 같이 프롬프트를 입력합니다.

 엑셀에서 연결 연산자 대신에 사용할 수 있는 함수가 있는지 알려줘.

 엑셀에서 문자열을 연결하기 위해 연결 연산자(&) 대신 사용할 수 있는 함수는 CONCATENATE와 TEXTJOIN입니다. 이 두 함수에 대해 자세히 설명하겠습니다.

1. CONCATENATE 함수:
- 여러 개의 텍스트 문자열을 하나로 연결합니다.
- 사용 예: =CONCATENATE(A1, '", B1)
- 주의: 이 함수는 엑셀 2016 이후부터는 더 이상 사용되지 않고 'CONCAT' 함수로 대체되었습니다.

2. CONCAT 함수:
- CONCATENATE 함수의 대체 함수로, 동일한 기능을 수행합니다.

사용 예: –CONCAT(A1, "", B1)

3. TEXTJOIN 함수:
- 여러 텍스트 문자열을 지정된 구분 기호로 연결합니다.
- 구분 기호를 사용할 수 있으며, 빈 셀을 무시할 수 있는 옵션이 있습니다.
- 사용 예: –TEXTJOIN("", TRUE, A1, B1, (1)
   - 첫 번째 인수: 구분 기호 (이 예에서는 빈칸 "`)
   - 두 번째 인수: 빈 셀 무시 여부 (TRUE는 빈 셀 무시)
   - 세 번째 인수 이후: 연결할 텍스트 문자열들

예시

CONCATENATE 함수:
- =CONCATENATE("Hello", "World")
- 결과: 'Hello World'

CONCAT 함수:
- =CONCAT("Hello", "World")
- 결과: Hello World

TEXTJOIN 함수:
- =TEXTJOIN("", TRUE, "Hello", "", "World")
- 결과: "Hello World` (빈 문자열은 무시됨)

이 함수를 사용하면 더 복잡한 문자열 연결 작업도 쉽게 처리할 수 있습니다. TEXTJOIN 함수는 특히 여러 셀을 연결해야 할 때 유용합니다.

02. 챗GPT가 CONCATENATE 함수와 TEXTJOIN 함수를 알려주면서 설명과 함께 활용 예시도 보여줍니다. 이 중 앞서 날짜를 입력할 때 사용한 수식 ="("&TEXT(B1,"yyyy-mm-dd")&" ~ "&TEXT(B1+6,"yyyy-mm-dd")&")"을 TEXTJOIN 함수로 바꿔달라고 요청합니다.

엑셀 수식인 ="("&TEXT(B1,"yyyy-mm-dd")&" ~ "&TEXT(B1+6,"yyyy-mm-dd")&")"을 TEXTJOIN 함수를 이용해서 바꿔줘.

TEXTJOIN 함수를 사용하여 제공된 수식을 재작성할 수 있습니다. 이를 위해 TEXT 함수를 사용하여 날짜 형식을 지정한 후 TEXTJOIN 함수를 사용하여 문자열을 연결합니다.

다음은 TEXTJOIN을 이용한 변환된 수식입니다.

=TEXTJOIN(" ", TRUE, "(", TEXT(B1, "yyyy-mm-dd"), "~", TEXT(B1 + 6, "yyyy-mm-dd"), ")")

이 수식은 TEXTJOIN 함수를 사용하여 각 요소를 연결하고, 공백을 구분 기호로 사용하여 문자열을 형성합니다. TRUE 매개변수는 빈 셀을 무시합니다. 이 예제에서는 빈 셀이 없지만, 안전하게 빈 셀을 무시하도록 설정했습니다.

03. 챗GPT가 알려준 함수를 적용해 보겠습니다. [업무표] 워크시트에서 병합된 [A4] 셀을 선택하고 〈DELETE〉키를 누릅니다.

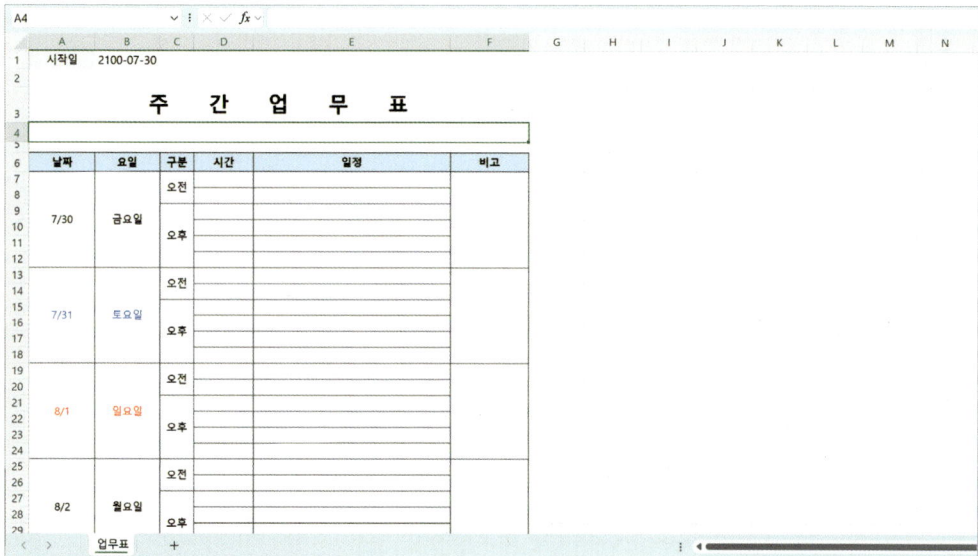

04. 챗GPT가 알려준 코드 **=TEXTJOIN(" ", TRUE, "(", TEXT(B1, "yyyy-mm-dd"), "~", TEXT(B1 + 6, "yyyy-mm-dd"), ")")** 를 [A4] 셀에 입력합니다.

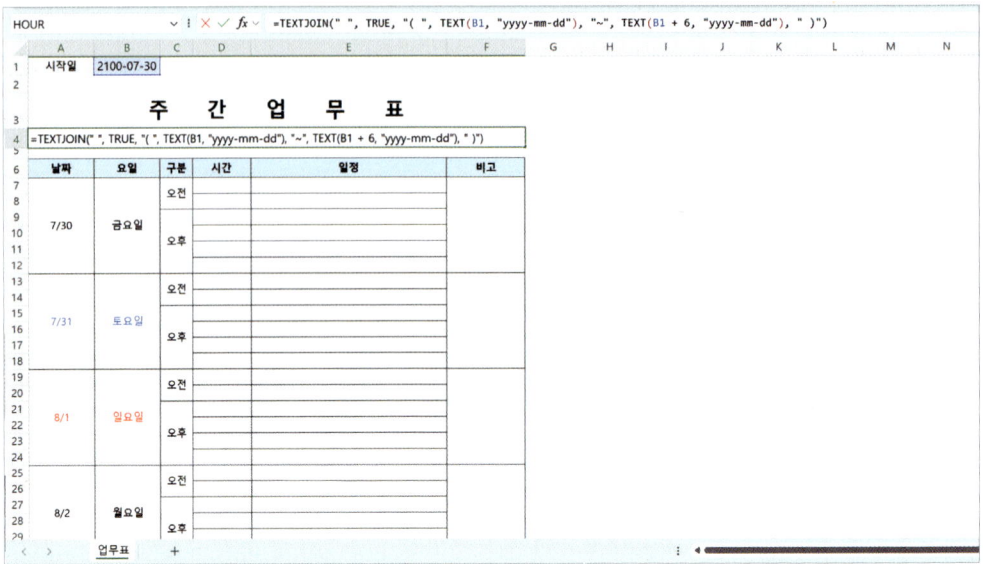

05. TEXT 함수만 사용했을 때와 같은 결과를 확인할 수 있습니다.

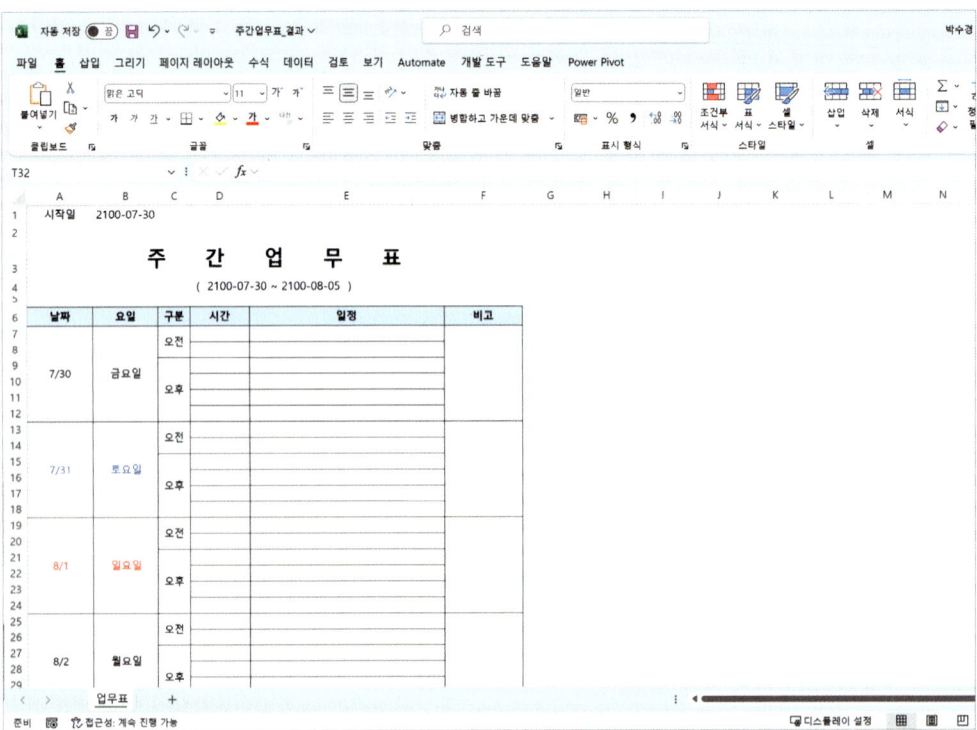

CHAPTER 10

견적서 작성하기

예제 파일명: 10_견적서.xlsx

견적서는 공급자가 주문자에게 공급 가능한 내역 또는 제반 비용을 기술하여 제출하는 문서입니다. 엑셀로 작성한 견적서는 '공급받는자'란에 입력되는 데이터가 선택한 회사명에 따라 자동으로 변경되도록 합니다. 그리고 선택한 제품명, 수량에 따라 단가, 할인율이 자동 입력되고 판매가, 세액, 합계 금액 등이 변경되도록 합니다.

미리 보기 | 완성 파일명: 10_견적서_결과.xlsx

견 적 서

공급받는자	회사명	중앙교역	공급자	회사명	에이디
	담당자	주진모		등록번호	123-98-76543
	직위	대표이사		대표이사	박수경
	전화번호	02-222-2971		주소	과천시 중앙동 250번지
	업태	도매,소매		업태	식품, 제조

합계금액 (VAT포함)		일금 팔백팔만일천칠백구십구 원정			₩8,081,799
번호	제품명	단가	수량	할인율	판매가	세액
1	망고쥬스	16,800	45	3.0%	733,320	73,332
2	아이스블루베리	30,000	65	4.0%	1,872,000	187,200
3	오렌지	19,000	12	1.0%	225,720	22,572
4	방울토마토	33,000	85	5.0%	2,664,750	266,475
5	딸기	18,000	110	6.5%	1,851,300	185,130
				합 계 :	7,347,090	734,709

사용한 함수

- INDEX		44쪽
- ROW		56쪽
- VLOOKUP		61쪽
- MATCH		48쪽
- IF		43쪽
- INDIRECT		45쪽

이름 정의하기

함수 및 유효성 검사의 목록에 사용하기 위해 먼저 이름 정의를 합니다.

01. [거래처] 워크시트에서 [A1] 셀을 선택하고 〈Ctrl〉 + 〈*〉, 또는 〈Ctrl〉 + 〈Shift〉 + 〈8〉을 눌러서 데이터 범위를 선택합니다. [수식 → 정의된 이름] 그룹에서 [선택 영역에서 만들기]를 클릭합니다.

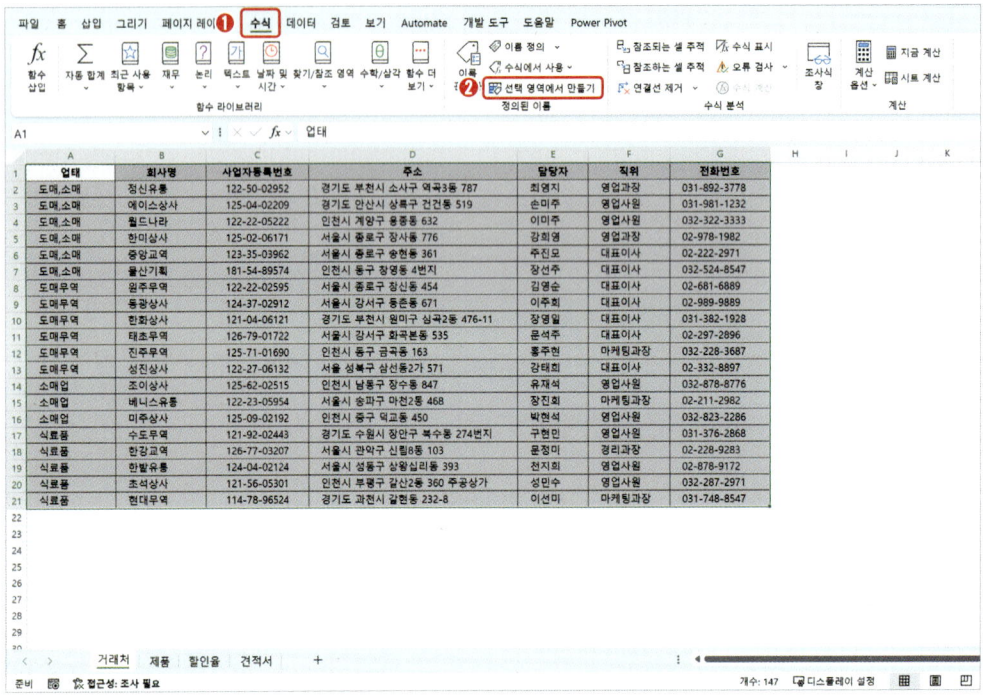

02. [선택 영역에서 만들기] 대화상자가 열리면 [첫 행]이 체크된 상태에서 [확인]을 클릭합니다.

▶ 수식 입력줄 왼쪽의 이름 상자를 클릭하면 이름으로 정의된 내용을 확인할 수 있습니다.

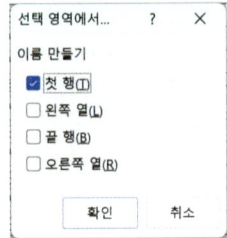

03. [제품] 워크시트에서 [B2:E31] 셀을 선택하고 이름 상자에서 **제품자료**를 입력한 다음 〈Enter〉키를 누릅니다.

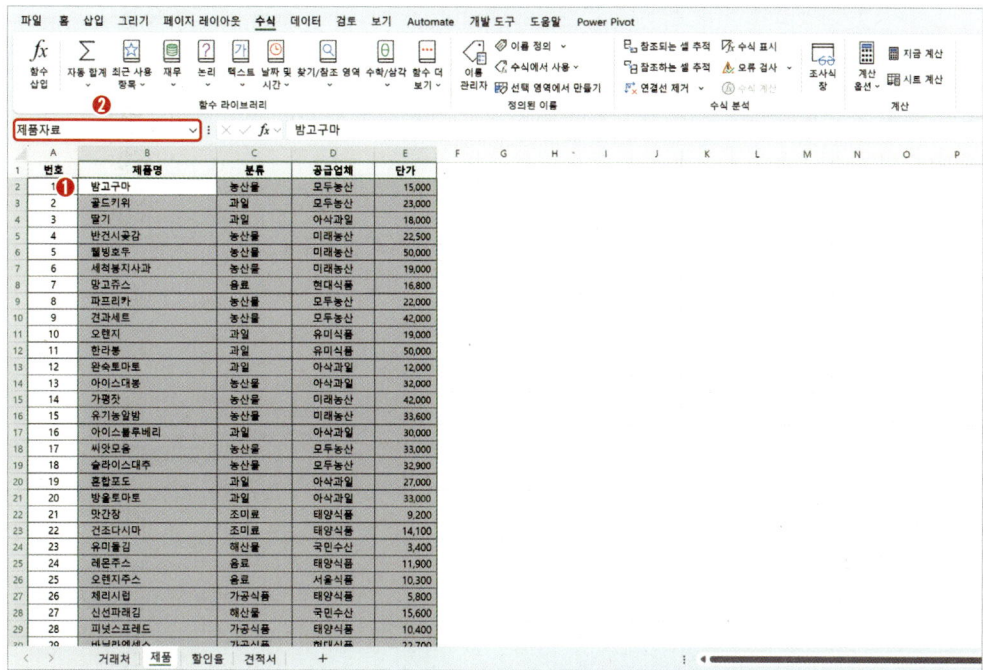

04. [B2:B31] 범위를 선택하고 이름 상자에서 **제품명**을 입력한 다음 〈Enter〉키를 누릅니다.

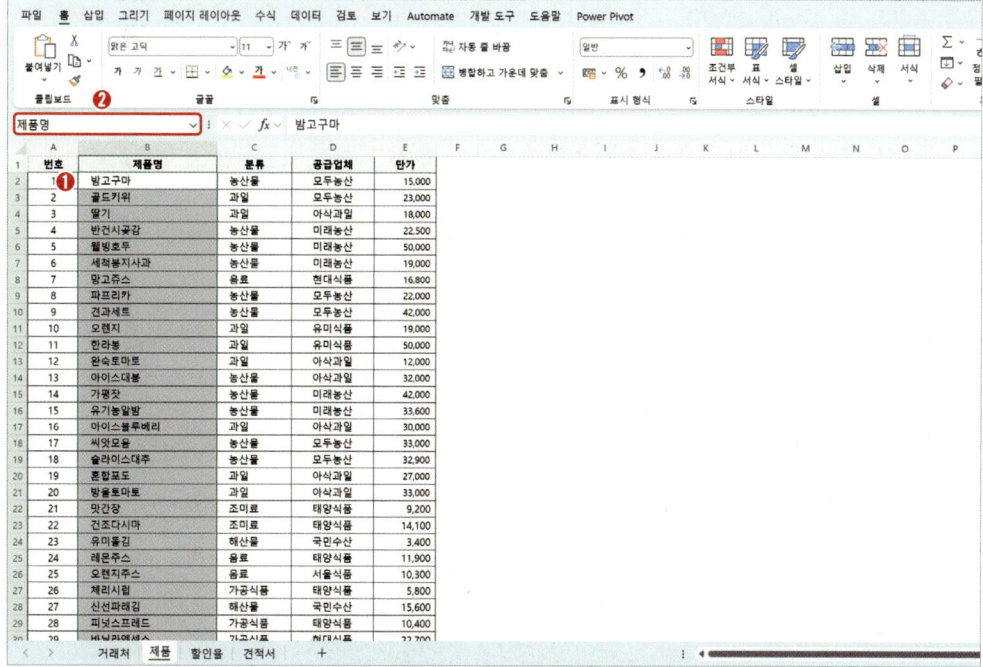

05. [할인율] 워크시트에서 [A1] 셀을 선택하고, 키보드의 〈Ctrl〉 + 〈*〉, 또는 〈Ctrl〉 + 〈Shift〉 + 〈8〉을 눌러서 데이터 범위를 선택합니다. 이름 상자에서 **할인자료**를 입력한 다음 〈Enter〉키를 누릅니다.

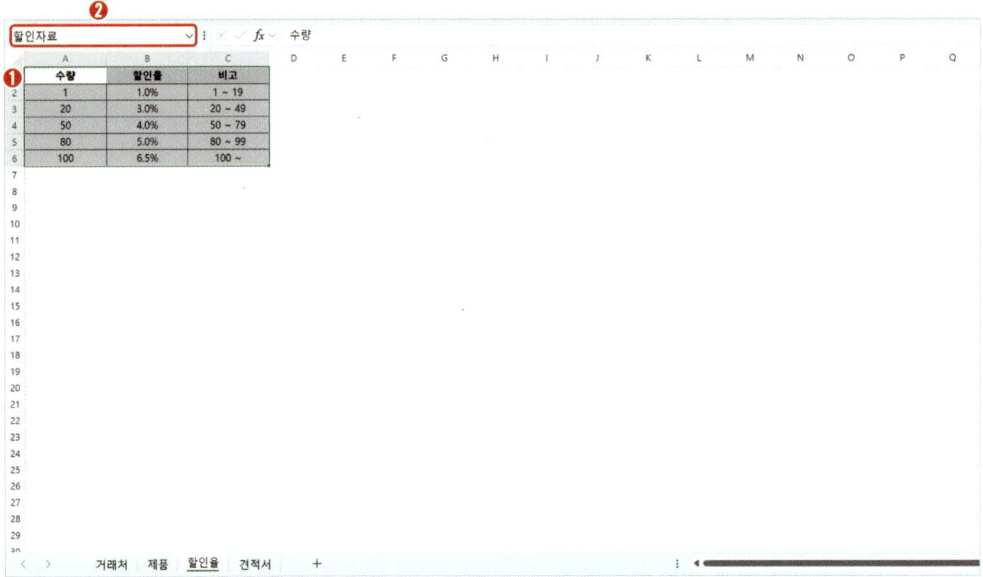

유효성 검사로 목록 만들기

회사명, 제품명을 유효성 검사 목록으로 만들면 각각의 데이터를 선택하거나 입력할 수 있고 오타도 줄일 수 있습니다.

01. 이름으로 정의한 **회사명**을 유효성 검사 목록으로 만들기 위해 [견적서] 워크시트에서 [C2] 셀을 선택하고 [데이터 → 데이터 도구] 그룹에서 [데이터 유효성 검사]를 클릭합니다.

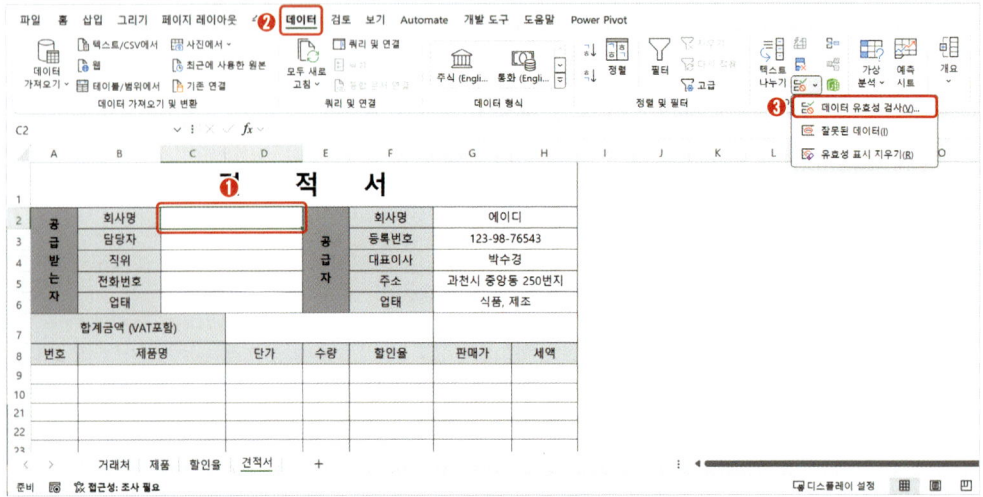

02. [데이터 유효성] 대화상자가 열리면 [설정] 탭에서 '제한 대상'은 [목록]으로 선택하고, '원본' 입력란에 **=회사명**을 입력한 후에 [확인]을 클릭합니다.

▶ 이름이 '회사명'으로 정의된 셀 범위의 데이터만 입력할 수 있습니다.

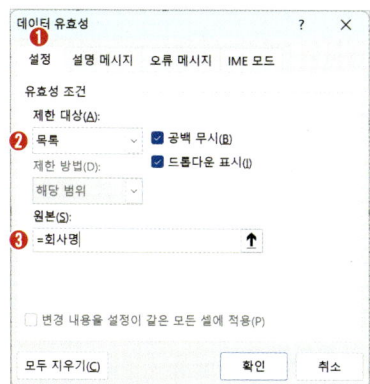

03. 이번에는 [제품명] 열에 유효성 검사를 만들기 위해 [B9:B28] 범위를 선택하고 [데이터 → 데이터 도구] 그룹에서 [데이터 유효성 검사]를 클릭합니다.

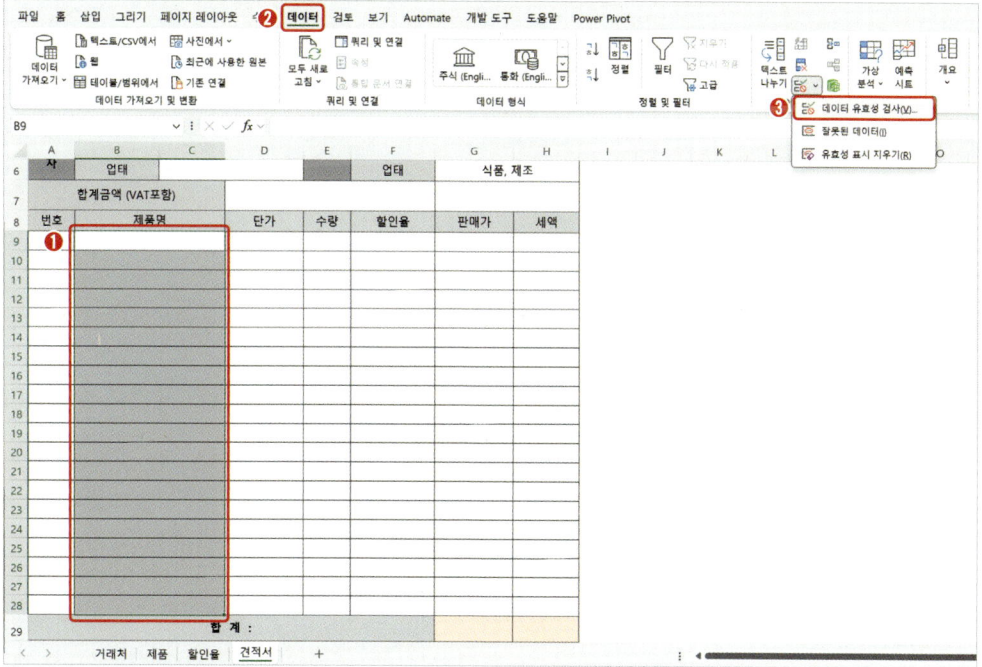

CHAPTER 10 _ 견적서 작성하기 | 179

04. [데이터 유효성] 대화상자가 열리면 [설정] 탭에서 '제한 대상'은 [목록]으로 선택하고, '원본' 입력란에 **=제품명**을 입력한 후에 [확인]을 클릭합니다.

▶ 이름이 '제품명'으로 정의된 셀 범위의 데이터만 입력할 수 있습니다.

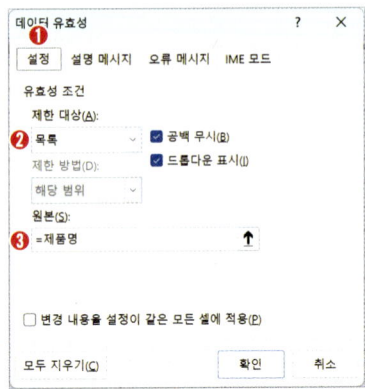

공급받는 자 정보 가져오기

사용자가 선택한 회사명에 해당하는 정보가 자동으로 입력되도록 합니다.

01. [견적서] 워크시트에서 [C3] 셀에 **=INDEX(담당자,MATCH(C2,회사명,0),1)** 를 입력합니다.

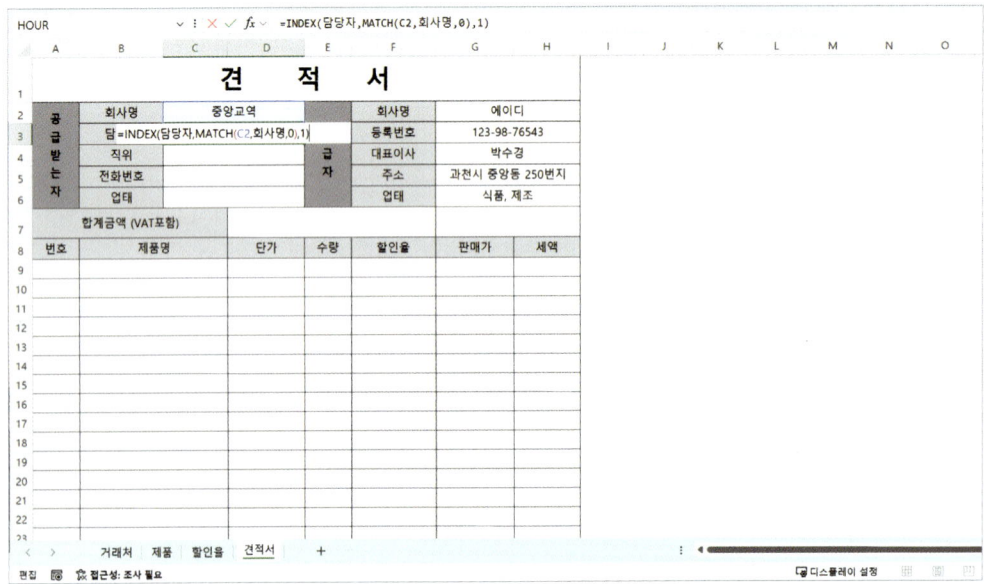

수식 풀이

=INDEX(담당자,MATCH("중앙교역",회사명,0),1)

업태	'회사명'범위	사업자등록번호	주소	'담당자'범위	직위	전화번호
도매,소매	정신유통	122-50-02952	경기도 부천시 소사구 역곡3동 787	최영지	영업과장	031-892-3778
도매,소매	에이스상사	125-04-02209	경기도 안산시 상록구 건건동 519	손미주	영업사원	031-981-1232
도매,소매	월드나라	122-22-05222	인천시 계양구 용종동 632	이미주	영업사원	032-322-3333
도매,소매	한미상사	125-02-06171	서울시 종로구 장사동 776	강희영	영업과장	02-978-1982
도매,소매	중앙교역	123-35-03962	서울시 종로구 송현동 361	주진모	대표이사	02-222-2971
도매,소매	물산기획	181-54-89574	인천시 동구 창영동 4번지	장선주	대표이사	032-524-8547
도매무역	원주무역	122-22-02595	서울시 종로구 창신동 454	김영순	대표이사	02-681-6889
도매무역	동광상사	124-37-02912	서울시 강서구 등촌동 671	이주희	대표이사	02-989-9889
도매무역	한화상사	121-04-06121	경기도 부천시 원미구 심곡2동 476-11	장영일	대표이사	031-382-1928

MATCH("중앙교역",회사명,0)
'회사명' 범위에서 '중앙교역'을 찾아 그 위치를 숫자로 반환합니다.
=> 5

=INDEX(담당자,5,1)
'담당자' 범위에서 5행 1열의 위치의 값을 찾아옵니다.
=> "주진모"

02. [C4] 셀에 =INDEX(직위,MATCH(C2,회사명,0),1)를 입력합니다.

수식 풀이

=INDEX(직위,MATCH(C2,회사명,0),1)

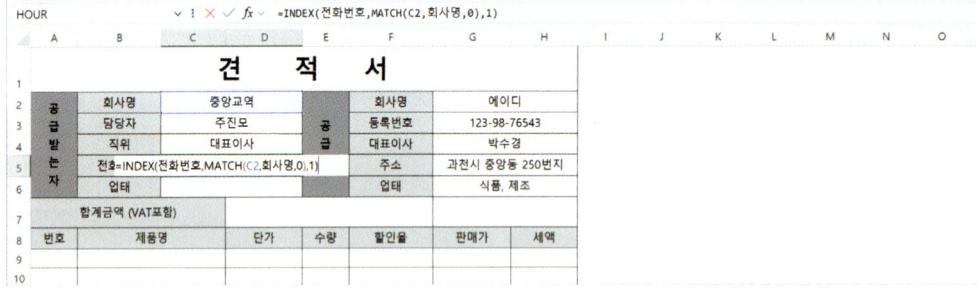

MATCH("중앙교역",회사명,0)
'회사명' 범위에서 '중앙교역'을 찾아 그 위치를 숫자로 반환합니다.
=> 5

=INDEX(직위,5,1)
'직위' 범위에서 5행 1 열의 위치의 값을 찾아옵니다.
=> "대표이사"

03. [C5] 셀에 =INDEX(전화번호,MATCH(C2,회사명,0),1)를 입력합니다.

수식 풀이

=INDEX(전화번호,MATCH("중앙교역",회사명,0),1)

MATCH("중앙교역",회사명,0)
'회사명' 범위에서 '중앙교역'을 찾아 그 위치를 숫자로 반환합니다.
=> 5

=INDEX(전화번호,5,1)
'전화번호' 범위에서 5행 1열의 위치의 값을 찾아옵니다.
=> "02-222-2971"

04. [C6] 셀에 =INDEX(업태,MATCH(C2,회사명,0),1)를 입력합니다.

수식 풀이

=INDEX(업태,MATCH("중앙교역",회사명,0),1)

MATCH("중앙교역",회사명,0)
'회사명' 범위에서 '중앙교역'을 찾아 그 위치를 숫자로 반환합니다.
=> 5

=INDEX(업태,5,1)
'업태' 범위에서 5행 1열의 위치의 값을 찾아옵니다.
=> "도매,소매"

번호 구하기

제품명이 입력되어 있으면 번호를 입력하고 아니면 공백을 입력합니다.

01. 번호를 구하기 위해 [견적서] 워크시트에서 [A9:A28] 범위를 선택하고 **=IF(B9<>"",ROW()-8,"")** 를 입력한 후에 〈Ctrl〉+〈Enter〉키를 누릅니다.

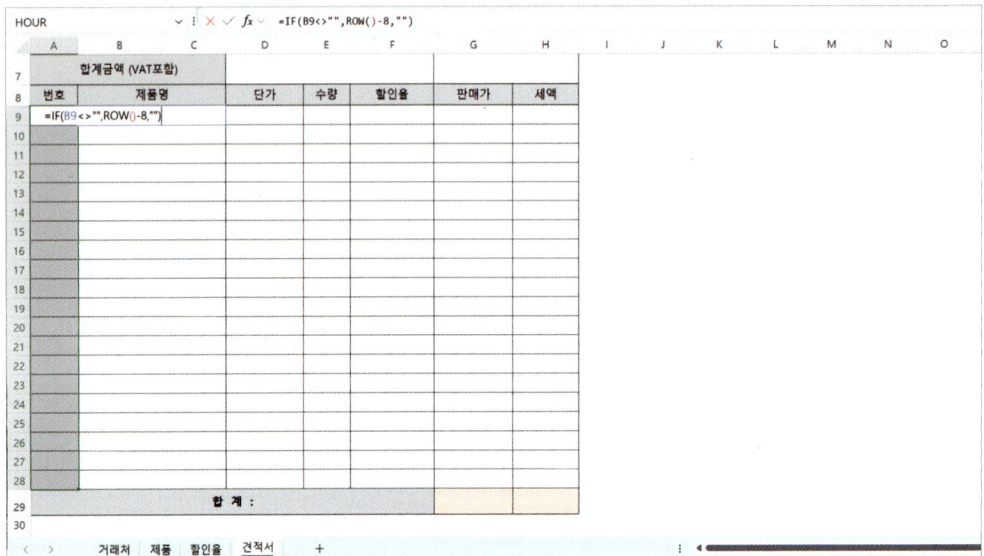

수식 풀이

```
=IF(B9<>"",ROW()-8,"")
```
[B9] 셀이 공백("")이 아니면 행 번호를 입력하고 아니면 공백("")이 입력됩니다.

```
ROW()는 [A9] 셀 위치의 행 번호
=> 9
9-8 => 1

=IF("망고주스"<>"",ROW()-8,"")
        TRUE
=> 1
```

02. 제품명 열에서 제품명을 선택하거나 입력하면 번호가 나타나는 것을 확인할 수 있습니다.

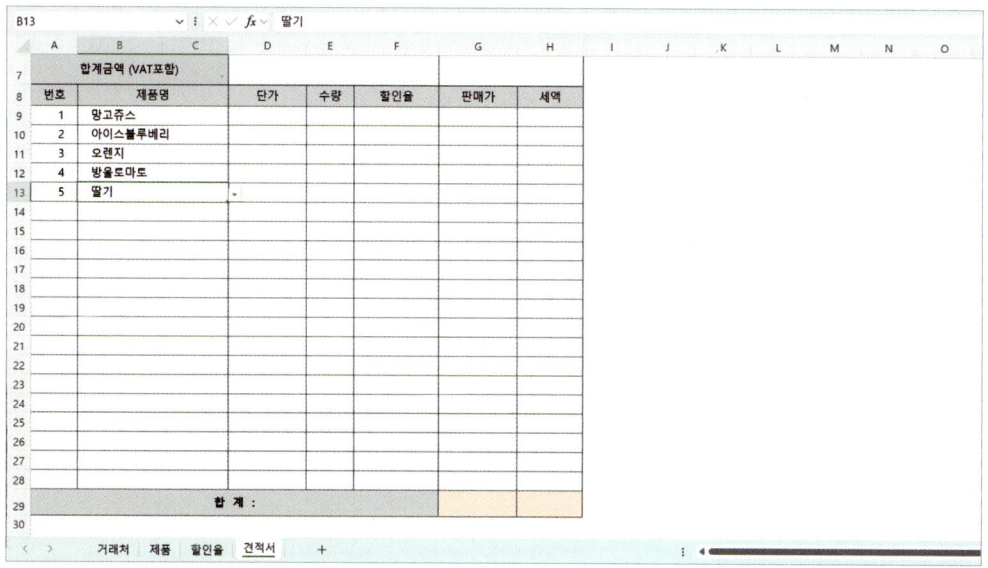

단가, 할인율, 판매가, 세액 구하기

사용자가 선택한 제품명에 해당하는 단가, 할인율, 판매가, 세액이 자동으로 입력되도록 합니다.

01. [견적서] 워크시트에서 [D9:D28] 범위를 선택하고 **=IF(B9="",0,VLOOKUP(B9,제품자료,4,0))**를 입력한 후에 〈Ctrl〉 + 〈Enter〉키를 누릅니다.

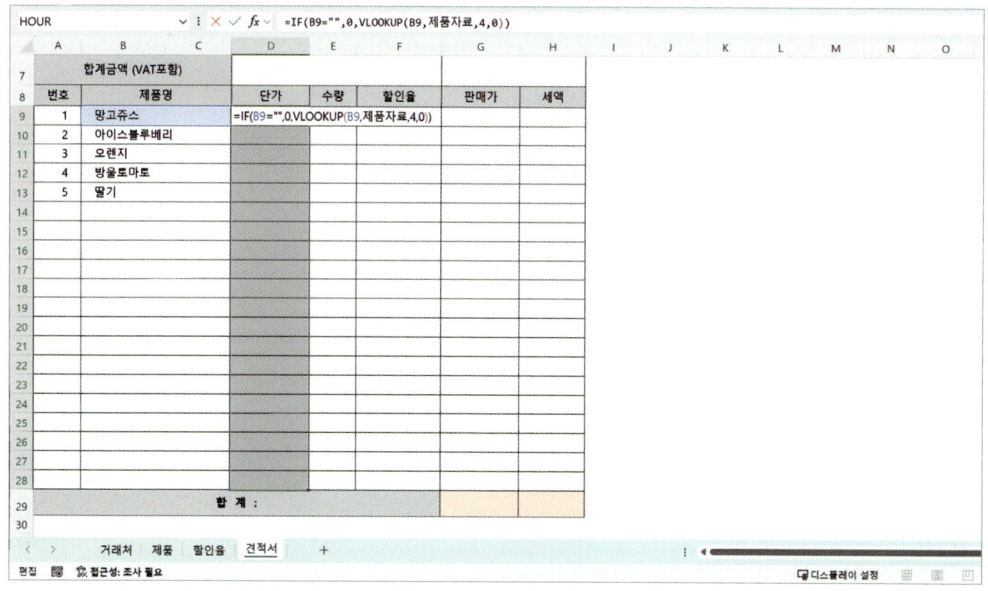

수식 풀이

=IF("망고주스"="",0,VLOOKUP("망고주스",제품자료,4,0))

'제품자료' 범위	제품명	2 분류	3 공급업체	4 단가
1	밤고구마	농산물	모두농산	15,000
2	골드키위	과일	모두농산	23,000
3	딸기	과일	아삭과일	18,000
4	반건시곶감	농산물	미래농산	22,500
5	웰빙호두	농산물	미래농산	50,000
6	세척봉지사과	농산물	미래농산	19,000
7	망고쥬스	음료	현대식품	16,800
8	파프리카	농산물	모두농산	22,000
9	견과세트	농산물	모두농산	42,000
10	오렌지	과일	유미식품	19,000

VLOOKUP("망고주스",제품자료,4,0)
"망고주스"를 '제품자료' 범위의 1열에 찾아서 같은 행의 4열 값인 단가가 입력됩니다. 마지막 0의 의미는 [B9] 셀에 입력된 "망고주스"를 제품자료 범위에서 찾을 때 정확히 일치하는 값을 찾으라는 옵션입니다.
=> 16800

=IF("망고주스"="",0,16800)
　　　FALSE
"망고주스"가 공백("")과 같으면 0이 입력되고, 아니면 VLOOKUP 함수를 실행한 16800이 입력됩니다.
=> 16800

02. 할인율, 판매가, 세액을 확인하기 위해 임의로 [수량] 열에 45, 65, 12, 85, 110을 순서대로 입력합니다. 그런 다음 [F9:F28] 범위를 선택하고 =IF(E9="",0,VLOOKUP(E9,할인자료,2,TRUE))를 입력한 후에 〈Ctrl〉+〈Enter〉키를 누릅니다.

수식 풀이

=IF(45="",0,VLOOKUP(45,할인자료,2,TRUE))

'할인자료'범위	수량	2 할인율	3 비고
	1	1.0%	1 ~ 19
	20	3.0%	20 ~ 49
	50	4.0%	50 ~ 79
	80	5.0%	80 ~ 99
	100	6.5%	100 ~

VLOOKUP(45,할인자료,2,TRUE)
45를 '할인자료' 범위의 1열에 찾아서 같은 행의 2열 값인 할인율이 입력됩니다. 마지막 TRUE의 의미는 45를 '할인자료' 범위에서 찾을 때 45보다 작거나 같은 값 중에서 최댓값을 찾으라는 옵션입니다.
=> 3.0%

=IF(45="",0,3.0%)
　　　FALSE
45가 공백("")과 같으면 0이 입력되고, 아니면 VLOOKUP 함수를 실행한 3.0%가 입력됩니다.
=> 3.0%

03. [G9:G28] 범위를 선택하고 **=D9*E9*(1-F9)** 를 입력한 후에 〈Ctrl〉+〈Enter〉키를 누릅니다.

수식 풀이

D9*E9*(1-F9)
판매가 = 단가*수량*(1-할인율)
16800*45*(1-3.0%) => 733320

04. [H9:H28] 범위를 선택하고 **=G9*0.1**을 입력한 후에 〈Ctrl〉+〈Enter〉키를 누릅니다.

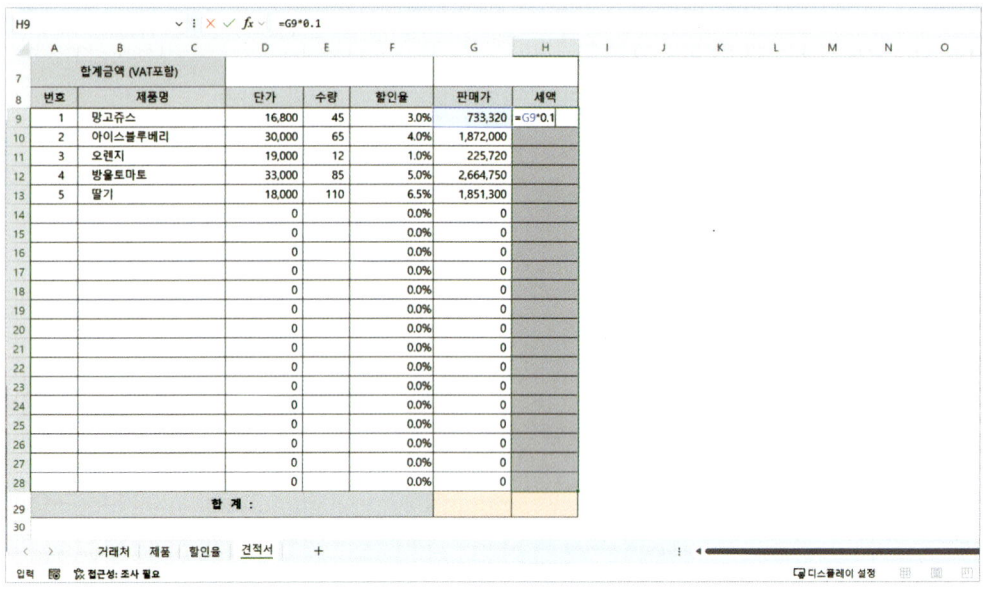

수식 풀이

```
=G9*0.1
세액=판매가*0.1
733320*0.1 => 73332
```

합계 구하기

총 합계를 구하고 첫 번째 합계 금액은 한글로, 두 번째 합계 금액은 원화(₩)를 붙여서 표시합니다. 그리고 견적서 내용에 입력된 0은 보이지 않도록 처리합니다.

01. [견적서] 워크시트에서 [G29:H29] 범위를 선택하고 [홈 → 편집] 그룹에서 [합계]를 클릭합니다.

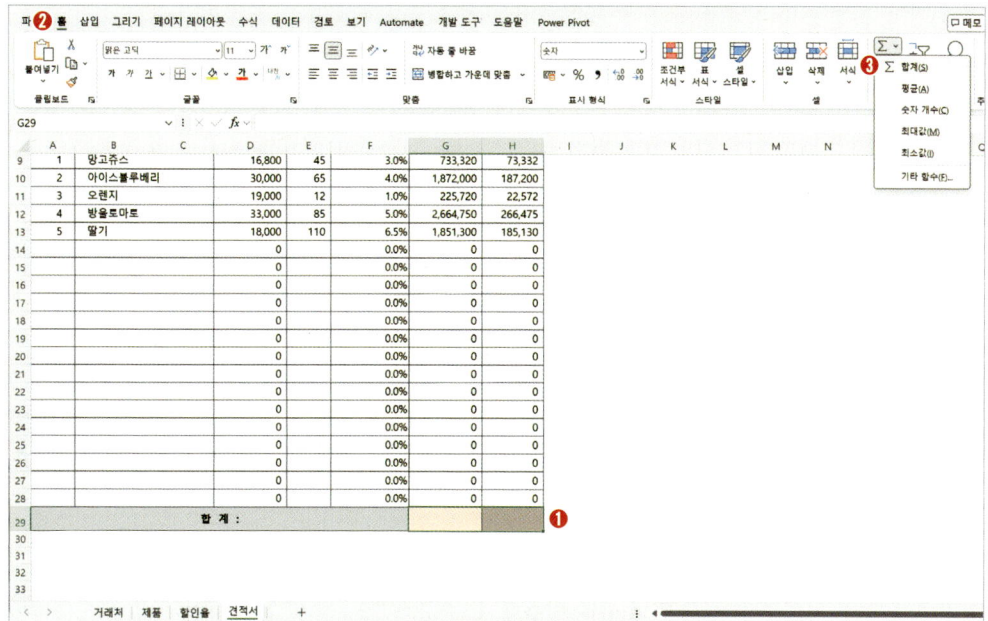

02. [D7] 셀을 선택하고 **=G29+H29**을 입력한 후에 〈Enter〉키를 누릅니다.

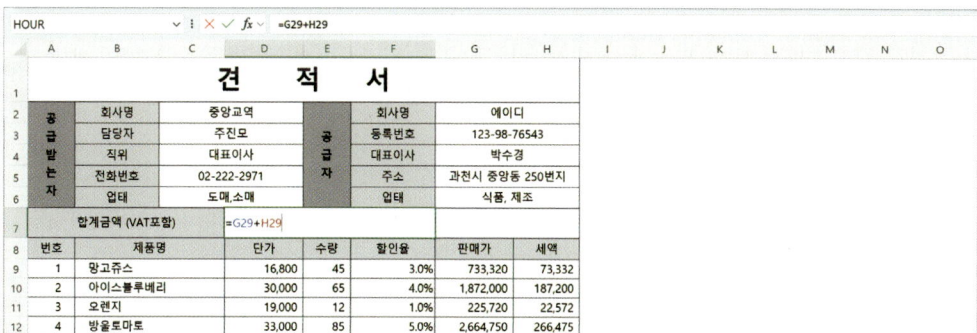

03. [G7] 셀을 선택하고 **=D7**을 입력한 후에 〈Enter〉키를 누릅니다.

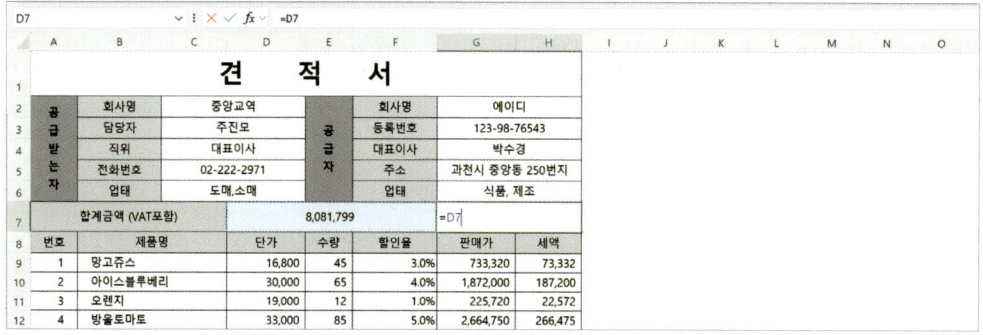

04. 이제 합계 금액을 한글로 표기하기 위해 [D7] 셀을 선택하고 마우스 오른쪽 버튼을 클릭한 후 단축 메뉴에서 [셀 서식]을 클릭합니다.

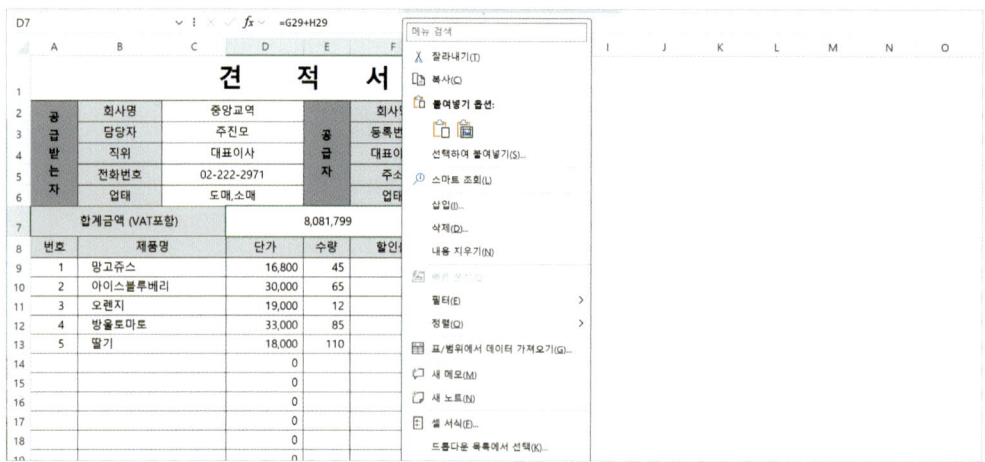

05. [셀 서식] 대화상자가 열리면 [표시 형식] 탭의 '범주'란에서 [기타]를 선택하고 '형식'란에 [숫자(한글)]을 클릭합니다.

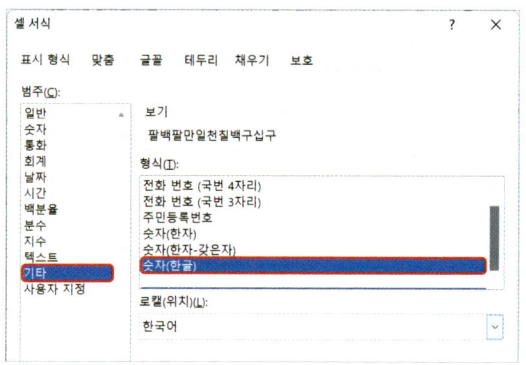

06. '범주'란에서 [사용자 지정]을 선택하고 '형식'란에 입력된 코드 앞뒤로 "일금", "원정"을 추가로 입력한 후에 [확인]을 클릭합니다.

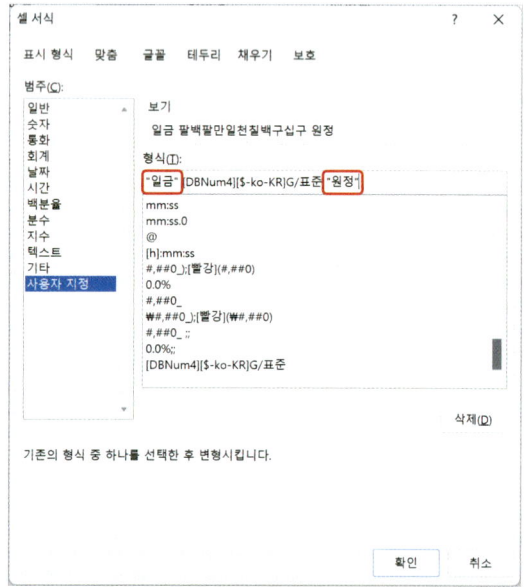

07. 또 다른 합계 금액에 ₩ 기호를 붙이기 위해 [G7] 셀을 선택한 후 마우스 오른쪽 버튼을 클릭한 후 단축 메뉴에서 [셀 서식]을 클릭합니다.

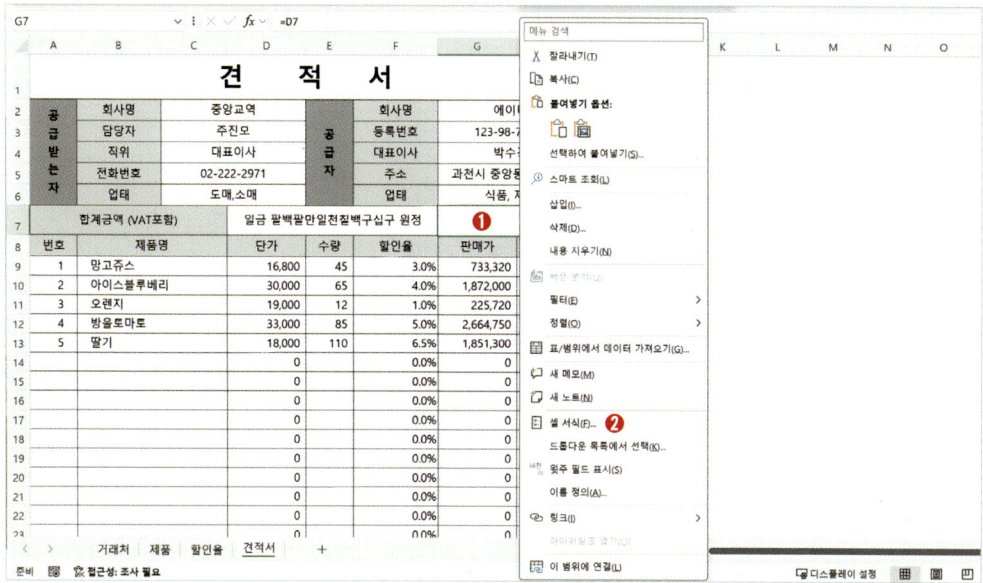

08. [셀 서식] 대화상자가 열리면 [표시 형식] 탭의 '범주'란에서 [통화]를 선택하고, '기호'란에 [₩]를 선택한 후에 [확인]을 클릭합니다.

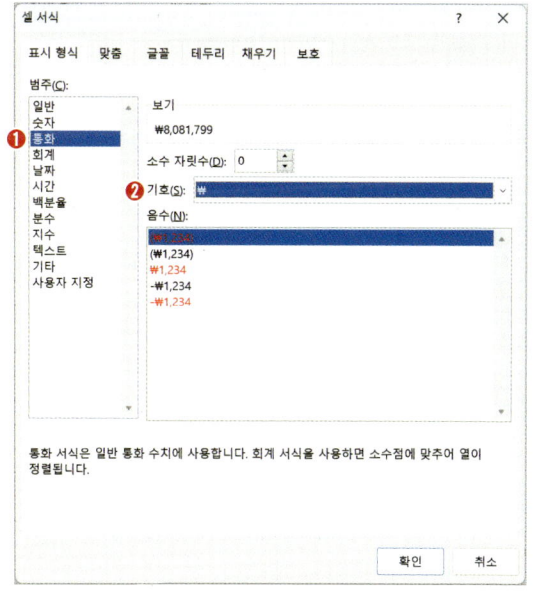

09. 금액에서 0 값은 표시되지 않도록 [D9:D28] 범위를 선택하고 〈Ctrl〉키를 누른 상태에서 [G9:H28] 범위를 선택합니다. 선택된 범위에서 마우스 오른쪽 버튼을 클릭한 후 단축 메뉴에서 [셀 서식]을 클릭합니다.

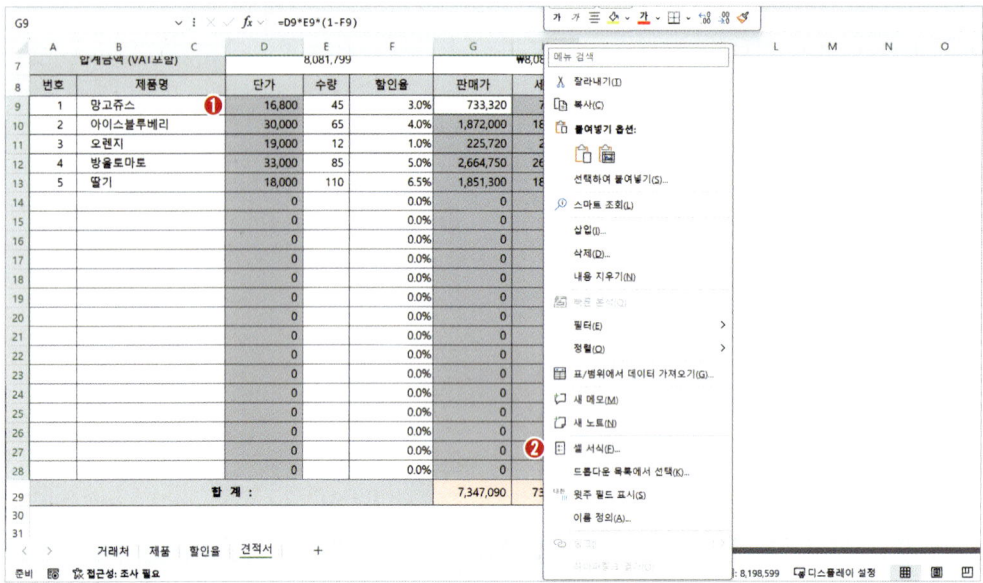

10. [셀 서식] 대화상자가 열리면 [표시 형식] 탭의 '범주'란에서 [사용자 지정]을 선택하고, '형식'란에 #,##0_ ;;을 입력한 후에 [확인]을 클릭합니다.

▶ 표시 형식은 '양수;음수;0의값'의 순서로 표시되므로 음수와 0의 값이 입력될 구역을 구분하기 위해 ;;을 입력합니다. 음수와 0이 입력될 구역에 아무것도 입력하지 않았으므로 음수와 0은 값이 입력되어 있어도 표시되지 않습니다.

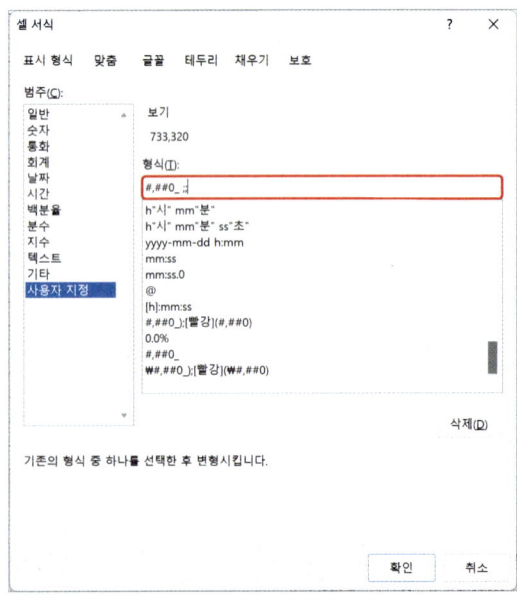

11. [F9:F28] 범위를 선택한 후 마우스 오른쪽 버튼을 클릭한 후 단축 메뉴에서 [셀 서식]을 클릭합니다.

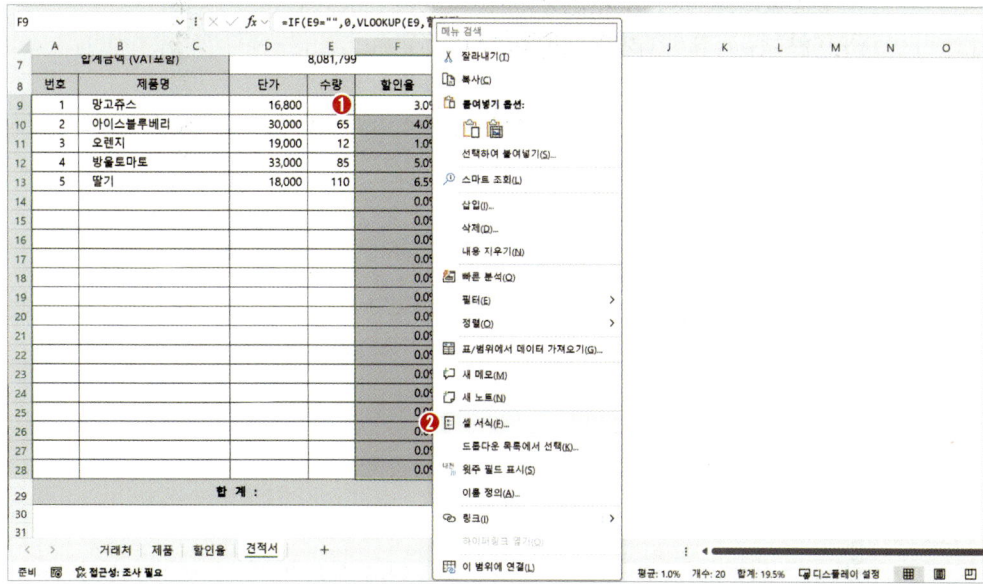

12. [셀 서식] 대화상자가 열리면 [표시 형식] 탭의 '범주'란에서 [사용자 지정]을 선택하고, '형식'란에 0.0%;;을 입력한 후에 [확인]을 클릭합니다.

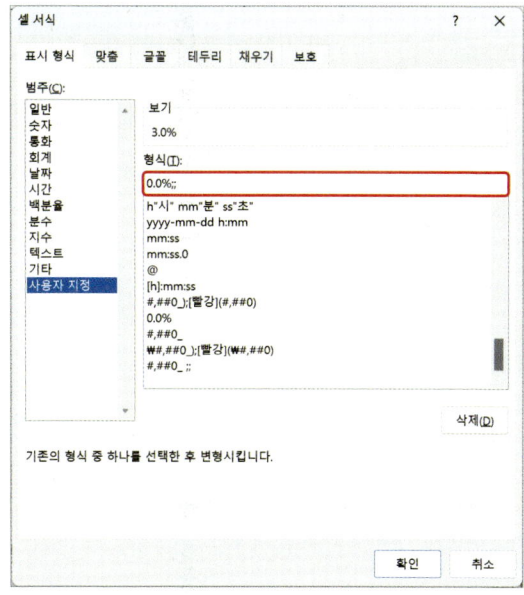

챗GPT로 한 걸음 더

추가로 처리하고 싶은 작업에 대해 챗GPT에게 질문하고 받은 응답으로 진행해 보겠습니다.

> ⚠️ 챗GPT의 답변은 사용자별로 동일하지 않을 수 있습니다.
> 세부적인 사항은 사용자가 수정할 수 있습니다.
> 종종 틀린 답변을 할 때가 있습니다.

[견적서] 워크시트의 '공급받는자'란에는 **=INDEX(담당자,MATCH(C2,회사명,0),1)**, **=INDEX(직위,MATCH(C2,회사명,0),1)** 함수가 입력되어 있습니다. 셀마다 직위, 전화번호 등을 다르게 입력하는 것이 비효율적이어서 [B3] 셀 등에 입력된 담당자 값을 수식에 적용하여 **=INDEX(B3,MATCH(C2,회사명,0),1)**를 입력했더니 에러가 발생합니다. [B3] 셀의 값은 범위가 아닌 텍스트이기 때문입니다. 텍스트를 범위로 변경하는 함수를 챗GPT에게 물어보고 수식을 수정하겠습니다.

01. 채팅 창에 다음과 같이 프롬프트를 입력합니다.

 엑셀 함수 중에 텍스트를 범위로 변경하는 함수를 알려줘.

 엑셀에서 텍스트를 범위(특히 셀 참조)로 변경할 수 있는 함수는 INDIRECT 함수입니다. 작동 방식은 다음과 같습니다.

간접 함수
엑셀의 INDIRECT 함수는 셀 참조(단일 셀 또는 셀 범위)를 나타내는 텍스트 문자열을 가져와 해당 셀이나 범위의 내용을 반환합니다.

=INDIRECT(ref_text, [a1])
- ref_text: 검색하려는 셀 참조가 포함된 텍스트 문자열입니다. 예를 들어 "A1"은 [A1] 셀을 나타냅니다.
- [a1]: 사용할 참조 유형을 지정하는 선택적 인수입니다. 'a1'이 TRUE거나 생략된 경우
- ref_text는 A1 스타일 참조(예: A1, F J 등)로 해석됩니다. 'a1'이 'FALSE' 인 경우
- ref_text는 R1C1 스타일 참조(예: "R1C1", "R2C3" 등)로 해석됩니다.

[A1] 셀에 다른 셀의 주소인 "B2"라는 텍스트가 포함되어 있다고 가정합니다.
- =INDIRECT(A1)을 사용하는 경우 엑셀에서는 이를 =INDIRECT("B2")로 해석합니다. 그런 다음 INDIRECT 함수는 B2 셀의 값을 반환합니다.

이 기능은 다른 셀의 내용을 기반으로 셀을 동적으로 참조하거나 프로그래밍 방식으로 참조를 구성하는 데 INDIRECT를 유용하게 만듭니다.

고려 사항:

- 휘발성: INDIRECT 함수는 휘발성입니다. 즉, 참조된 셀이 변경되지 않은 경우에도 엑셀이 계산할 때마다 다시 계산됩니다. 이는 대규모 워크시트의 성능에 영향을 미칠 수 있습니다.
- 오류 처리: INDIRECT가 참조를 확인할 수 없는 경우(예: 참조된 셀이 존재하지 않는 경우) #REF! 오류가 반환됩니다.

INDIRECT를 사용하면 텍스트(셀 참조를 나타냄)를 엑셀 수식 내의 실제 범위 참조로 효과적으로 변환할 수 있습니다.

02. 챗GPT의 응답에 따라 INDIRECT 함수를 적용하겠습니다. [견적서] 워크시트에서 [C3] 셀에 `=INDEX(INDIRECT(B3),MATCH($C$2,회사명,0),1)`를 입력합니다.

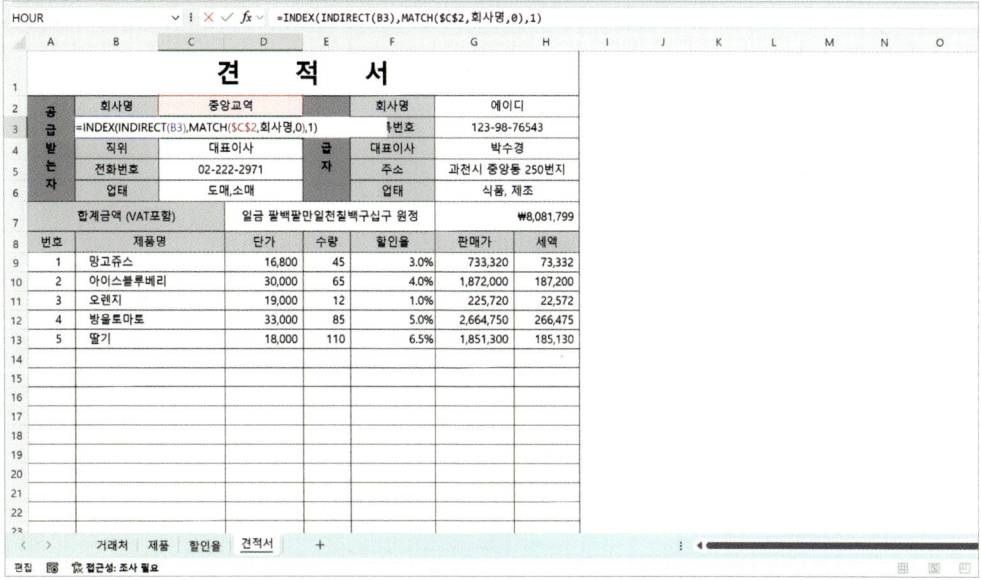

수식 풀이

`=INDEX(INDIRECT("담당자"),MATCH("중앙교역",회사명,0),1)`

`INDIRECT("담당자")` => 담당자
"담당자" 텍스트를 이름(범위)로 변경합니다.
=> `=INDEX(담당자,MATCH("중앙교역",회사명,0),1)` => "주진모"

03. [C3] 셀을 선택하고 셀의 오른쪽 아래에 있는 채우기 핸들에 마우스 포인터를 클릭한 후 [C6] 셀까지 끌어서 놓습니다.

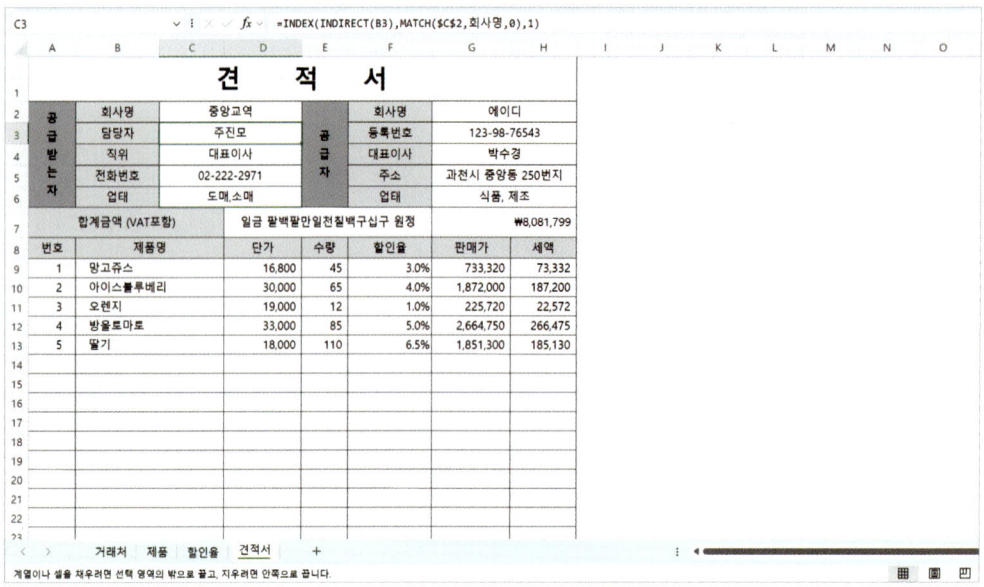

04. 이전 함수와 동일한 결과가 나타나는 것을 확인할 수 있습니다.

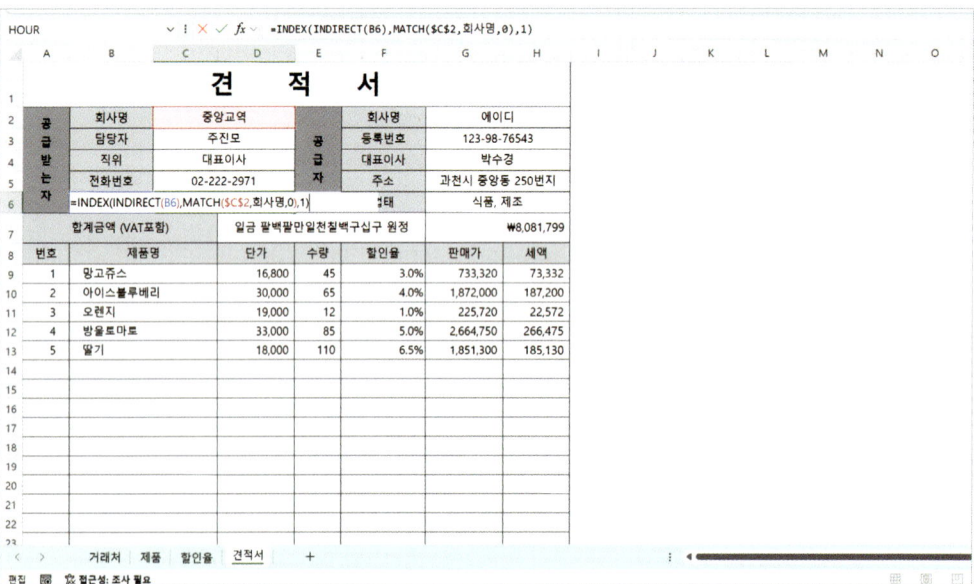

CHAPTER

11

평가 자료 입력하기

예제 파일명: 11_평가자료.xlsx

교육과 시험에 응시한 사람의 성적을 비율로 계산하여 총점을 입력하고 총점에 따른 학점을 입력합니다. 그리고 모든 총점이 입력한 후에 총점을 기준으로 1등과 50등에 해당하는 소속 기관과 성명을 구합니다.

미리 보기 | 완성 파일명: 11_평가자료_결과.xlsx

		소속기관	성명
1등		국토교통부	이병택
50등		대한법률구조공단	이현호

순번	성명	소속기관	출석(30%)	과제(40%)	시험(20%)	태도(5%)	참여도(5%)	총점	학점	스파크라인
1	장나라	고용노동부	100	85	68	32	95	84.0	B	
2	김나래	백암재단	80	70	45	60	95	68.8	D	
3	김도형	경기도청	45	80	52	95	100	65.7	D	
4	박성규	용인시청	100	95	84	100	95	94.6	A	
5	김성욱	부천시청	100	70	20	90	100	71.5	C	
6	김성훈	수원시청	100	42	74	95	90	70.9	C	
7	김수현	한국문화예술위원회	100	85	85	92	95	90.4	A	
8	김연진	경기콘텐츠진흥원	74	74	85	90	85	77.6	C	
9	김은경	융합보안지원센터	98	100	95	70	40	93.9	A	
10	김지애	보건복지부	30	45	30	55	70	39.3	F	
11	김진섭	가평장학관	65	80	32	100	60	65.9	D	
12	김한수	근로복지공단	50	100	62	85	30	73.2	C	
13	김형아	경기도일자리재단	45	95	95	100	90	80.0	B	
14	남혁주	한국장학재단	98	85	85	65	40	85.7	B	
15	노승민	청년희망재단	45	85	85	60	100	72.5	C	
16	박정인	경기도민회장학회	50	80	91	100	80	74.2	C	
17	이주은	과천시청	100	35	85	95	90	70.3	C	
18	박진룡	경기복지재단	100	100	62	95	95	91.9	A	
19	박진용	대한사회복지회	100	50	100	84	100	79.2	C	
20	박진한	군포시청	100	95	95	80	98	95.9	A	
21	서정훈	한국관광공사	70	50	14	80	80	51.8	F	
22	송수희	한국환경산업기술원	95	50	30	40	90	61.0	D	
23	안종혁	한국장애인고용공단	100	88	100	95	65	93.2	A	
24	양예슬	한국직업능력개발원	35	45	90	95	95	56.0	F	
25	엄태성	여성가족부	80	95	41	85	95	79.2	C	
26	오승희	행정안전부	80	60	60	20	100	66.0	D	
27	오정남	국가보훈처	90	85	85	70	60	84.5	B	
28	오태원	차세대융합기술연구원	96	85	90	100	72	89.4	B	
29	이상이	경기도 버스정책과	65	60	80	44	40	63.7	D	

사용한 함수

- ROUND 54쪽
- VLOOKUP 61쪽
- MAX 49쪽
- MIN 51쪽
- MATCH 48쪽
- INDEX 44쪽

총점 구하기

출석(30%), 과제(40%), 시험(20%), 태도(5%), 참여도(5%)의 비율로 총점을 구합니다.

01. 총점을 구하기 위해 [성적자료] 워크시트에서 [I7] 셀을 선택하고 =(D7*0.3)+(E7*0.4)+(F7*0.2)+(G7*0.05)+(H7*0.05)를 입력합니다.

02. [I7] 셀을 선택한 후 셀의 오른쪽 아래에 마우스 포인터를 맞추고 채우기 핸들을 더블클릭해 [H] 열에 수식을 복사합니다.

03. 앞서 구한 결괏값을 소수점 아래 첫째 자리까지 반올림하기 위해 [I7] 셀을 선택하고 **=ROUND((D7*0.3)+(E7* 0.4)+(F7*0.2)+(G7*0.05)+(H7*0.05),1)**를 입력합니다.

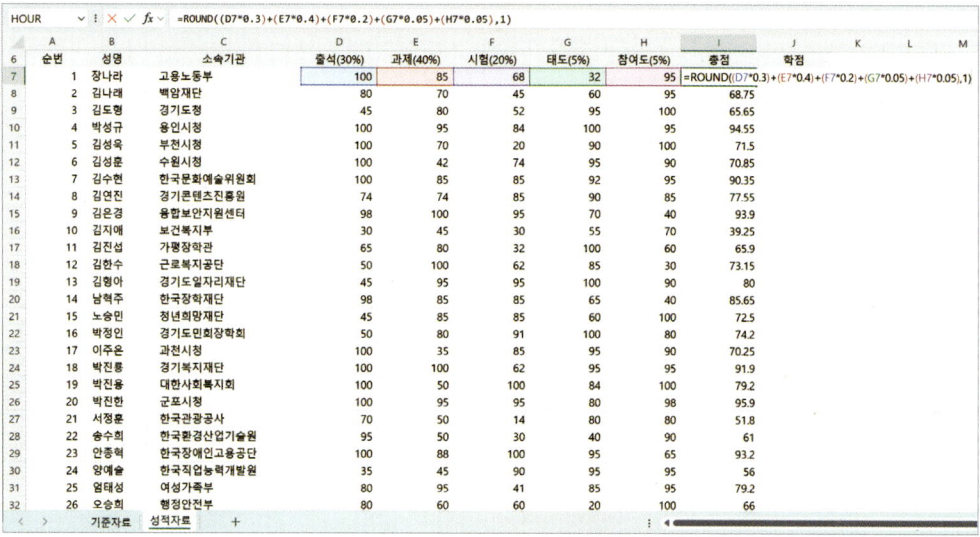

수식 풀이

=ROUND((D7*0.3)+(E7*0.4)+(F7*0.2)+(G7*0.05)+(H7*0.05),1)
=ROUND(83.95,1)
총점 값을 소수점 아래 첫째 자리까지 반올림한 결괏값을 구합니다.
=> 84

04. [I7] 셀을 선택한 후 셀의 오른쪽 아래에 마우스 포인터를 맞추고 채우기 핸들을 더블클릭해 [I] 열에 수식을 복사합니다.

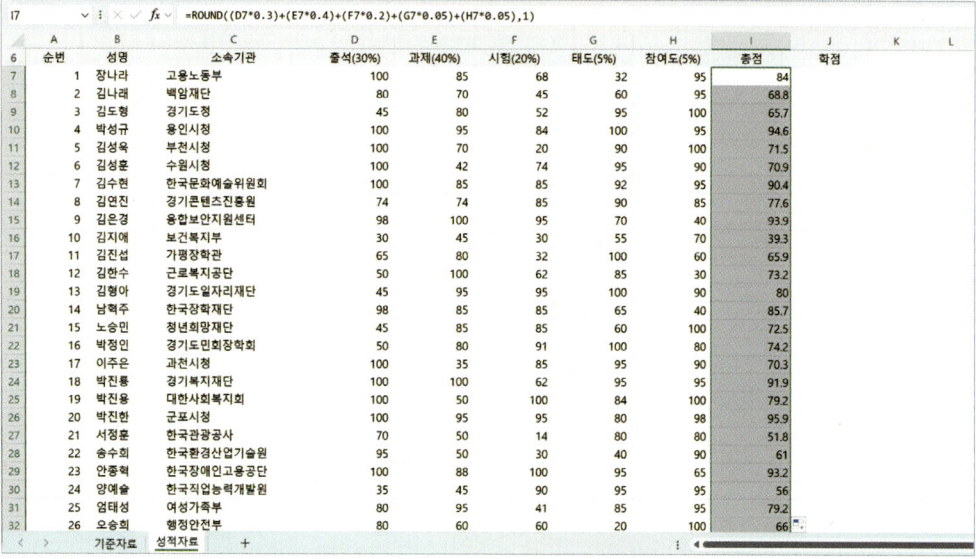

05. 소수점 아래 첫째 자리까지 표시하기 위해 [I7:I56] 범위가 선택된 상태에서 마우스 오른쪽 버튼을 클릭한 후 단축 메뉴에서 [셀 서식]을 클릭합니다.

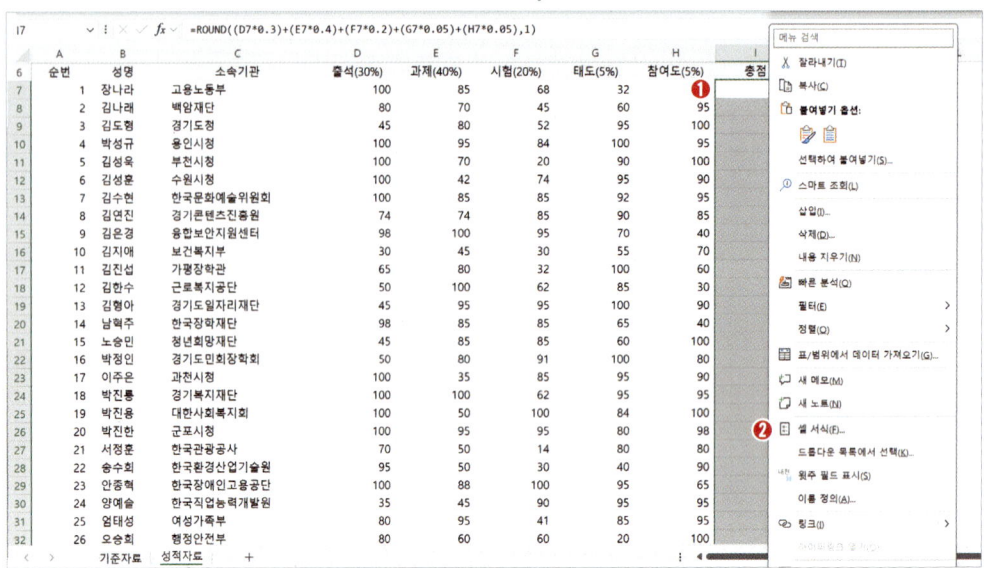

06. [셀 서식] 대화상자가 열리면 [표시 형식] 탭의 '범주'란에서 [숫자]를 선택하고 '소수 자릿수'란에 1을 입력합니다. 그리고 [1000 단위 구분 기호(,) 사용]을 체크한 후 [확인]을 클릭합니다.

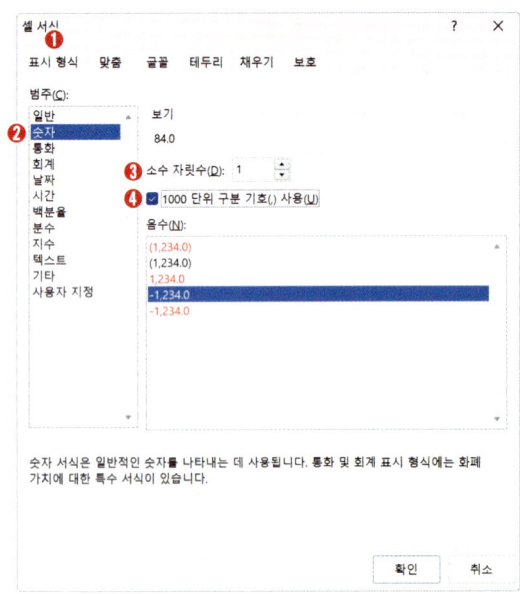

학점 구하기

총점에 따라 구간별 학점 A, B, C, D, F를 구합니다.

01. 이름 정의를 먼저하기 위해 [기준자료] 워크시트에서 [A1:C6] 범위를 선택하고 이름 상자에 **학점표**를 입력한 다음 〈Enter〉키를 누릅니다.

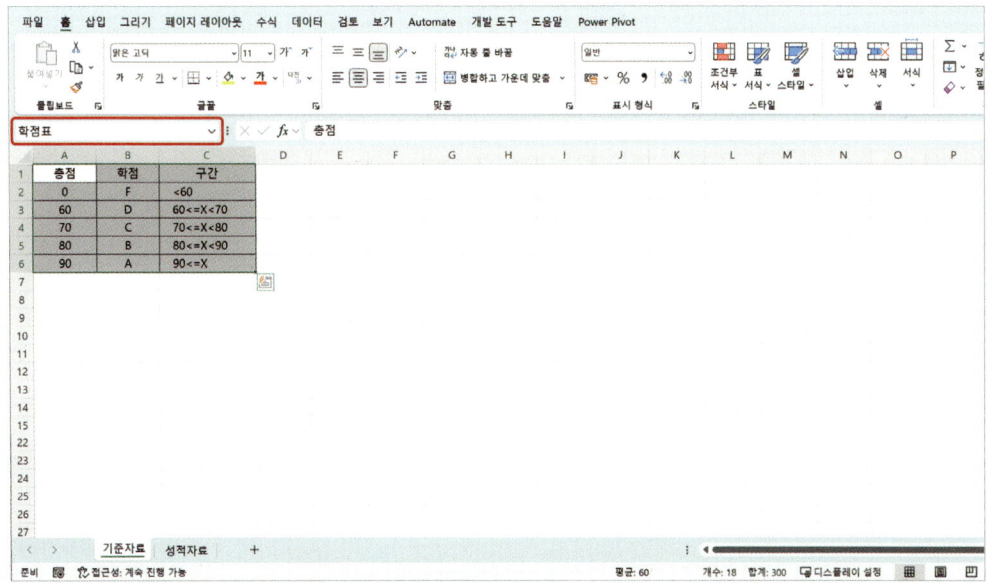

02. [성적자료] 워크시트에서 [J7] 셀을 선택하고 **=VLOOKUP(I7,학점표,2,TRUE)**를 입력합니다.

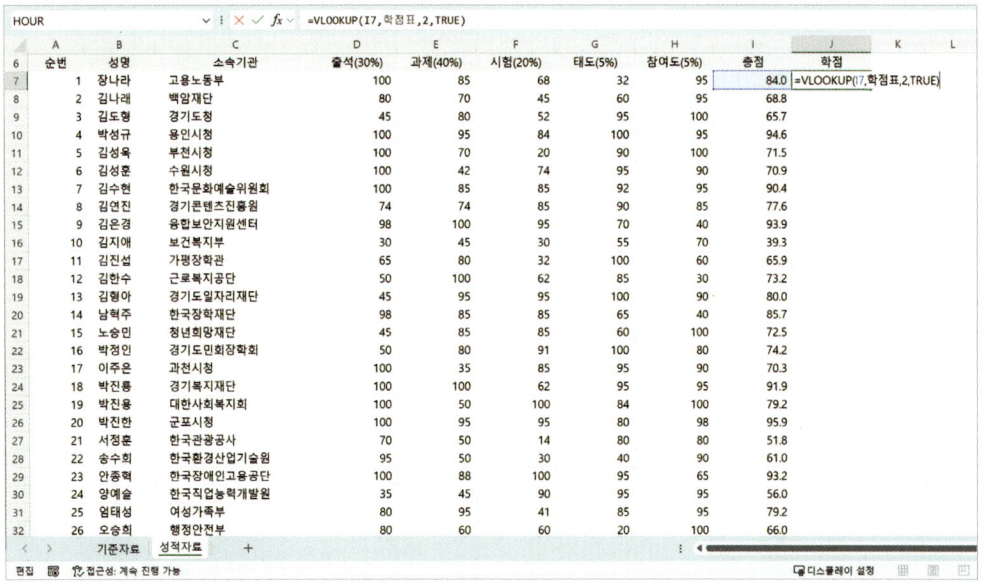

CHAPTER 11 _ 평가 자료 입력하기   203

🔍 **수식 풀이**

=VLOOKUP(I7,학점표,2,TRUE)

'학점표'범위	총점	2 학점	3 구간
	0	F	<60
	60	D	60<=X<70
	70	C	70<=X<80
	80	B	80<=X<90
	90	A	90<=X

=VLOOKUP(84,학점표,2,TRUE)

84를 '학점표' 범위의 1열에서 찾아 같은 행의 2열 값인 학점이 입력됩니다. 마지막 TRUE는 84를 '할인자료' 범위에서 찾을 때 84보다 작거나 같은 값 중에서 최댓값을 찾으라는 옵션입니다.
=> "B"

03. [J7] 셀을 선택한 후 셀의 오른쪽 아래에 마우스 포인터를 맞추고 채우기 핸들을 더블클릭해 [J] 열에 수식을 복사합니다.

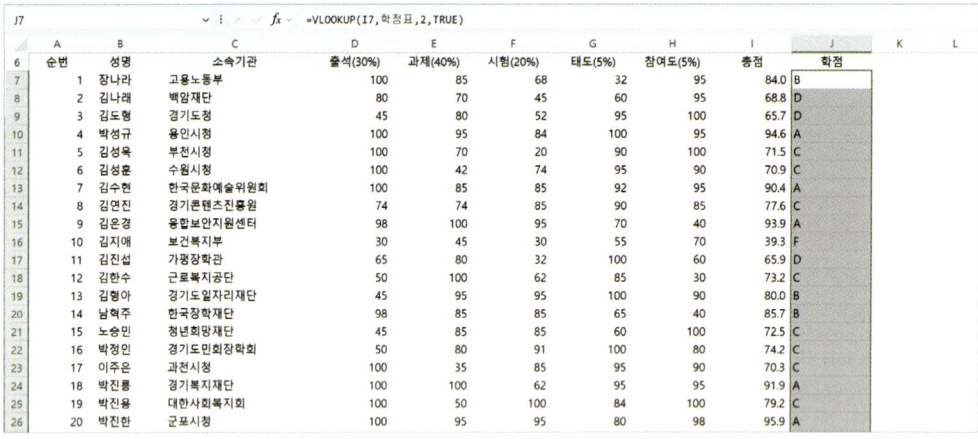

04. 가운데 정렬을 하기 위해 [J7:J56] 범위가 선택된 상태에서 [홈 → 맞춤] 그룹에서 [가운데 정렬]을 클릭합니다.

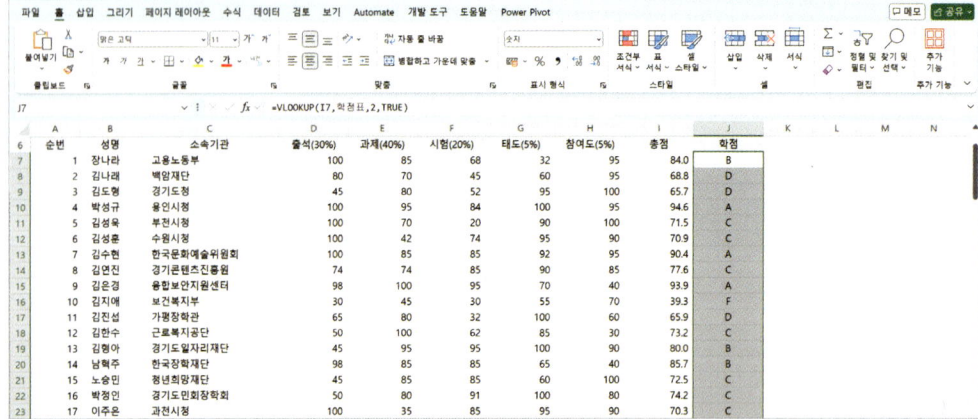

1등 구하기

총점을 기준으로 1등인 사람의 소속 기관과 성명을 구합니다.

01. 소속 기관을 구하기 위해 먼저 총점의 최댓값 위치를 구합니다. [성적자료] 워크시트에서 [C3] 셀을 선택하고 **=MATCH(MAX(I7:I56),I7:I56,0)**를 입력합니다.

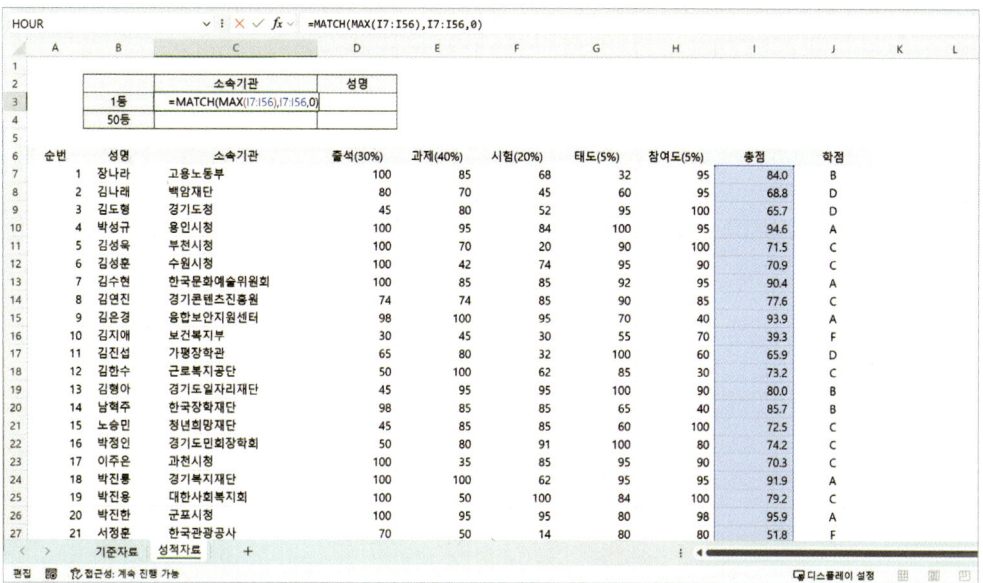

수식 풀이

```
=MATCH(MAX(I7:I56),I7:I56,0)
MAX(I7:I56)
=> 99.2


MATCH(99.2,I7:I56,0)
99.2를 [I7:I56] 범위에서 찾아 그 위치를 숫자로 반환합니다.
=> 48
```

02. 위치 값을 구했으면 [C3] 셀을 선택하고 다시 **=INDEX(C7:C56,MATCH(MAX(I7:I56),I7:I56,0),1)**를 입력합니다.

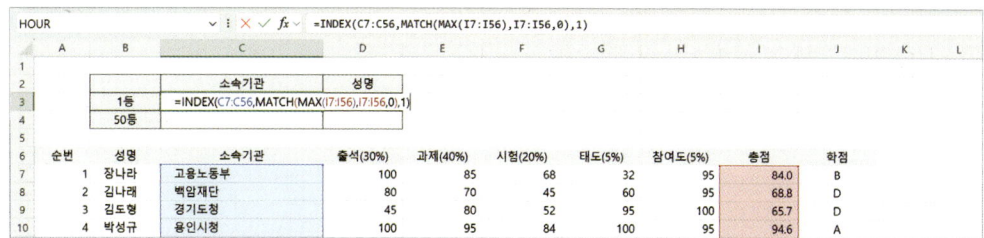

수식 풀이

=INDEX(C7:C56,MATCH(MAX(I7:I56),I7:I56,0),1)

=INDEX(C7:C56,48,1)

[C7:C56] 범위의 48행 1열의 값을 입력합니다.

=> "국토교통부"

03. 성명을 구하기 위해 [D3] 셀을 선택하고 =INDEX(B7:B56,MATCH(MAX(I7:I56),I7:I56,0),1)를 입력합니다.

수식 풀이

=INDEX(B7:B56,MATCH(MAX(I7:I56),I7:I56,0),1)

=MATCH(MAX(I7:I56),I7:I56,0)
MAX(I7:I56)
=> 99.2

MATCH(99.2,I7:I56,0)
99.2를 [I7:I56] 범위에서 찾아 그 위치를 숫자로 반환합니다.
=> 48

=INDEX(B7:B56,48,1)
[B7:B56] 범위의 48행 1열의 값을 입력합니다.
=> "이병택"

50등 구하기

총점을 기준으로 50등인 사람의 소속 기관과 성명을 구합니다.

01. 소속 기관을 구하기 위해 먼저 총점의 최솟값 위치를 구합니다. [성적자료] 워크시트에서 [C4] 셀을 선택하고 **=MATCH(MIN(I7:I56),I7:I56,0)**를 입력합니다.

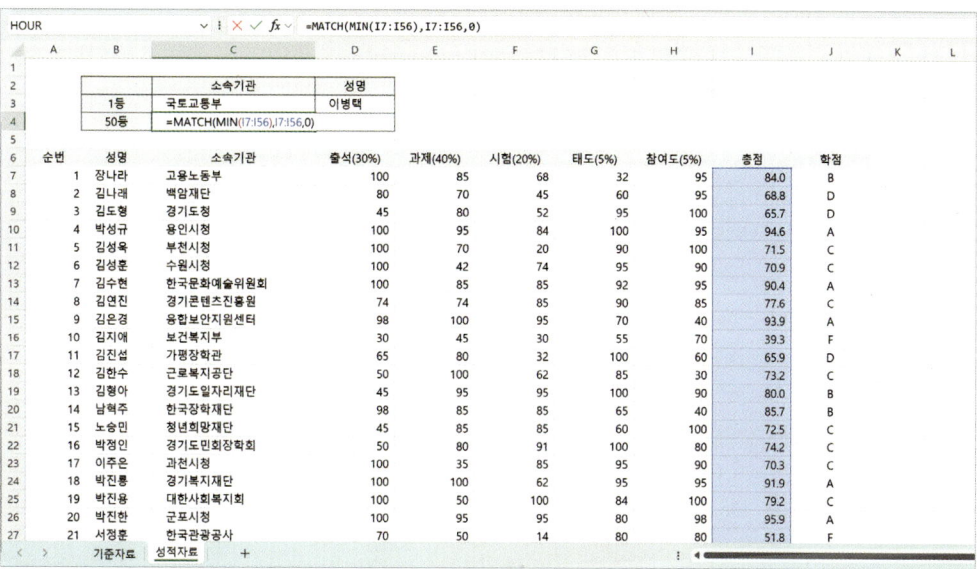

수식 풀이

```
=MATCH(MIN(I7:I56),I7:I56,0)
MIN(I7:I56)
=> 33.1

MATCH(33.1,I7:I56,0)
33.1을 [I7:I56] 범위에서 찾아 그 위치를 숫자로 반환합니다.
=> 32
```

02. 위치 값을 구했으면 [C4] 셀을 선택하고 **=INDEX(C7:C56,MATCH(MIN(I7:I56),I7:I56,0),1)**을 입력합니다.

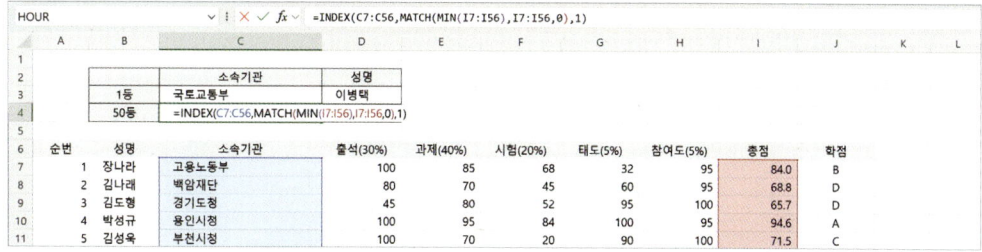

🔍 수식 풀이

```
=INDEX(C7:C56,MATCH(MIN(I7:I56),I7:I56,0),1)
```
[C7:C56] 범위의 32행 1열의 값을 입력합니다.

03. 성명을 구하기 위해 [D4] 셀을 선택하고 `=INDEX(B7:B56,MATCH(MIN(I7:I56),I7:I56,0),1)`을 입력합니다.

	A	B	C	D	E	F	G	H	I	J	K	L
1												
2			소속기관	성명								
3		1등	국토교통부	이병택								
4		50등	대한법률구조공단	=INDEX(B7:B56,MATCH(MIN(I7:I56),I7:I56,0),1)								
5												
6	순번	성명	소속기관	출석(30%)	과제(40%)	시험(20%)	태도(5%)	참여도(5%)	총점	학점		
7	1	장나라	고용노동부	100	85	68	32	95	84.0	B		
8	2	김나래	백암재단	80	70	45	60	95	68.8	D		
9	3	김도형	경기도청	45	80	52	95	100	65.7	D		
10	4	박성규	용인시청	100	95	84	100	95	94.6	A		

🔍 수식 풀이

```
=INDEX(B7:B56,MATCH(MIN(I7:I56),I7:I56,0),1)
```

```
=MATCH(MIN(I7:I56),I7:I56,0)
```
MIN(I7:I56)
33.1을 [I7:I56] 범위에서 찾아 그 위치를 숫자로 반환합니다.
=> 33.1

MATCH(33.1,I7:I56,0)
=> 32

```
=INDEX(B7:B56,32,1)
```
[B7:B56] 범위의 32행 1열의 값을 입력합니다.
=> "이현호"

챗GPT로 한 걸음 더

추가로 처리하고 싶은 작업에 대해 챗GPT에게 질문하고 받은 응답으로 진행해 보겠습니다.

> ⓘ 챗GPT의 답변은 사용자별로 동일하지 않을 수 있습니다.
> 세부적인 사항은 사용자가 수정할 수 있습니다.
> 종종 틀린 답변을 할 때가 있습니다.

01. 앞서 언급했듯이 차트는 엑셀에서 데이터가 아닌 그리기 레이어에 속하기 때문에 셀에 들어가지 않습니다. 그렇다면 셀에 시각화를 위한 차트를 입력할 수 없는지 챗GPT에게 물어보겠습니다. 채팅 창에 다음과 같이 프롬프트를 입력합니다.

 엑셀의 셀에 차트 같은 것을 입력하려는데, 그 기능이 무엇인지 알려줘.

 해당 기능은 '스파크라인(Sparkline)'입니다. 스파크라인은 셀 내에 작은 차트를 표시하여 데이터의 경향을 시각적으로 표현하는 데 사용됩니다. 이 기능은 주로 데이터 분석 및 시각화에 유용합니다.

스파크라인을 추가하는 방법은 다음과 같습니다.

1. 데이터 선택: 스파크라인을 표시할 데이터 범위를 선택합니다.

2. 스파크라인 삽입:

• [삽입] 탭으로 이동합니다.

• [스파크라인] 그룹에서 선, 막대, 이익/손실 중 하나를 선택합니다.

3. 스파크라인 위치 지정:

• 스파크라인을 표시할 셀 또는 셀 범위를 지정합니다.

4. [확인]을 클릭하여 스파크라인을 삽입합니다.

스파크라인을 통해 각 셀에 작은 차트를 삽입하여 데이터의 트렌드를 한눈에 파악할 수 있습니다.

02. 이 방법을 그대로 실행하겠습니다. 먼저 차트가 충분히 표시되도록 열 너비를 조정합니다. [성적자료] 워크시트에서 스파크라인을 표시할 [K] 열을 선택한 후 마우스 오른쪽 버튼을 클릭해 단축 메뉴에서 [열 너비]를 클릭합니다.

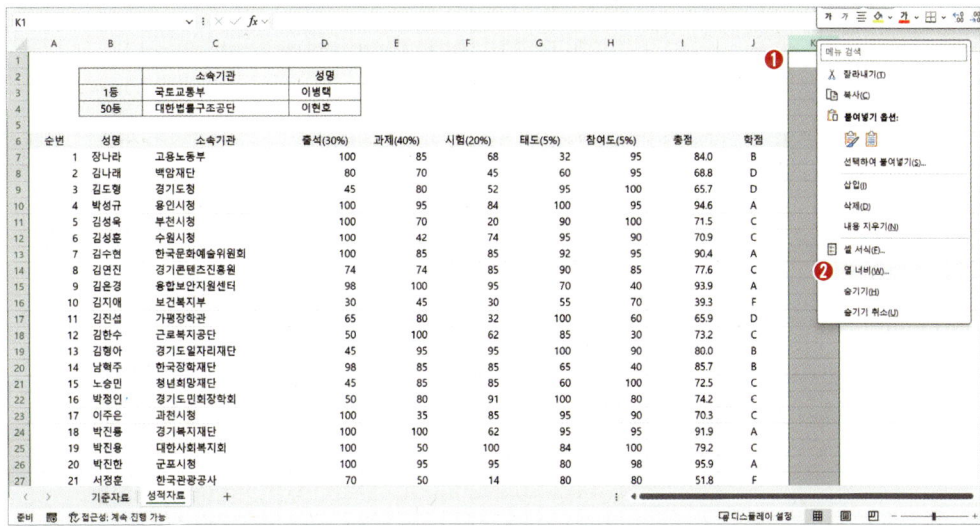

03. [열 너비] 대화상자가 열리면 '열 너비'란에 15를 입력하고 [확인]을 클릭합니다.

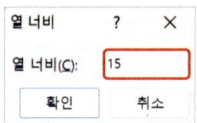

04. [K6] 셀을 선택하고 스파크라인을 입력합니다.

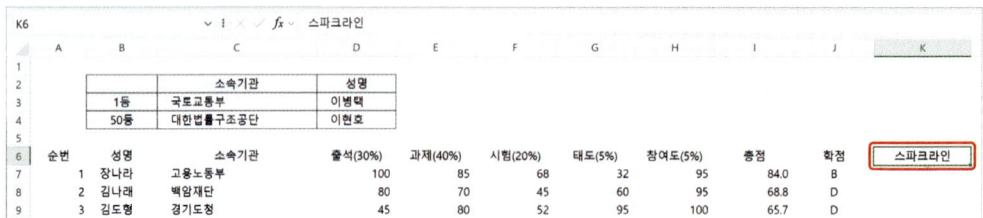

05. [K7:K56] 범위를 선택한 후 [삽입 → 스파크라인] 그룹에서 [열(　)]을 클릭합니다.

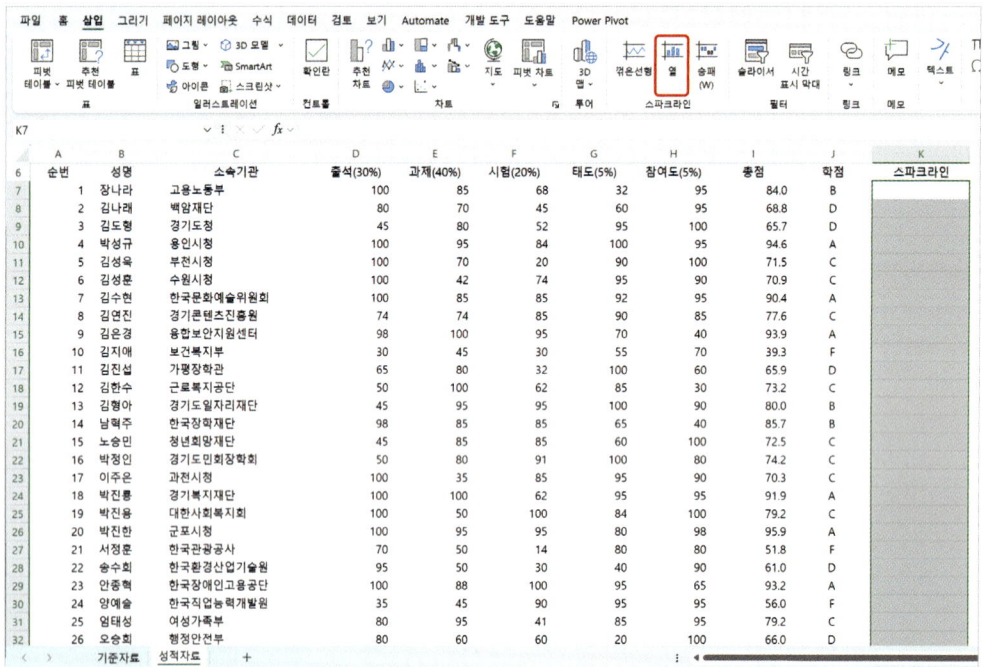

06. [스파크라인 만들기] 대화상자가 열리면 '원하는 데이터 선택'란의 입력창을 클릭한 다음 [D7] 셀부터 [H56] 셀까지 드래그해 범위를 지정하고 [확인]을 클릭합니다.

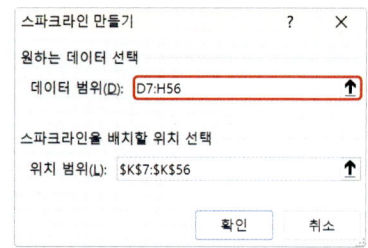

07. 셀 안에 작은 막대그래프가 표시된 것을 확인할 수 있습니다. 각 막대는 [D] 열부터 [J] 열까지 각 필드의 점수를 나타냅니다.

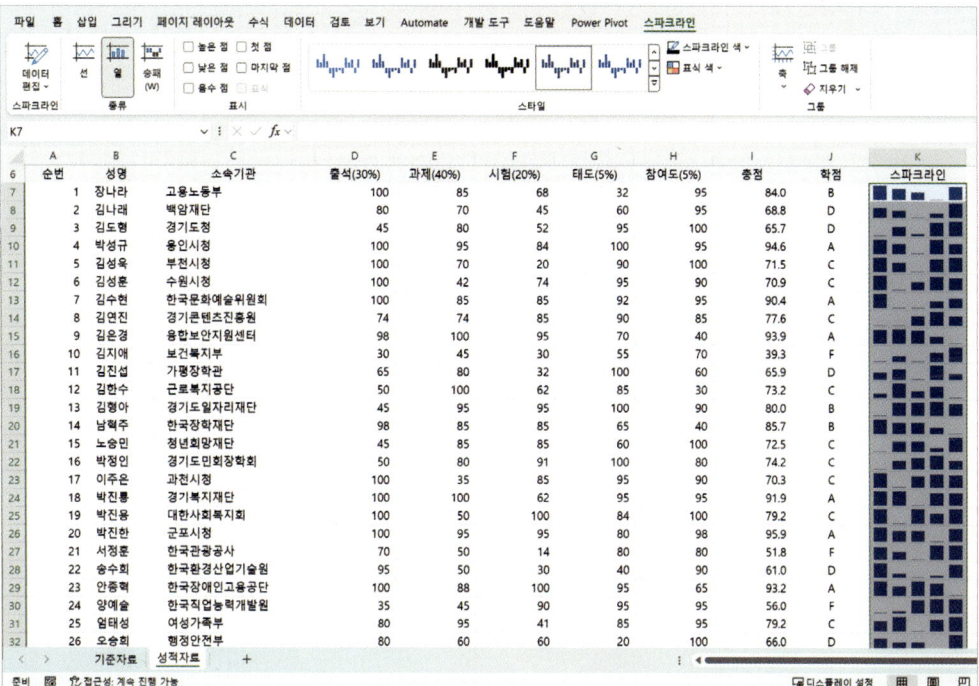

CHAPTER 12

아르바이트 급여 구하기

예제 파일명: 12_아르바이트급여.xlsx

아르바이트 급여를 계산하기 위해서는 먼저 행별로 근무 시간을 구합니다. 그리고 성명별로 총 근무 시간의 합계를 구한 후 급여를 계산합니다.

미리 보기 | 완성 파일명: 12_아르바이트급여_결과.xlsx

성명	날짜	출근시간	퇴근시간	근무시간	조정근무시간
이진주	10월 1일	9:00	18:00	8:00	8:00
김수현	10월 1일	9:30	21:30	11:00	11:00
정우진	10월 1일	8:30	17:00	7:30	8:00
최우식	10월 1일	9:00	18:00	8:00	8:00
박현수	10월 1일	8:30	20:00	10:30	11:00
이진주	10월 2일	9:00	18:00	8:00	8:00
정우진	10월 2일	9:00	22:00	12:00	12:00
최우식	10월 2일	10:00	17:00	6:00	6:00
박현수	10월 2일	9:30	18:00	7:30	8:00
이진주	10월 3일	8:00	18:00	9:00	9:00
김수현	10월 3일	9:30	21:30	11:00	11:00
이진주	10월 4일	8:30	18:00	8:30	9:00
김수현	10월 4일	8:30	17:00	7:30	8:00
정우진	10월 4일	8:00	22:00	13:00	13:00
최우식	10월 4일	8:00	17:00	8:00	8:00
박현수	10월 4일	9:30	18:00	7:30	8:00
이진주	10월 5일	8:30	18:00	8:30	9:00
김수현	10월 5일	9:00	21:30	11:30	12:00
정우진	10월 5일	10:00	17:00	6:00	6:00
최우식	10월 5일	8:30	18:00	8:30	9:00
박현수	10월 5일	9:00	20:00	10:00	10:00
최우식	10월 6일	9:30	17:00	6:30	7:00

➜ 다음 페이지 그림과 연결

박현수	10월 6일	8:30	18:00	8:30	9:00
김수현	10월 7일	8:30	18:00	8:30	9:00
정우진	10월 7일	9:00	21:30	11:30	12:00
최우식	10월 7일	10:00	17:00	6:00	6:00
박현수	10월 7일	8:30	18:00	8:30	9:00
이진주	10월 8일	9:00	20:00	10:00	10:00
김수현	10월 8일	10:00	18:00	7:00	7:00
정우진	10월 8일	9:30	17:00	6:30	7:00
최우식	10월 8일	8:30	22:00	12:30	13:00
박현수	10월 8일	9:30	17:00	6:30	7:00
정우진	10월 9일	9:00	21:30	11:30	12:00

		시급
		12,000
성명	총근무시간	급여
이진주	234:00	2,808,000
김수현	227:00	2,724,000
정우진	240:00	2,880,000
최우식	261:00	3,132,000
박현수	230:00	2,760,000

사용한 함수

- TIME 60쪽
- SUMIF 58쪽
- IF 43쪽
- MINUTE 51쪽

근무 시간 구하기

행별로 근무 시간을 계산하면서 점심 시간 1시간은 제외합니다.

01. 근무 시간을 구하기 위해 [근태기록] 워크시트에서 [E2] 셀을 선택하고 **=D2-C2-TIME(1,0,0)**를 입력합니다.

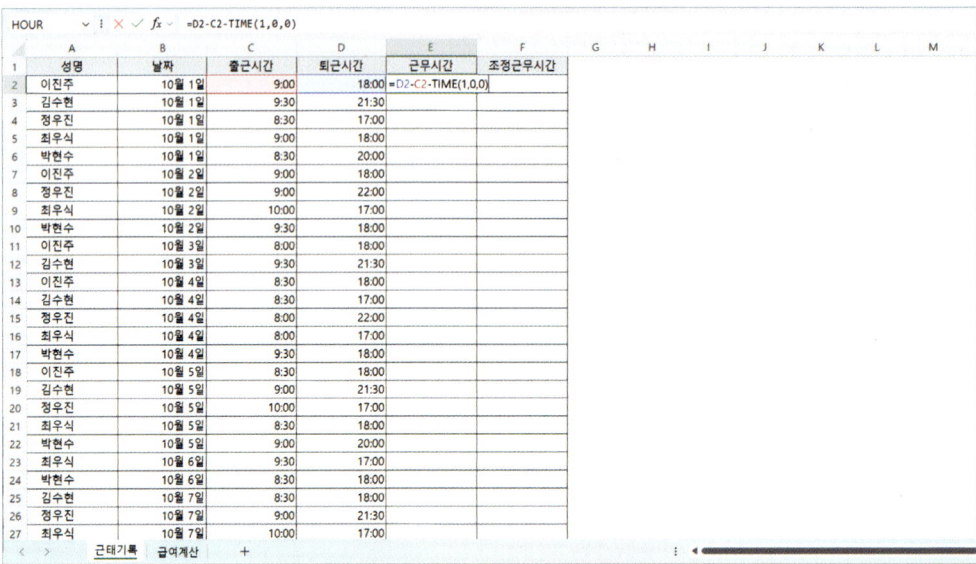

수식 풀이

```
=D2-C2-TIME(1,0,0)
근무 시간 = 퇴근 시간 – 출근 시간 – 점심 시간 1시간
TIME(1,0,0)은 1시간을 의미합니다.
```

02. [E2] 셀을 선택한 후 셀의 오른쪽 아래에 마우스 포인터를 맞추고 채우기 핸들을 더블클릭해 [E] 열에 수식을 복사합니다.

03. 시간 데이터가 소수점으로 표기되었다면 [E2:E132] 범위가 선택된 상태에서 마우스 오른쪽 버튼을 클릭한 후 단축 메뉴에서 [셀 서식]을 클릭합니다.

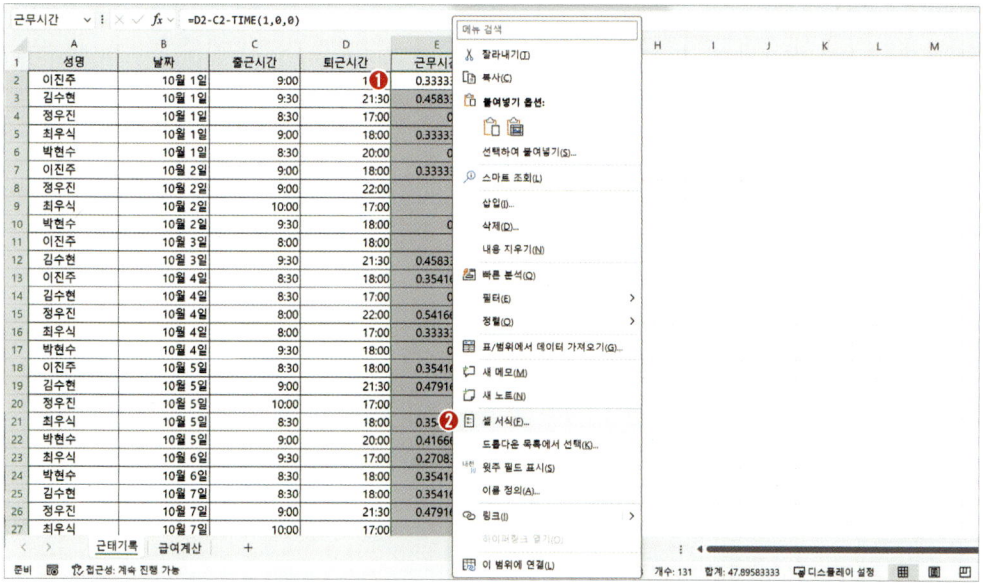

04. [셀 서식] 대화상자가 열리면 [표시 형식] 탭의 '범주'란에서 [시간]을 선택하고 '형식'란에서 [13:30]을 선택한 후에 [확인]을 클릭합니다.

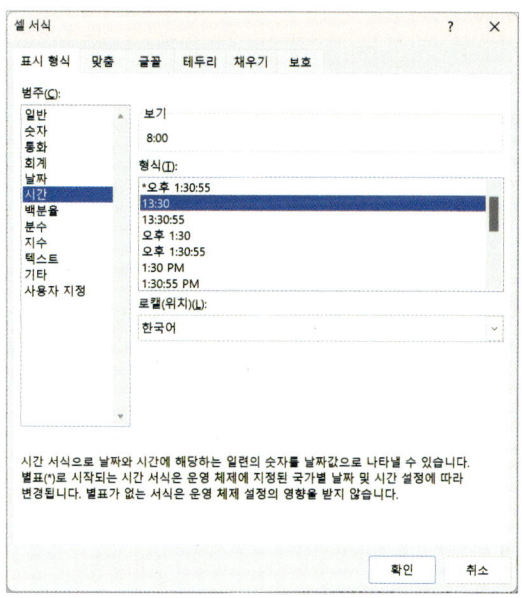

조정 근무 시간 구하기

근무 시간에서 분 값이 0이 아니면 근무 시간에 1시간을 더하고 분 값은 0으로 근무 시간을 조정합니다.

01. 근무 시간을 구하기 위해 [근태기록] 워크시트에서 [F2] 셀을 선택하고 **=IF(MINUTE(E2)<>0,E2+TIME(1,0,0)-TIME(0,MINUTE(E2),0),E2)**를 입력합니다.

수식 풀이

```
=IF(MINUTE(E2)<>0,E2+TIME(1,0,0)-TIME(0,MINUTE(E2),0),E2)
```
근무 시간에서 분(minute)이 <> 0,
TRUE => 근무 시간 + 1시간 - 남는 분
FALSE => 근무 시간

```
=IF(MINUTE(E2)<>0,E2+TIME(1,0,0)-TIME(0,MINUTE(E2),0),E2)
```
조건식: [E2] 셀의 값의 분이 0과 같지 않으면,
TRUE: E2+TIME(1,0,0) 근무 시간에 1시간을 더한 후 -TIME(0,MINUTE(E2),0) [E2] 셀의 분을 빼고
FALSE: [E2] 셀 값을 입력합니다.

02. [F2] 셀을 선택한 후 셀의 오른쪽 아래에 마우스 포인터를 맞추고 채우기 핸들을 더블클릭해 [F] 열에 수식을 복사합니다.

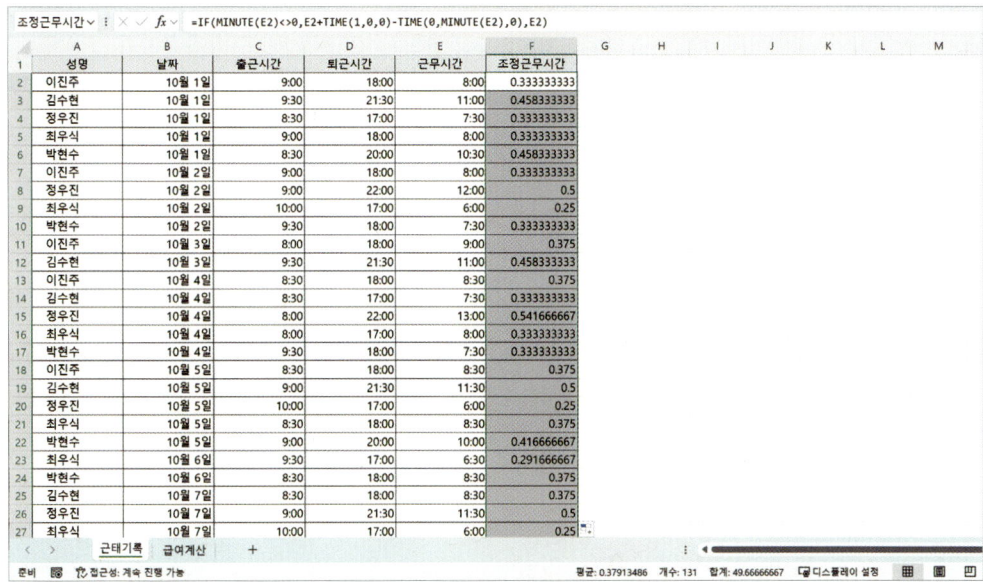

03. 시간 데이터가 소수점으로 표기되었으므로 [F2:F132] 범위가 선택된 상태에서 마우스 오른쪽 버튼을 클릭한 후 단축 메뉴에서 [셀 서식]을 클릭합니다.

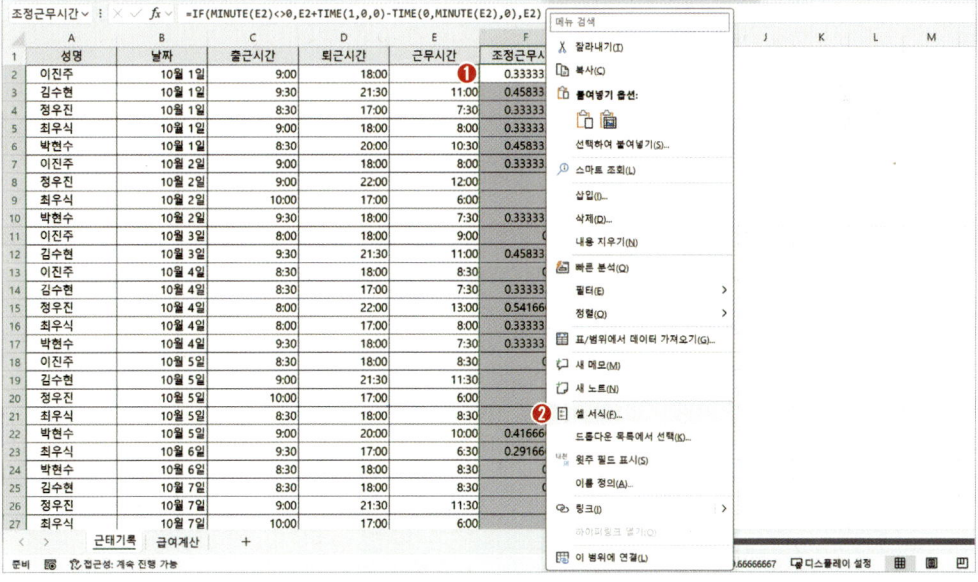

04. [셀 서식] 대화상자가 열리면 [표시 형식] 탭의 '범주'란에서 [시간]을 선택하고 '형식'란에서 [13:30]을 체크한 후에 [확인]을 클릭합니다.

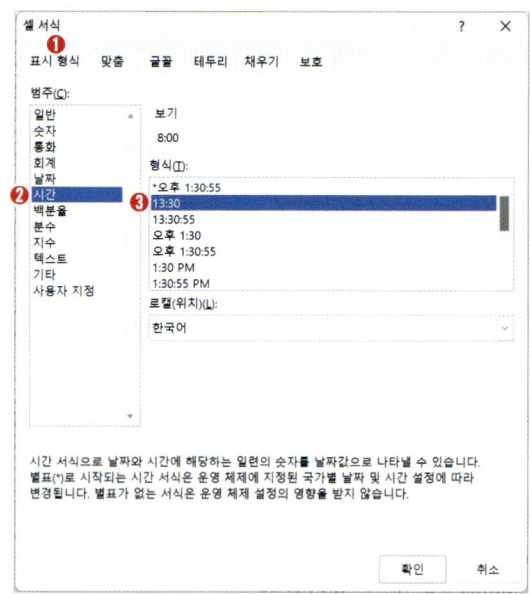

선택 영역 이름 정의하기

급여 계산을 유용하게 하기 위해 먼저 이름 정의를 합니다.

01. [근태기록] 워크시트에서 [A1] 셀을 선택하고 키보드의 〈Ctrl〉 + 〈*〉, 또는 〈Ctrl〉 + 〈Shift〉 + 〈8〉을 눌러서 데이터 범위를 선택합니다. [수식 → 정의된 이름] 그룹에서 [선택 영역에서 만들기]를 클릭합니다.

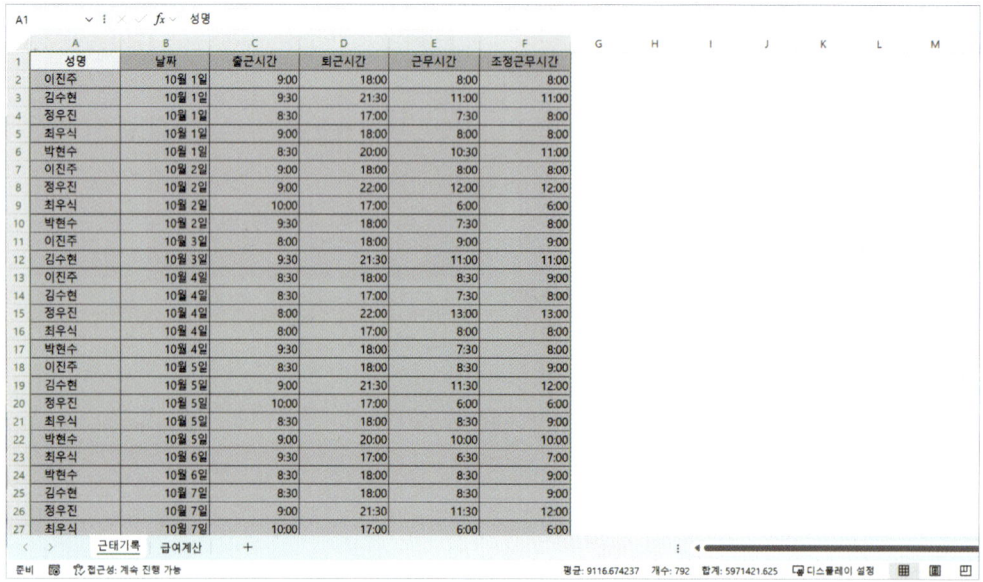

02. [선택 영역에서 만들기] 대화상자가 열리면 [첫 행]이 체크된 상태에서 [확인]을 클릭합니다.

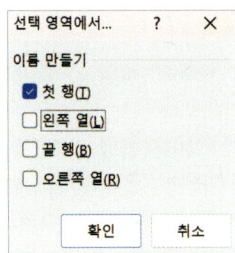

총 근무 시간 구하기

급여 계산을 하기 위해 먼저 총 근무 시간을 구합니다.

01. [급여계산] 워크시트에서 [B5:B9] 범위를 선택하고 **=SUMIF(성명,A5,조정근무시간)**을 입력한 후에 〈Ctrl〉 + 〈Enter〉키를 누릅니다.

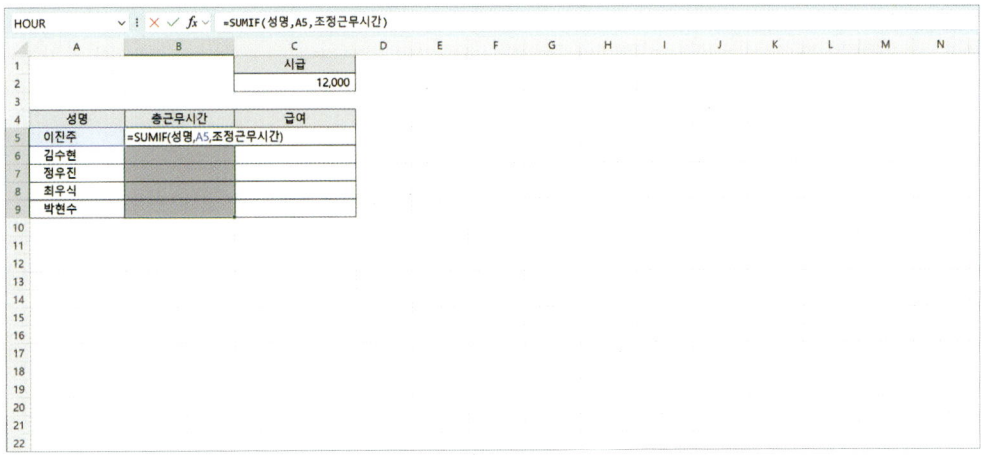

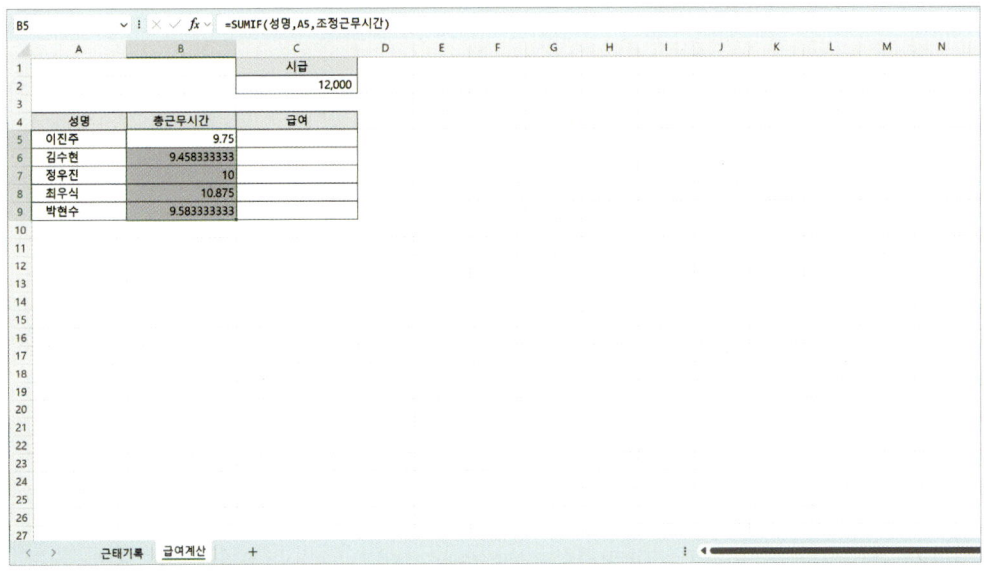

🔍 수식 풀이

=SUMIF(성명,A5,조정근무시간)

=SUMIF(성명,"이진주",조정근무시간)
'성명' 범위 안에 "이진주"에 해당하는 '조정근무시간'의 합계를 구합니다.

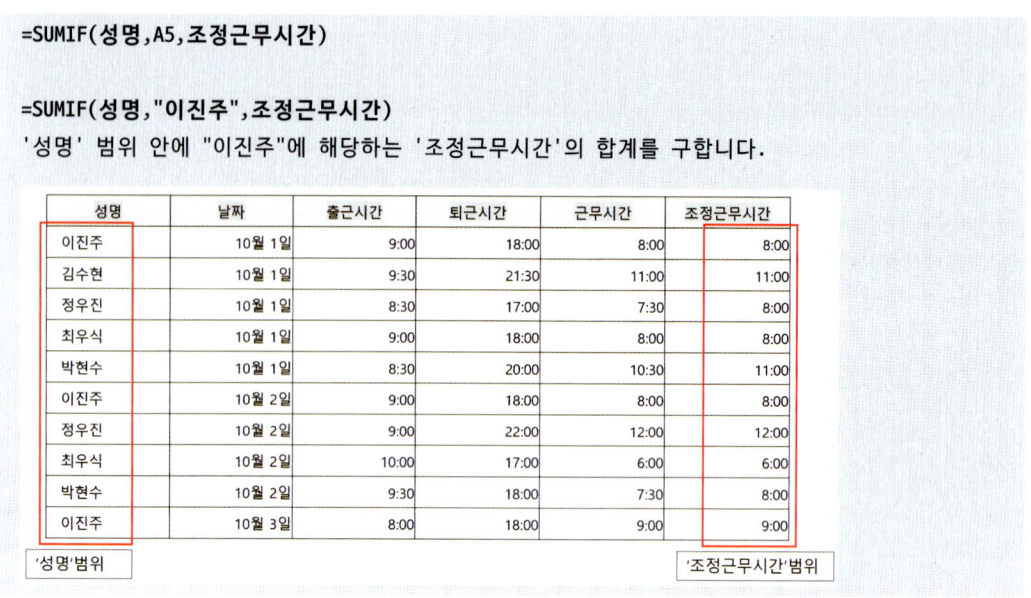

02. 시간 데이터가 소수점으로 표기되었으므로 [B5:B9] 범위가 선택된 상태에서 마우스 오른쪽 버튼을 클릭한 후 단축 메뉴에서 [셀 서식]을 클릭합니다.

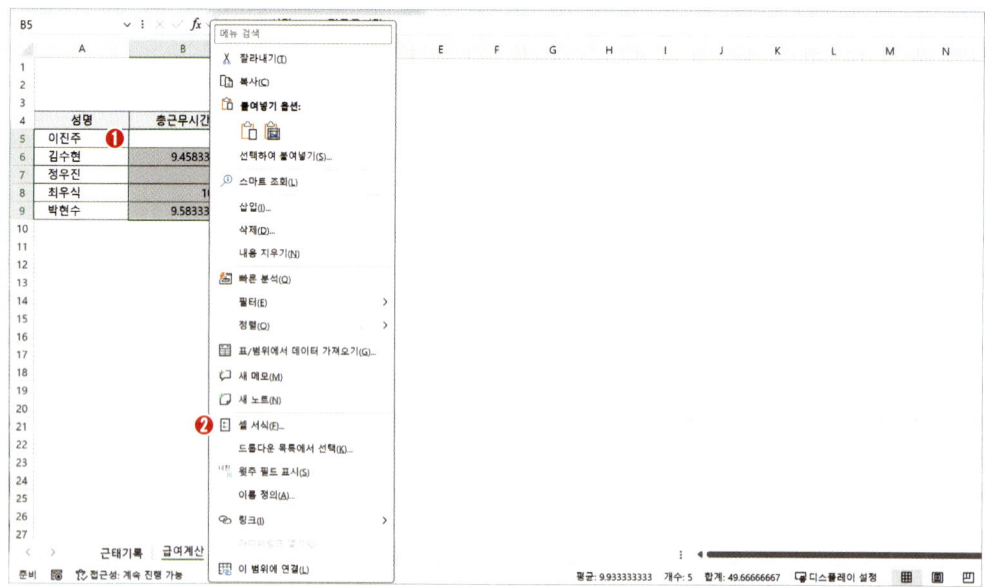

03. [셀 서식] 대화상자가 열리면 [표시 형식] 탭의 '범주'란에서 [사용자 지정]을 선택하고 '형식'란에 **[h]:mm**을 입력한 후에 [확인]을 클릭합니다.

▶ [h]:mm에 대한 자세한 내용은 '챗GPT로 한 걸음 더'에서 확인할 수 있습니다.

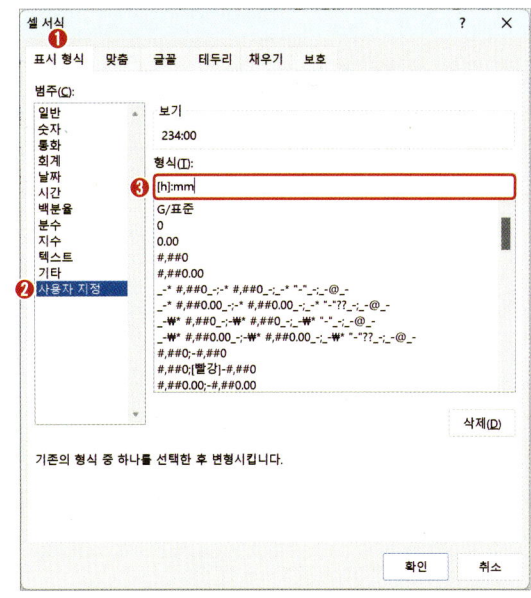

급여 구하기

총 근무 시간을 이용하여 급여를 계산합니다.

01. [급여계산] 워크시트에서 [C5:C9] 범위를 선택하고 =(DAY(B5)*24+HOUR(B5))*$C$2을 입력한 후에 〈Ctrl〉 + 〈Enter〉키를 누릅니다.

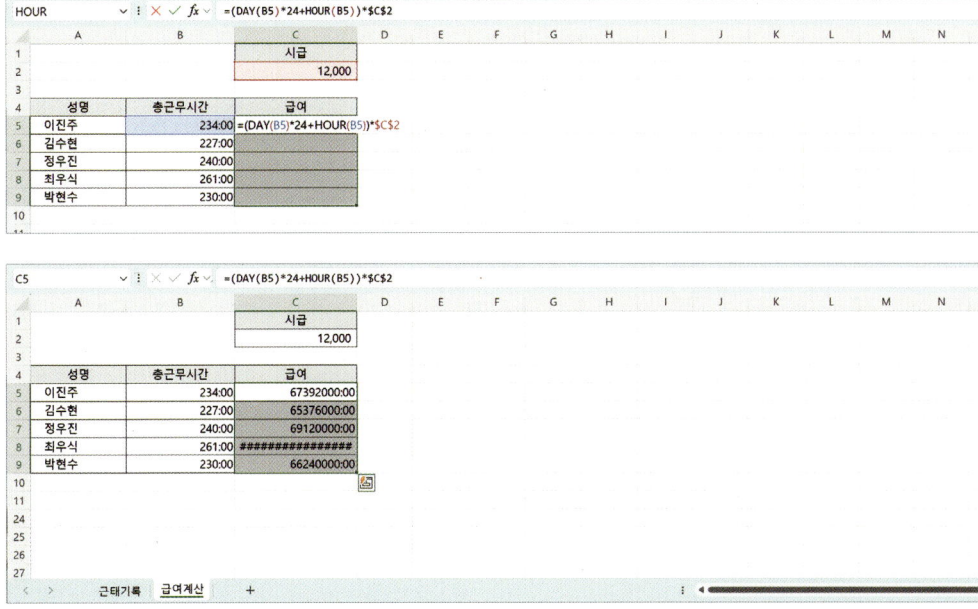

CHAPTER 12_아르바이트 급여 구하기

🔍 **수식 풀이**

=(DAY(B5)*24+HOUR(B5))*$C$2
급여 = (일수*24+시간)*12000

DAY로 일수를 구한 후에 곱하기(*)24를 해서 시간으로 변경합니다.
HOUR로 시간을 구합니다.

02. 급여 데이터가 시간으로 표기가 되었으므로 [C5:C9] 범위가 선택된 상태에서 마우스 오른쪽 버튼을 클릭한 후 단축 메뉴에서 [셀 서식]을 클릭합니다.

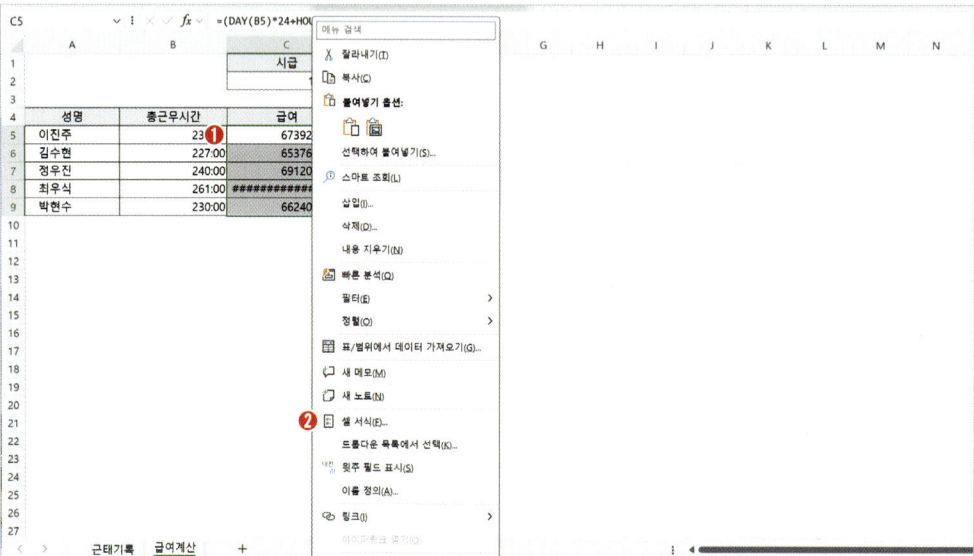

03. [셀 서식] 대화상자가 열리면 [표시 형식] 탭의 '범주'란에서 [숫자]를 선택하고 [1000 단위 구분 기호(,) 사용]을 체크한 후에 [확인]을 클릭합니다.

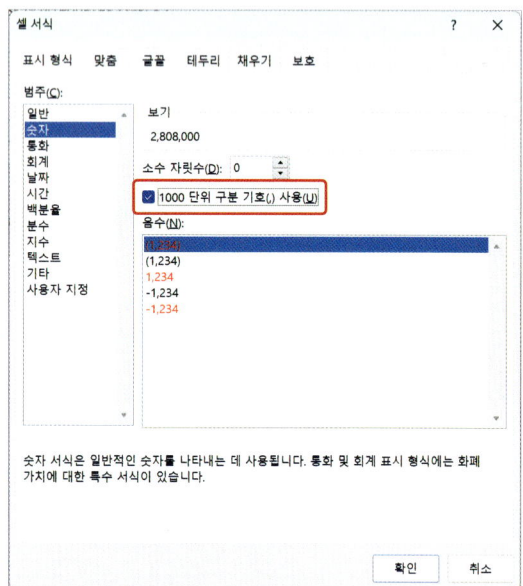

04. [C2] 셀의 시급과 총 근무 시간에 따라 급여가 자동 계산된 것을 확인할 수 있습니다.

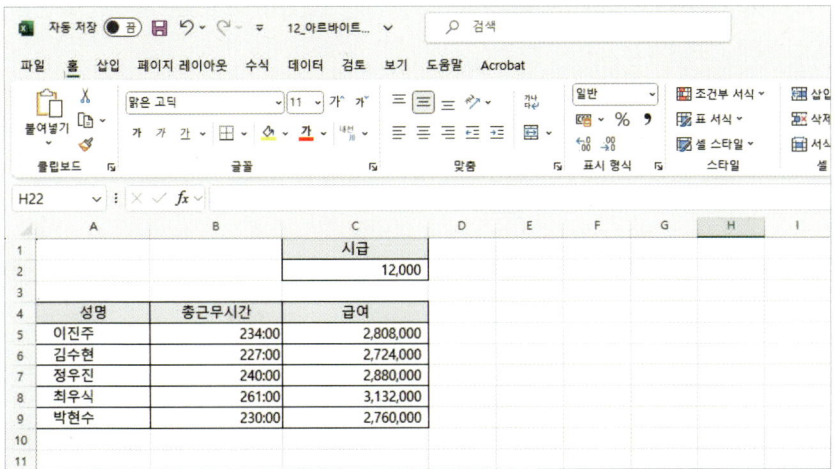

챗GPT로 한 걸음 더

추가로 처리하고 싶은 작업에 대해 챗GPT에게 질문하고 받은 응답으로 진행해 보겠습니다.

> ⚠️ 챗GPT의 답변은 사용자별로 동일하지 않을 수 있습니다.
> 세부적인 사항은 사용자가 수정할 수 있습니다.
> 종종 틀린 답변을 할 때가 있습니다.

01. 앞서 총 근무 시간을 구할 때 사용했던 표시 형식 중 [h]:mm에 대해 자세히 알아보겠습니다. 채팅 창에 다음과 같이 프롬프트를 입력합니다.

 엑셀 셀 서식의 표시 형식인 [h]:mm을 설명해 줘.

 엑셀에서 셀 서식의 표시 형식 중 [h]:mm은 시간을 표시하는 형식 중 하나입니다. 이 형식은 주로 누적 시간을 표시할 때 사용됩니다.

[h]:mm 표시 형식의 주요 특징:

1. 시간 누적 표시: [h]:mm 형식은 시간을 누적하여 표시합니다. 예를 들어, 24시간 이상의 시간을 표시할 때, 24시간 단위로 리셋되지 않고 계속 누적됩니다. 예를 들어, 30시간 45분은 30:45로 표시됩니다.
2. 분 단위 표시: 시간 뒤에 분을 표시합니다. [h]:mm에서 h는 시간을 의미하고 mm은 분을 의미합니다. 이 형식에서는 초는 표시되지 않습니다.

3. 대괄호 사용: 대괄호 [ ]는 시간을 누적하여 계산할 때 사용됩니다. 대괄호가 없으면 시간이 24시간마다 리셋됩니다. 예를 들어, [h]:mm 형식은 25시간을 25:00으로 표시하지만, h:mm 형식은 이를 1:00으로 표시합니다(25시간에서 24시간을 뺀 값).

사용 예시:
- 작업 시간 누적: 프로젝트 관리에서 여러 일에 걸친 작업 시간을 누적하여 표시할 때 유용합니다.
- 근무 시간 기록: 직원의 근무 시간을 누적하여 계산할 때 사용됩니다.

예시 데이터:
- 10시간 30분: 10:30
- 25시간 45분: [h]:mm 형식으로는 25:45로 표시됨
- 48시간: [h]:mm 형식으로는 48:00으로 표시됨

이와 같이 [h]:mm 형식은 시간을 누적하여 표시해야 하는 상황에서 매우 유용하게 사용될 수 있습니다.

즉, [h]:mm 형식은 시간을 누적 표시하는 방법입니다. 챗GPT의 응답에서 [h]:mm 특징 중 시간 누적 표시와 48시간은 앞서 작업한 내용과 관련된 설명입니다.

CHAPTER 13

교육 자료 작성하기

예제 파일명: 13_교육자료.xlsx

상반기 교육 자료 데이터와 하반기 교육 자료 데이터를 비교하여 신규 과정 여부를 판단하고 분류별, 시간별로 데이터를 정리합니다.

미리 보기 | 완성 파일명: 13_교육자료_결과.xlsx

No2	분류2	과정명2	신규과정여부	학습시간2	평가2
1	경영일반	에어비앤비가말한다!4차산업혁명과공유경제의미래		9	총점
2	경영일반	테슬라가말한다!4차산업혁명과인공지능의미래		9	총점
3	경영일반	100전100승,이기는제안전략		4	총점
4	경영일반	20문20답베이직워크스킬		5	총점
5	산업직무	C#기초부터윈도우프로그램까지	신규과정	20	총점
6	자격증	CS리더관리사(CS개론)		29	총점
7	자격증	CS리더관리사(CS전략론)		29	총점
8	자격증	CS리더관리사(고객관리실무론)	신규과정	29	총점
9	산업직무	CS편,고객감동의달인이되다		8	총점
10	경영일반	CS현장관리8大고민타파		9	총점
11	산업직무	DB엔지니어와개발자를위한Oracle11gSQL		20	총점
12	산업직무	EJB(EnterpriseJavaBean)제대로배우기		20	총점
13	경영일반	Flash8통합과정		38	총점
14	산업직무	iOS프로그래밍(어플개발)초급익히기		26	총점
15	자격증	OA달인필수!!ITQOAMaster(2010)		45	총점
16	경영일반	R&D기획과실행관리	신규과정	16	총점
17	산업직무	R프로그래밍(빅데이터분석)제대로배우기		25	총점
18	경영일반	S급인재의힘,쏙쏙!알기쉬운재무제표		17	총점
19	산업직무	UML(UnifiedModelingLanguage)제대로배우기		27	총점
20	경영일반	UX,새로운라이프스타일을디자인하라		5	총점
21	산업직무	VisualC++2013(MFC)제대로배우기		26	총점
22	경영일반	Word2007통합과정		40	총점
23	경영일반	경영의품격을창조하는진성리더십	신규과정	5	총점
24	경영일반	고급기능을활용한명품비즈니스문서만들기		20	총점
25	경영일반	고전에서배우는비즈니스전략!		21	총점
26	자격증	공동주택관리실무	신규과정	25	총점
27	자격증	공동주택시설개론		33	총점
28	자격증	공업통계		25	총점
29	자격증	공인중개사법및중개실무		25	총점
30	경영일반	교육훈련과사내강사		16	총점
31	산업직무	구매원가절감및협력업체관리		16	총점
32	자격증	국제물류론	신규과정	28	총점
33	산업직무	금융인을강하게만드는경제의맥		16	총점
34	자격증	기본이론-농산물품질관리및등급판정실무	신규과정	10	총점

분류	상반기 교육과정 수	하반기 교육과정 수
경영일반	115	122
자격증	42	53
산업직무	36	38
공통가치	2	2

분류	상반기 학습시간 평균	하반기 학습시간 평균
경영일반	14.5	14.4
자격증	23.8	24.6
산업직무	18.2	18.2
공통가치	8.5	8.5

시간분류	빈도기준	상반기 빈도수	하반기 빈도수
01~10	10	57	63
11~20	20	84	90
21~30	30	40	43
31~40	40	9	12
41~50	50	5	6
51~60	60	0	1

리더관련과정	
상반기 과정수	하반기 과정수
15	18

사용한 함수

- IF　　　　　　　43쪽
- COUNTIF　　　　38쪽
- AVERAGEIF　　　37쪽
- ROUND　　　　　54쪽
- FREQUENCY　　　42쪽

선택 영역 이름 정의하기

함수와 수식을 작성하기 위해 먼저 이름을 정의합니다.

01. [상반기교육] 워크시트에서 [A1] 셀을 선택하고 〈Ctrl〉 + 〈*〉 또는 〈Ctrl〉 + 〈Shift〉 + 〈8〉키를 눌러서 데이터 범위를 선택합니다. [수식 → 정의된 이름] 그룹에서 [선택 영역에서 만들기]를 클릭합니다.

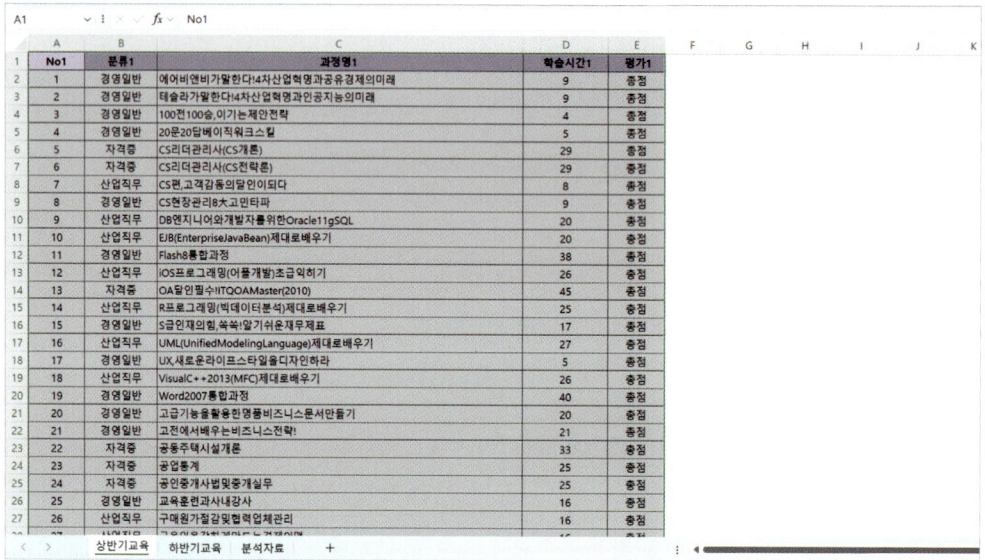

02. [선택 영역에서 만들기] 대화상자가 열리면 [첫 행]이 체크된 상태에서 [확인]을 클릭합니다.

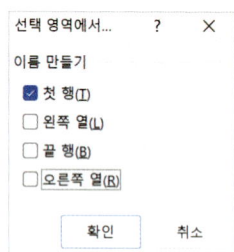

03. [하반기교육] 워크시트에서 [A1] 셀을 선택하고 키보드의 〈Ctrl〉+〈*〉, 또는 〈Ctrl〉+〈Shift〉+〈8〉을 눌러서 데이터 범위를 선택합니다. [수식 → 정의된 이름] 그룹에서 [선택 영역에서 만들기]를 클릭합니다.

04. [선택 영역에서 만들기] 대화상자가 열리면 [첫 행]에 체크하고 [확인]을 클릭합니다.

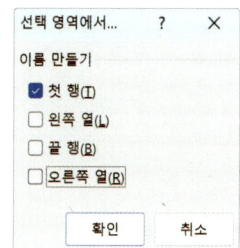

05. 수식 입력줄 왼쪽의 이름 상자를 클릭하면 이름으로 정의된 내용을 확인할 수 있습니다.

신규 과정 구하기

상반기 교육과 하반기 교육 과정을 비교하여 상반기에는 없었지만 하반기에 추가된 신규 과정을 찾은 다음 "신규과정"이라고 입력되도록 합니다.

01. [하반기교육] 워크시트에서 [D2] 셀을 선택하고 =IF(COUNTIF(과정명1,C2)>=1,"","신규과정")을 입력합니다.

수식 풀이

=IF(COUNTIF(과정명1,C2)>=1,"","신규과정")
COUNTIF 함수에서 구한 개수가 1개 이상이면, '과정명1' 범위에 같은 이름의 교육 과정이 존재한다는 것이므로 공백("")을 입력하고 아니면 "신규과정"을 입력합니다.

=IF(COUNTIF(과정명1,"에어비앤비가말한다!4차산업혁명과공유경제의미래")>=1,"","신규과정")
'과정명1' 범위에서 "에어비앤비가말한다!4차산업혁명과공유경제의미래" 값과 같은 개수를 구합니다.

COUNTIF(과정명1,"에어비앤비가말한다!4차산업혁명과공유경제의미래")
=> 1

=IF(1>=1,"","신규과정")
TRUE
=> 공백("")

02. [D2] 셀을 선택한 후 셀의 오른쪽 아래에 마우스 포인터를 맞추고 채우기 핸들을 더블클릭해 [D] 열에 수식을 복사합니다.

교육 과정 수 구하기

01. [분석자료] 워크시트에서 [B2:B5] 범위를 선택하고 **=COUNTIF(분류1,A2)**를 입력한 후에 〈Ctrl〉+〈Enter〉키를 누릅니다.

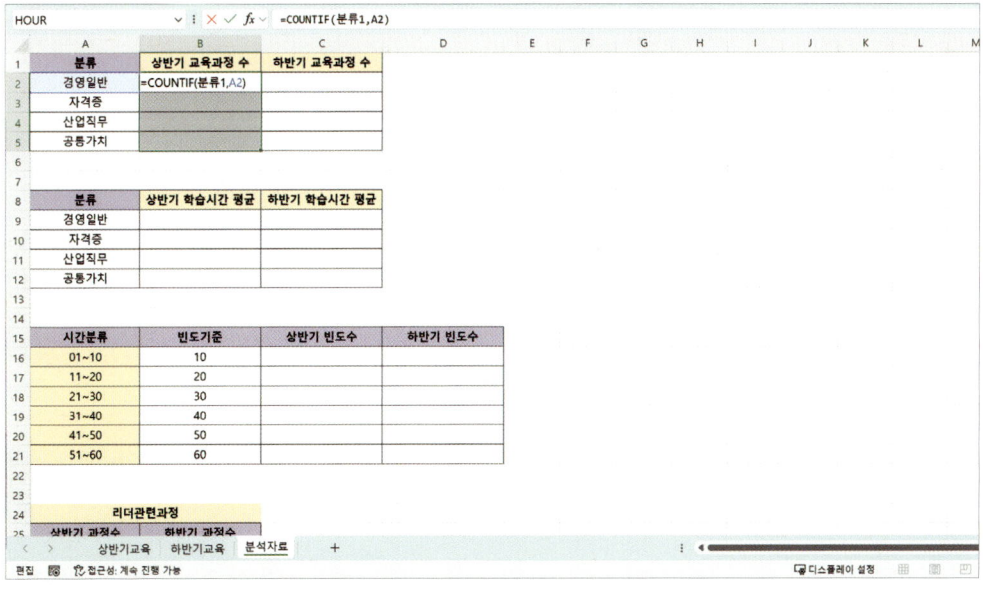

CHAPTER 13 _ 교육 자료 작성하기　231

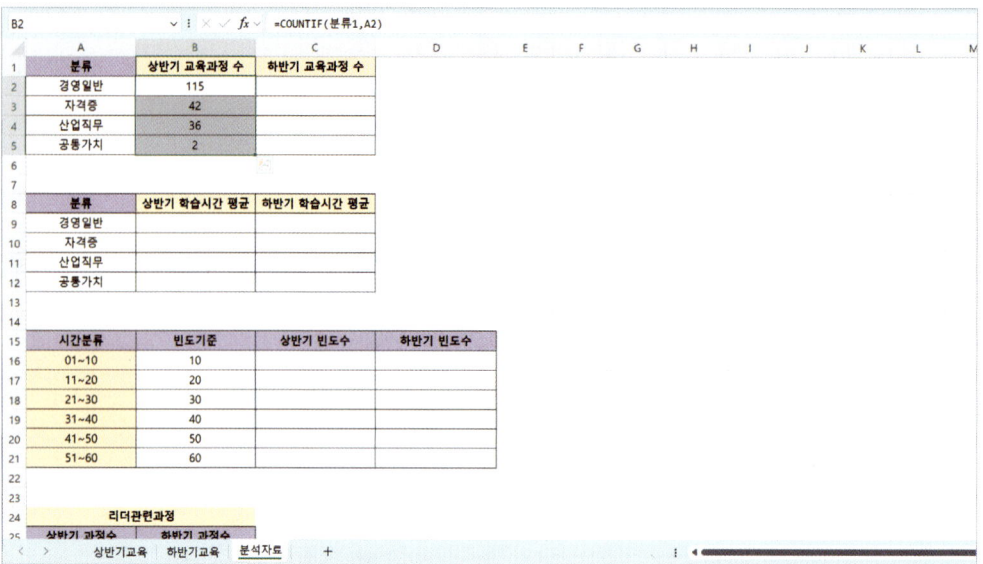

🔍 수식 풀이

=COUNTIF(분류1,A2)

=COUNTIF(분류1,"경영일반")
'분류1' 범위에서 '경영일반' 값과 같은 개수를 구합니다.

02. [C2:C5] 범위를 선택하고 **=COUNTIF(분류2,A2)**를 입력한 후에 ⟨Ctrl⟩ + ⟨Enter⟩키를 누릅니다.

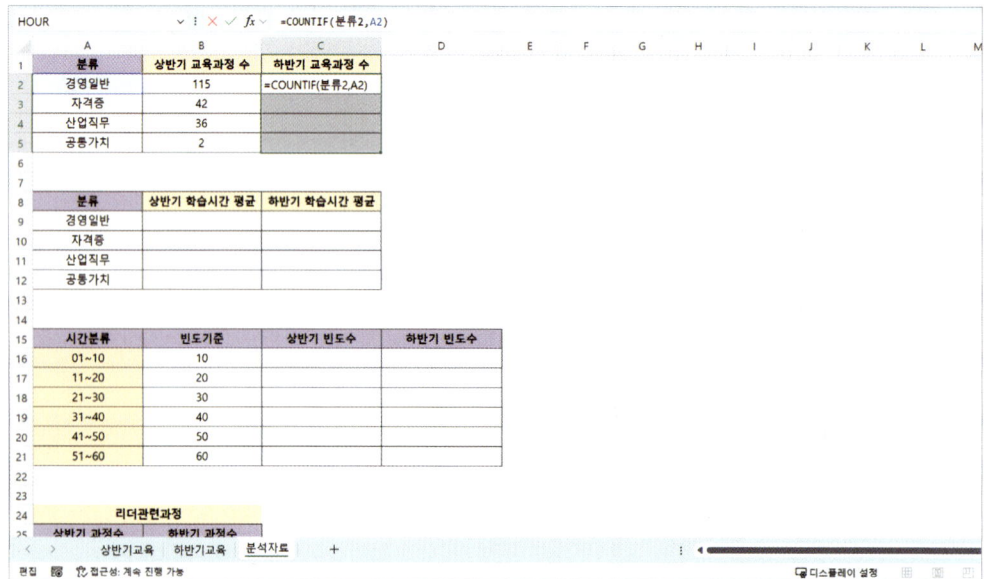

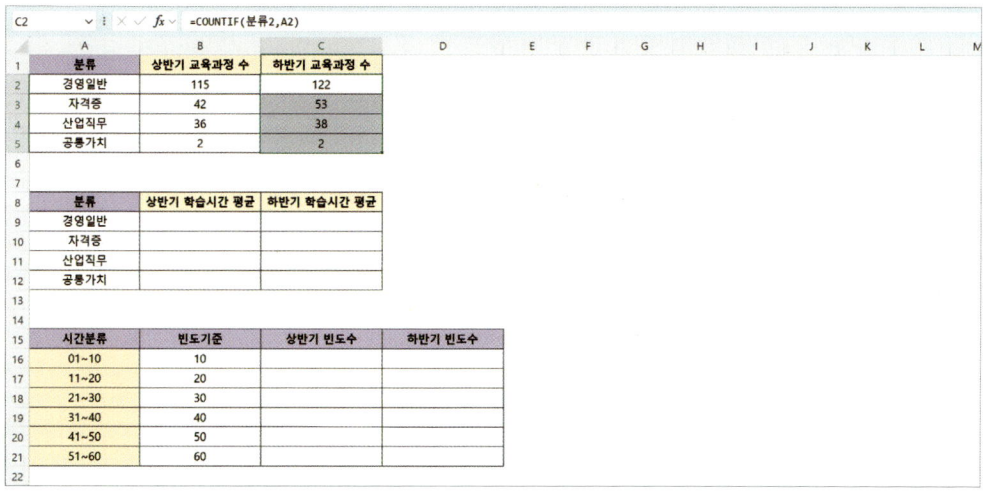

🔍 수식 풀이

=COUNTIF(분류2,A2)

=COUNTIF(분류2,"경영일반")
'분류2' 범위에서 '경영일반' 값과 같은 개수를 구합니다.

평균 학습 시간 구하기

01. [분석자료] 워크시트에서 [B9:B12] 범위를 선택하고 **=AVERAGEIF(분류1,A9,학습시간1)**을 입력한 후에 〈Ctrl〉+〈Enter〉키를 누릅니다.

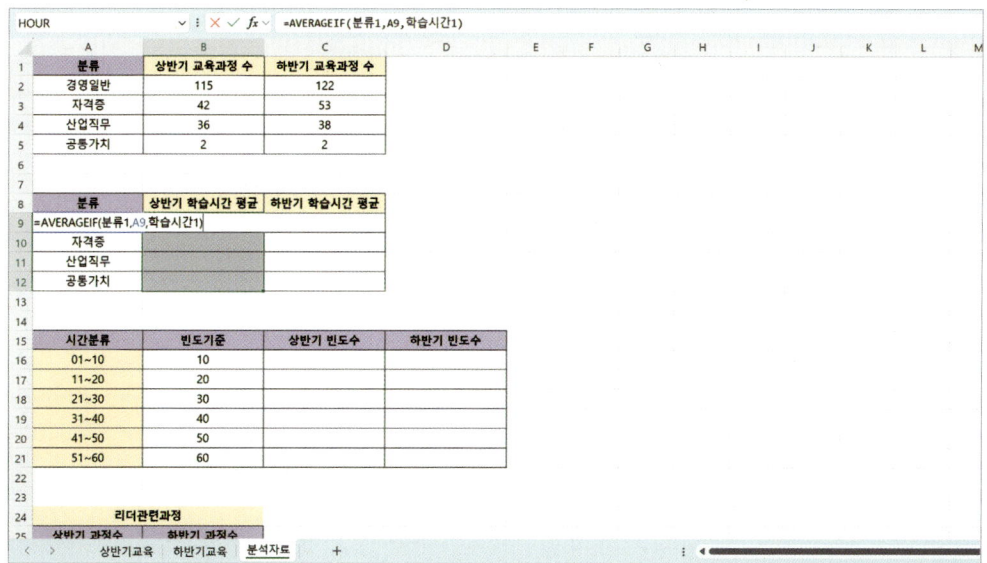

CHAPTER 13 _ 교육 자료 작성하기 233

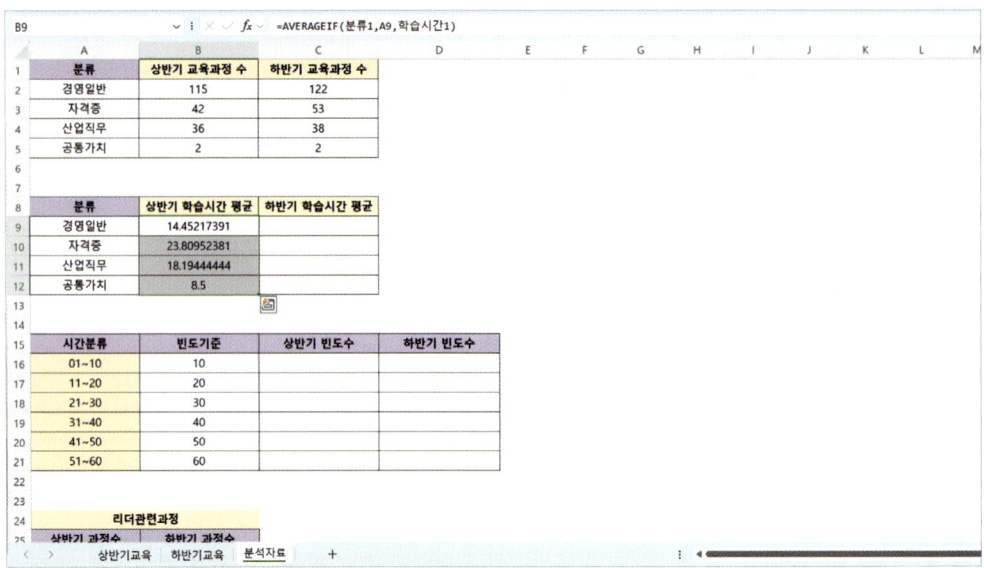

🔍 수식 풀이

=AVERAGEIF(분류1,A9,학습시간1)

=AVERAGEIF(분류1,"경영일반",학습시간1)
=> 14.45217391

'분류1' 범위에서 '경영일반' 값과 같으면 '학습시간1'의 평균을 구합니다.

02. 평균 학습 시간을 소수점 아래 첫째 자리까지 반올림으로 계산하기 위해 다시 [B9:B12] 범위를 선택하고 =ROUND(AVERAGEIF(분류1,A9,학습시간1),1)를 입력한 후에 〈Ctrl〉+〈Enter〉키를 누릅니다.

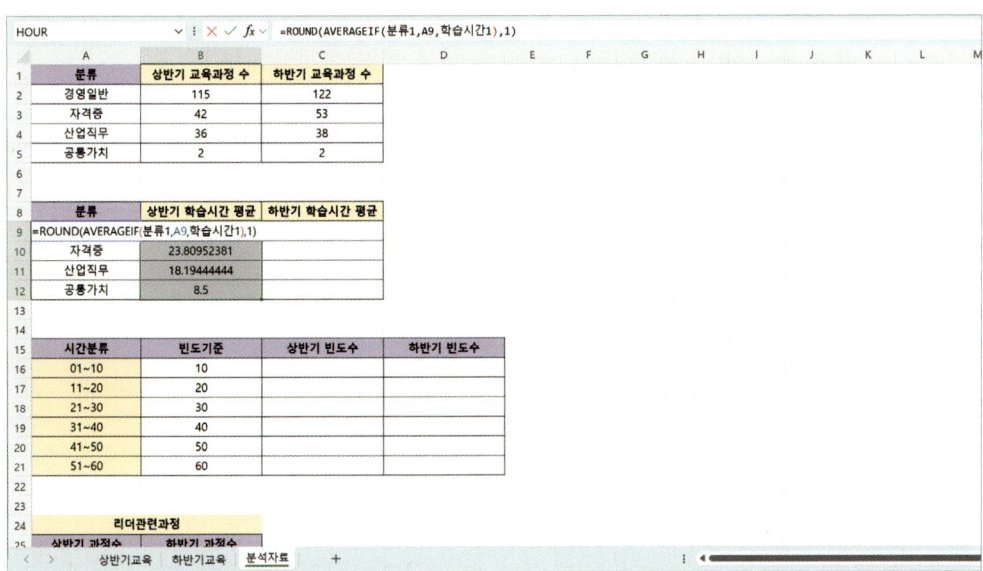

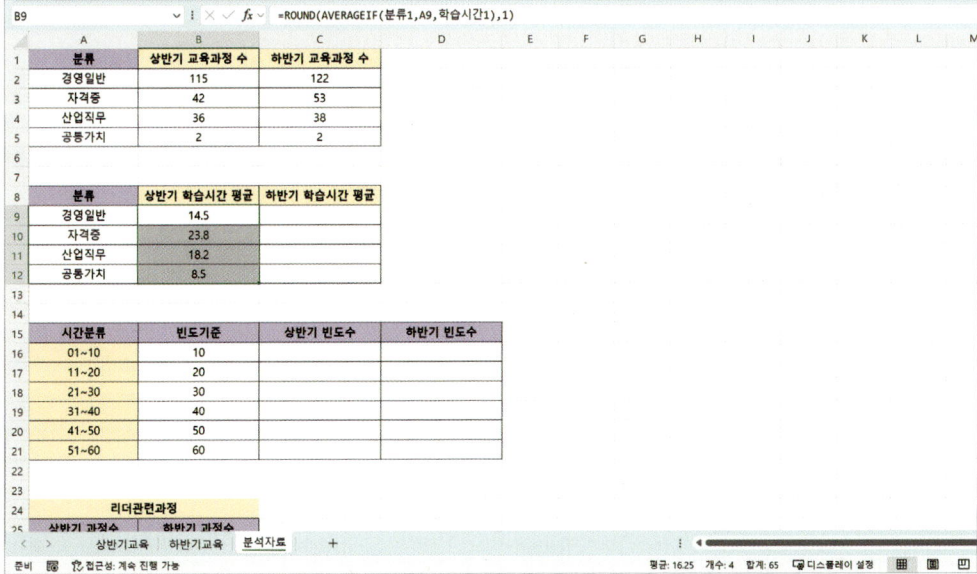

수식 풀이

=ROUND(AVERAGEIF(분류1,A9,학습시간1),1)
AVERAGEIF 결괏값을 소수점 아래 첫째 자리까지 반올림한 결괏값을 구합니다.

=ROUND(14.45217391,1)
=> 14.5

03. [C9:C12] 범위를 선택하고 =AVERAGEIF(분류2,A9,학습시간2)를 입력한 후에 〈Ctrl〉 + 〈Enter〉키를 누릅니다.

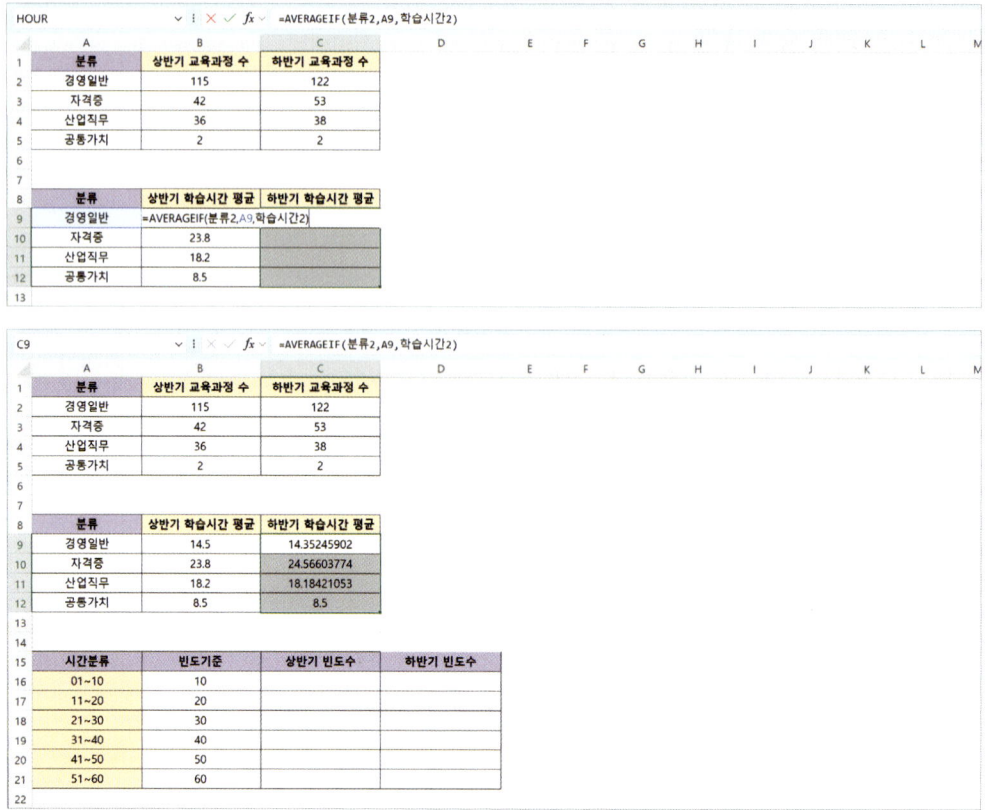

🔍 수식 풀이

=AVERAGEIF(분류2,A9,학습시간2)
'분류2' 범위에서 '경영일반' 값과 같으면 '학습시간2'의 평균을 구합니다.

=AVERAGEIF(분류2,"경영일반",학습시간2)
> 14.35245902

04. 소수점 아래 첫째 자리까지 반올림으로 계산하기 위해 다시 [C9:C12] 범위를 선택하고 **=ROUND(AVERAGEIF(분류2,A9,학습시간2),1)**를 입력한 후에 〈Ctrl〉+〈Enter〉키를 누릅니다.

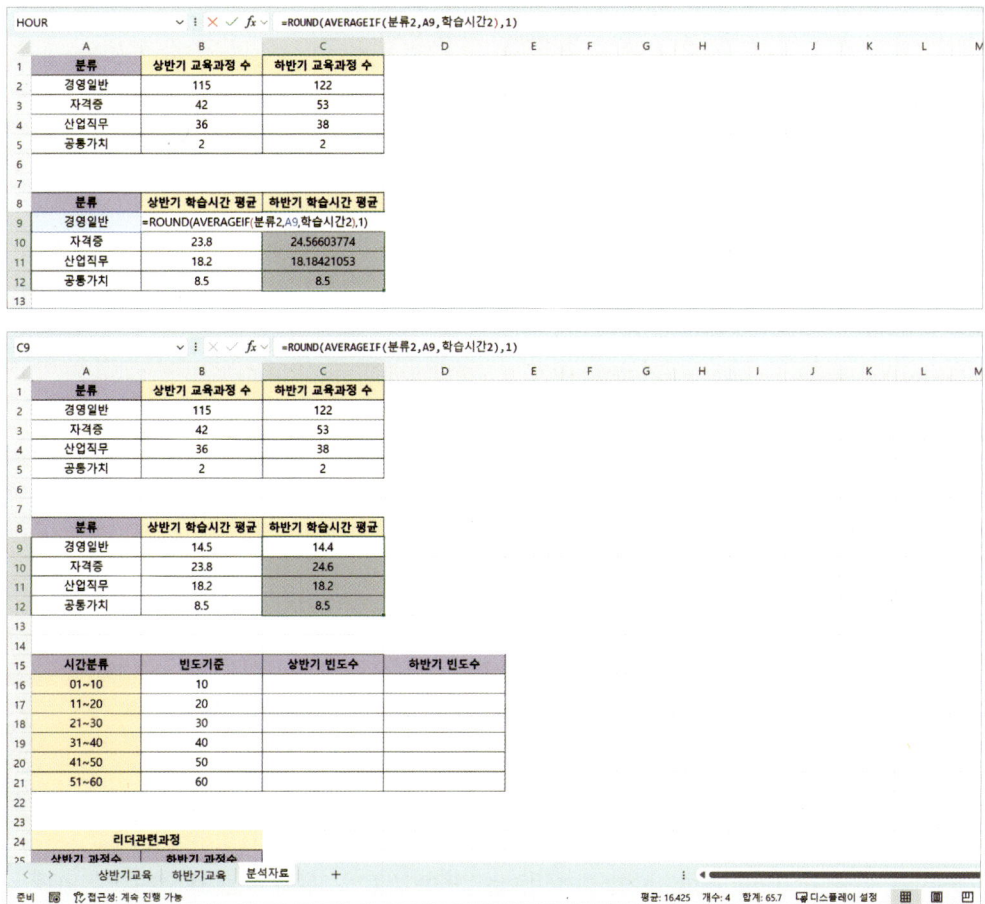

수식 풀이

=ROUND(AVERAGEIF(분류2,A9,학습시간2),1)
AVERAGEIF 결괏값을 소수점 아래 첫째 자리까지 반올림한 결괏값을 구합니다.

=ROUND(14.35245902,1)
=> 14.4

학습 시간의 빈도수 구하기

01. [분석자료] 워크시트에서 [C16:C21] 범위를 선택하고 **=FREQUENCY(학습시간1,B16:B21)**을 입력한 후에 〈Ctrl〉+〈Shift〉+〈Enter〉키를 누릅니다.

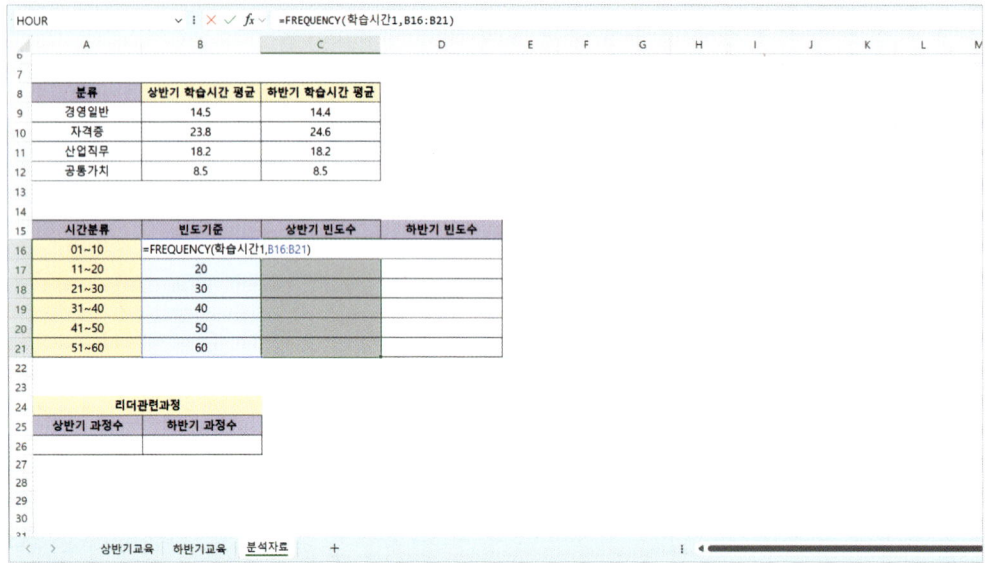

🔍 수식 풀이

=FREQUENCY(학습시간1,B16:B21)
'학습시간1' 범위에서 [B16:B21] 빈도 구간에 해당하는 개수를 구합니다.

02. 수식 입력줄에 입력된 함수에 중괄호({})가 앞뒤로 포함된 것을 확인할 수 있습니다. 이는 배열 수식이라는 뜻으로, 〈Ctrl〉+〈Shift〉+〈Enter〉키는 배열 수식을 만드는 단축키입니다.

▶ 〈Enter〉 또는 〈Ctrl〉+〈Enter〉키만 누르면 오류가 발생합니다.

03. 워크시트에서 [D16:D21] 범위를 선택하고 **=FREQUENCY(학습시간2,B16:B21)**을 입력한 후에 〈Ctrl〉 + 〈Shift〉 + 〈Enter〉키를 누릅니다.

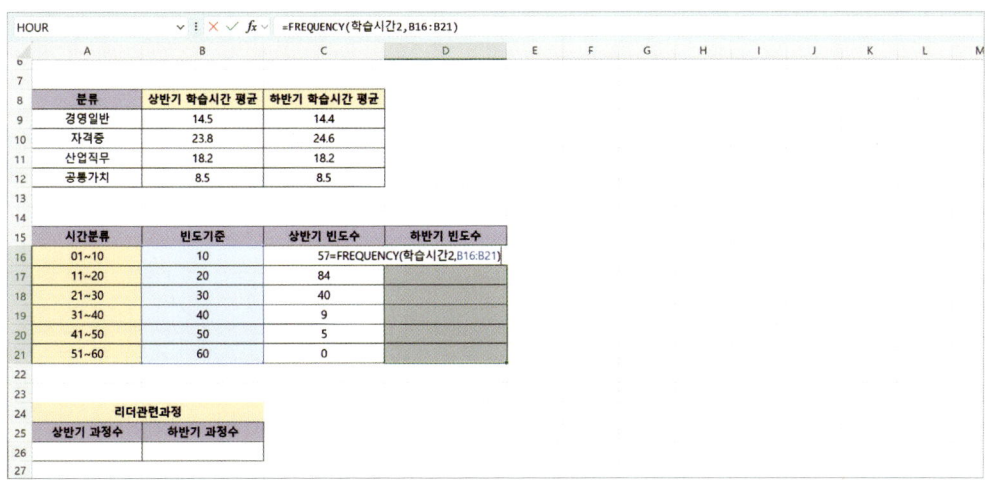

> 🔍 **수식 풀이**
>
> **=FREQUENCY(학습시간2,B16:B21)**
> '학습시간2' 범위에서 [B16:B21] 빈도 구간에 해당하는 개수를 구합니다.

04. 마찬가지로 수식 입력줄에 입력된 함수에 중괄호({})가 앞뒤로 포함된 것을 확인할 수 있습니다.

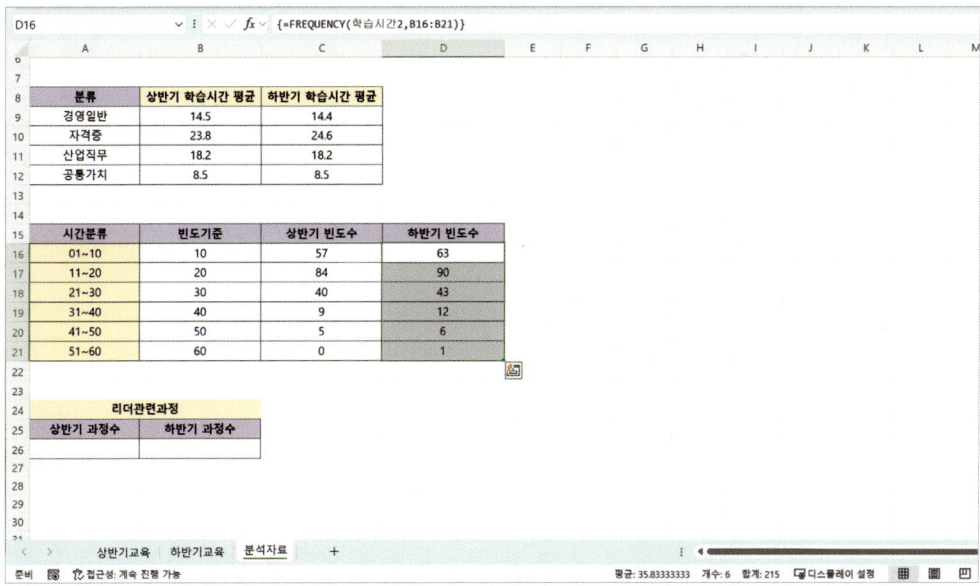

챗GPT로 한 걸음 더

추가로 처리하고 싶은 작업에 대해 챗GPT에게 질문하고 받은 응답으로 진행해 보겠습니다.

> ⓘ 챗GPT의 답변은 사용자별로 동일하지 않을 수 있습니다.
> 세부적인 사항은 사용자가 수정할 수 있습니다.
> 종종 틀린 답변을 할 때가 있습니다.

01. 특정 단어의 빈도수를 찾는 방법을 챗GPT에게 물어보겠습니다. 채팅 창에 다음과 같이 프롬프트를 입력합니다.

 엑셀에서 셀에 입력된 텍스트 중에서 "리더"라는 단어가 포함된 셀의 개수를 구하는 함수를 알려줘.

 엑셀에서 특정 텍스트가 포함된 셀의 개수를 세는 함수로는 COUNTIF 함수를 사용할 수 있습니다. 여기서는 "리더"라는 텍스트가 포함된 셀의 개수를 세는 방법을 설명하겠습니다.

방법 1: COUNTIF 함수 사용
COUNTIF 함수는 지정된 조건을 만족하는 셀의 개수를 세는 함수입니다. 다음은 "리더"라는 텍스트를 포함한 셀의 개수를 세는 예제입니다.

1. 예제 데이터:

가정하고 있는 데이터가 다음과 같다고 가정합니다:

A1: 팀 리더
A2: 프로젝트 매니저
A3: 리더십 교육
A4: 팀원
A5: 리더십 역량

2. COUNTIF 함수 적용:

다음과 같이 COUNTIF 함수를 사용하여 "리더"를 포함한 셀의 개수를 세어볼 수 있습니다.

=COUNTIF(A1:A5, "*리더*")

- **A1:A5**: 검색할 범위입니다. 여기서는 A1부터 A5까지의 셀을 검색합니다.
- **"*리더*"**: 조건입니다. "*"는 와일드카드로, 앞뒤로 어떤 문자열이 와도 상관없이 "리더"라는 문자열을 포함한 경우를 찾습니다.

3. 결과 확인:

위 예제 데이터에서는 "팀 리더", "리더십 교육", "리더십 역량"이라는 3개의 셀이 "리더"를 포함하고 있으므로 함수의 결과는 3이 됩니다.

방법 2: 조건부 서식 사용하기

또 다른 방법으로는 [조건부 서식]을 사용하여 "리더"를 포함한 셀을 시각적으로 표시할 수 있습니다. 이 방법은 셀을 강조 표시하므로 특정 셀을 세는 것은 아니지만 데이터를 분석하는 데 도움이 될 수 있습니다.

1. 조건부 서식 적용:

- 특정 범위를 선택합니다 (예: A1부터 A5까지).
- [조건부 서식]을 선택하고 [새 규칙 추가]를 클릭합니다.
- [서식 규칙 관리자] 대화상자에서 [특정 텍스트가 포함되는 셀 서식 지정]을 선택합니다.
- [셀 값]에서 [포함]을 선택하고 "리더"를 입력합니다.
- 원하는 서식을 설정한 후 [확인]을 클릭합니다.

이 방법은 "리더"를 포함한 셀을 쉽게 시각적으로 식별할 수 있게 해줍니다.

요약

- COUNTIF 함수를 사용하여 특정 텍스트를 포함한 셀의 개수를 셀 수 있습니다.
- 조건부 서식을 사용하여 특정 텍스트를 포함한 셀을 시각적으로 표시할 수 있습니다.

어떤 방법이 데이터 분석에 더 유용한지에 따라 적절한 방법을 선택하여 사용하시면 됩니다.

02. 제안한 2가지 방법 중 첫 번째 COUNTIF 함수를 적용하는 방법을 적용해 보겠습니다. [분석자료] 워크시트에서 [A26] 셀에 `=COUNTIF(과정명1,"*리더*")`를 입력합니다.

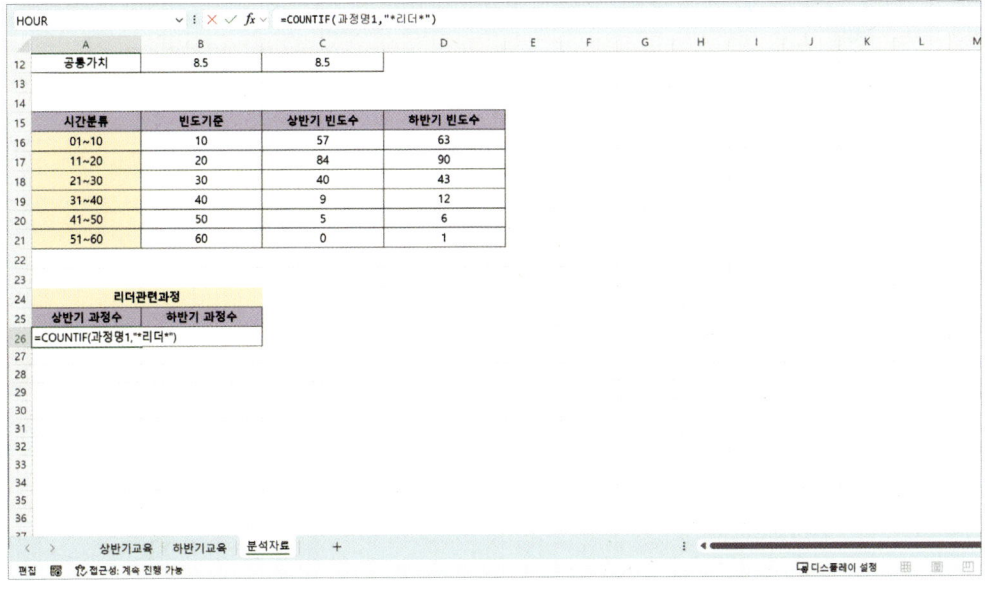

03. [B26] 셀에 **=COUNTIF(과정명2,"*리더*")**를 입력합니다.

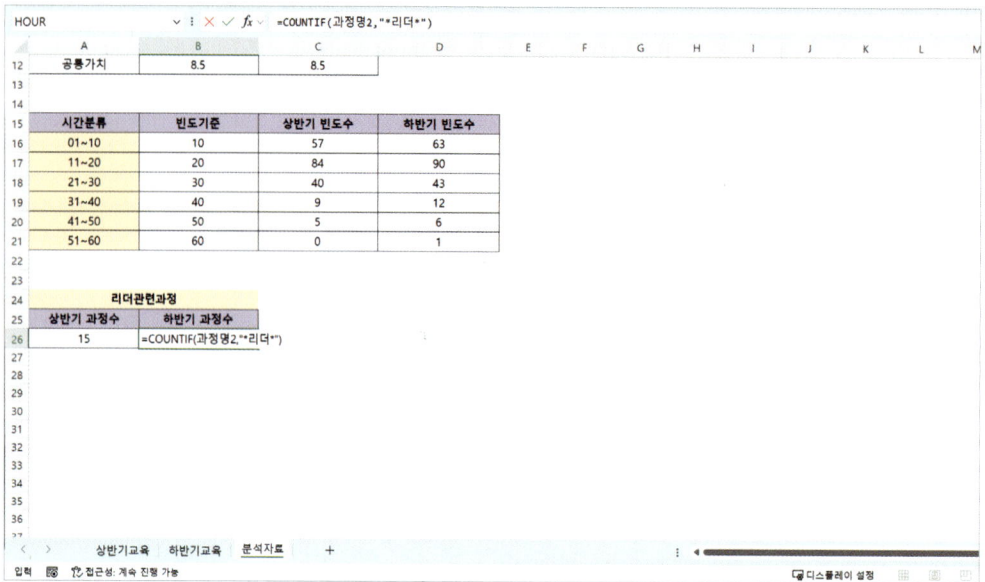

04. 이렇게 지정한 범위에서 특정 키워드의 빈도수를 확인할 수 있습니다.

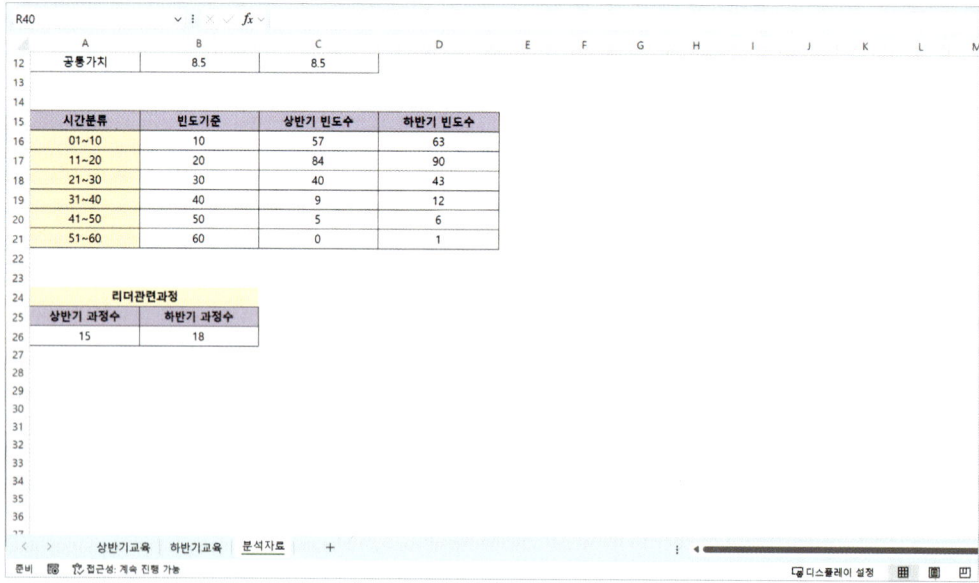

APPENDIX

A

부록

A.1 _ 날짜와 시간

A.2 _ 표시 형식에서 사용하는 색상

A.3 _ 엑셀에서 자주 만나는 오류

A.4 _ 엑셀 단축키

A-1 날짜와 시간

엄밀히 말하면 엑셀에는 날짜와 시간 데이터가 없습니다. 숫자 데이터가 존재할 뿐입니다.

날짜

엑셀에서 작업할 수 있는 날짜 데이터의 범위는 1900년 1월 1일부터 9999년 12월 31일까지입니다. 이는 사람이 알 수 있는 날짜 형식이기도 합니다. 그럼 엑셀은 날짜 데이터를 어떻게 인식하고 있을까요? 1900년 1월 1일의 날짜 데이터를 숫자 1로 인식하고, 이 날짜부터 하루에 1씩 더해서 9999년 12월 31일의 숫자는 2,958,465로 인식합니다.

엑셀이 인식하는 날짜에는 각 날짜에 해당하는 숫자가 들어 있으며 이 숫자는 하루에 1씩 증가하는 것을 알 수 있습니다. 즉, 날짜 데이터는 숫자이므로 날짜를 셀에 입력하면 오른쪽 맞춤으로 나타납니다.

날짜	숫자
1900-1-1	1
1900-1-2	2
1900-1-3	3
…	…
2000-10-1	36,800
…	…
2100-5-1	73,171
…	…
9999-12-31	2,958,465

시간

하루를 1이라고 한다면 1시간은 1/24에 해당하는 값입니다. 즉, 시간은 소수점 아래의 값입니다.

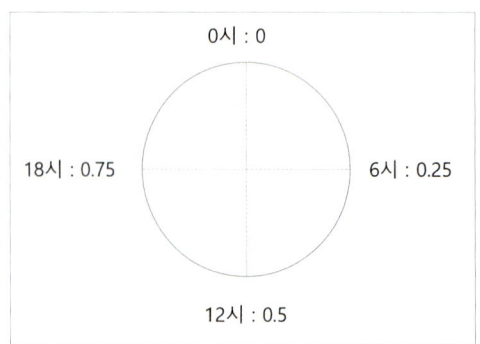

2100년 5월 1일에 해당하는 숫자는 73,171이고, 6시는 6/24에 해당하는 값인 0.25입니다. 즉 2100년 5월 1일 6시를 숫자로 표현한다면 73,171.25이고, 2100년 5월 1일 18시를 숫자로 표현한다면 73,171.75입니다. 2100년 5월 2일이 되는 순간 73,172로 숫자 값이 바뀝니다.

A-2 표시 형식에서 사용하는 색상

색상 문자로 색상 표시

색상 문자는 검정, 파랑, 녹청, 녹색, 자홍, 빨강, 흰색, 노랑입니다.

    [자홍]#,##0_

색상표에 해당하는 색상 표시

n은 1에서 56까지의 숫자를 사용합니다.

    [색n]#,##0_

56색 색상표

인덱스	색상	인덱스	색상	인덱스	색상
1	검정	21	진한 자주	41	연한 파랑
2	흰색	22	산호색	42	바다색
3	빨강	23	바다색	43	라임
4	은녹색	24	담청색	44	황금색
5	파랑	25	진한 파랑	45	연한 주황
6	노랑	26	분홍	46	주황
7	분홍	27	노랑	47	청회색
8	옥색	28	밝은 옥색	48	회색 40%
9	진한 빨강	29	보라	49	진한 청록
10	녹색	30	진한 빨강	50	해록
11	진한 파랑	31	진한 청록	51	진한 녹색
12	진한 노랑	32	파랑	52	황록색
13	보라	33	하늘색	53	밤색
14	청록	34	연한 옥색	54	진한 보라
15	회색 25%	35	연한 녹색	55	남색
16	회색 50%	36	연한 노랑	56	회색 80%
17	빙카색	37	흐린 파랑		
18	자주색	38	다홍		
19	상아색	39	연한 보라		
20	연한 옥색	40	황갈색		

A-3 엑셀에서 자주 만나는 오류

셀에 수식을 입력했을 때 결과가 #으로 시작하는 오류를 반환할 때가 있습니다. 이 오류 표시를 제거하려면 수식을 수정하거나 수식에 사용한 참조를 수정해야 합니다.

오류

열의 너비가 좁거나 숫자나 시간의 값이 음수일 때 발생합니다. 예를 들어, 퇴근 시간(9:00)에서 출근 시간(18:00)을 뺀 근무 시간을 계산하면 음수 시간이 발생합니다. 시간은 음수가 없으므로 ###### 오류가 발생합니다.

구분	시간
출근시간	18:00
퇴근시간	9:00
근무시간	##########

#DIV/0! 오류

0으로 나누는 수식을 만들면 발생하는 오류입니다. 빈 셀도 0으로 간주하므로 데이터를 입력하지 않은 상태에서 자주 발생하는 오류입니다. 예를 들어, 개당 단가를 구하기 위해 금액/수량을 계산할 때 E 제품과 F 제품의 개당 단가를 각각 0 또는 비어 있는 셀로 나누면 #DIV/0! 오류가 발생합니다.

제품	수량	금액	개당단가
A	2	500	250
B	5	1500	300
C	6	1260	210
D	3	1200	400
E	0	⚠	#DIV/0!
F			#DIV/0!

#NAME? 오류

엑셀에서 정의하지 않은 이름을 수식에 사용하거나 텍스트를 ""(큰따옴표)로 감싸지 않았을 때 발생합니다. 예를 들어, 평균 금액이 90점 이상이면 "합격"이고 아니면 "불합격"을 입력하고자 **=IF(A3>=90,"합격",불합격)**을 입력하였을 때 불합격이 나오는 결과에 #NAME? 오류가 발생합니다. **불합격**을 ""(큰따옴표)로 감싸지 않았기 때문입니다.

	A	B
2	평균	평가
3	90	합격
4	7	#NAME?
5	92	합격
6	79	#NAME?

B4: =IF(A4>=90,"합격",불합격)

#N/A 오류

수식이나 함수에 사용할 수 없는 값을 입력하거나 값을 찾는 함수(VLOOKUP, HOOKUP, INDEX 등)가 찾으려는 데이터를 찾지 못할 때 발생하는 오류입니다. 예를 들어, '일일 거래내역'에 입력된 상품 코드로, '상품 테이블'의 상품 코드를 찾을 때 존재하지 않는 상품 코드와 공백으로 함수를 사용하면 #N/A 오류가 발생합니다.

C6: =VLOOKUP(B6,$H$5:$J$8,2,0)

	A	B	C	D	E	F	G	H	I	J
2			일일 거래내역						**상품테이블	
4	거래일자	상품코드	품명	수량	단가			상품코드	품명	단가
5	8/8	A01	마우스	12,000				A01	마우스	12,000
6	8/8	B03	#N/A	#N/A				A02	키보드	13,500
7	8/8	A03	#N/A	#N/A				B01	USB	22,000
8	8/9	A01	마우스	12,000				B02	패드	5,600
9	8/9	B01	USB	22,000						
10	8/9	B03	#N/A	#N/A						
11	8/10	A02	키보드	13,500						
12	8/11		#N/A	#N/A						
13	8/11		#N/A	#N/A						
14	8/11		#N/A	#N/A						

#NULL! 오류

교차하지 않는 두 개의 범위를 교차하려고 했을 때 발생합니다. 예를 들어, [C11] 셀에 입력된 수식 **=SUM(A2:B6 D4:E8)**은 교차 영역의 합계를 구하는 함수입니다. 그런데 [A2:B6]과 [D4:E8] 영역이 교차하는 영역이 없으므로 #NULL! 오류가 발생합니다.

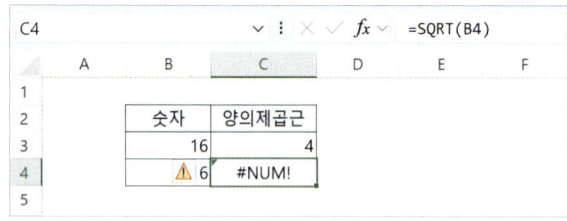

#NUM! 오류

숫자 값과 관련하여 문제가 있을 때 발생하는 오류로, 숫자가 입력되어야 하는 곳에 숫자가 입력되지 않았거나, 계산할 수 없는 숫자를 입력할 때 발생합니다. 예를 들어, 양의 제곱근을 구하는 함수인데 음수가 입력되었다면 #REF! 오류가 발생합니다.

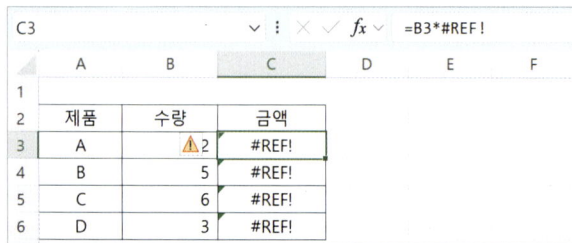

#REF! 오류

수식이 참조하는 셀이 유효하지 않을 때 오류가 발생합니다. 예를 들어, 수량 * 단가 = 금액을 계산하는 수식에서 금액을 입력한 [C] 열을 삭제하면 #REF! 오류가 발생합니다.

#VALUE! 오류

수식에 잘못된 형식의 인수나 피연산자를 사용하거나 숫자가 필요한 자리에 문자가 입력되었을 때 발생합니다. 예를 들어, [C5] 셀에 금액을 계산하기 위해 수식 **=B5*C2**을 입력한 후에 채우기를 하면 #VALUE! 오류가 발생합니다. [C2] 셀이 [C3], [C4], [C5]로 변하면서 문자 값으로 계산하기 때문입니다.

	A	B	C
1			
2		단가	1,000
3			
4	거래처	수량	금액
5	A	2	2,000
6	B	5	0
7	C	5	#VALUE!
8	D	3	6,000
9	E	0	0
10	F	0	#VALUE!

C7 =B7*C4

A-4 엑셀 단축키

메뉴와 관련된 단축키

단축키	설명
Ctrl + N	새로운 통합 문서 열기
Ctrl + O	열기 화면
Ctrl + S	통합 문서 저장
Ctrl + W	닫기
Ctrl + P	인쇄 미리 보기
Ctrl + A	전체 선택
Ctrl + C	복사하기
Ctrl + V	붙여넣기
Ctrl + Z	실행 취소
Ctrl + Y	재실행하기
Ctrl + D	위 셀 데이터 복제
Ctrl + R	오른쪽 셀에 데이터 복제
Ctrl + K	하이퍼링크 삽입
Ctrl + F	찾기
Ctrl + G	이동
Ctrl + H	바꾸기
Alt + F10	매크로 목록

이동 및 스크롤 관련 단축키

단축키	설명
방향키	방향키 방향으로 한 셀씩 이동
Ctrl + 방향키	데이터의 끝으로 이동하고, 비어 있는 셀이 있으면 비어 있지 않은 첫 번째 셀로 이동
Ctrl + Home	[A1] 셀로 이동
Ctrl + End	비어 있지 않은 마지막 셀로 이동
PageUp	한 화면 위로 이동
PageDown	한 화면 아래로 이동
Alt + PageUp	한 화면 왼쪽으로 이동
Alt + PageDown	한 화면 오른쪽으로 이동
Shift + 방향키	방향대로 한 셀씩 범위 지정

단축키	설명
Ctrl + Shift + 방향키	방향대로 범위 지정
F5	[이동] 대화상자
Ctrl + F3	[이름 관리자] 대화상자

서식과 관련된 단축키

단축키	설명
Ctrl + B	굵게
Ctrl + I	기울임 꼴
Ctrl + U	밑줄
Ctrl + 5	취소선
Ctrl + Shift + −	테두리 지우기
Ctrl + Shift + &	테두리 적용
Ctrl + Shift + 1	쉼표 서식
Ctrl + Shift + 2	시간 서식
Ctrl + Shift + 3	날짜 서식
Ctrl + Shift + 4	회계 표시 형식(소수 두 자리까지 표시, 음수는 괄호로 표시)
Ctrl + Shift + 5	백분율 서식(소수 자리 없이 표시)
Ctrl + Shift + 6	지수 서식(소수 두 자리까지 표시, 1234 = 1.23E03)
Ctrl + Shift + ~	일반 서식

셀, 행과 열 선택 관련 단축키

단축키	설명
Ctrl + SpaceBar	열 전체 선택
Shift + SpaceBar	행 전체 선택
Ctrl + `	수식 보기
Ctrl + Shift + ~	일반 셀 전환
Ctrl + * Ctrl + Shift + 8	현재 셀을 기준으로 범위를 선택(빈 행, 빈 열로 둘러싸여 있는 범위)
Alt + Enter	한 셀에 두 줄 이상 입력
Shift + F11	워크시트 삽입
Ctrl + PageUp	이전 워크시트로 이동
Ctrl + PageDown	다음 워크시트로 이동

기타 단축키

단축키	설명
Ctrl + 1	[셀 서식] 대화상자 열기
F2	셀에서 내용을 수정하는 편집 상태
F4	참조 변환
Ctrl + ;	오늘 날짜 입력
Ctrl + Shift + ;	현재 시각 입력
Ctrl + Enter	셀 범위를 지정한 후 내용을 입력하고 〈Ctrl〉 + 〈Enter〉를 누르면 셀 범위에 같은 내용으로 채움
Ctrl + 9	행 숨기기
Ctrl + 0	열 숨기기
F11	차트 삽입

찾아보기

기호

#######	248
#DIV/0!	248
#N/A	249
#NAME?	249
#NULL!	250
#NUM!	250
#REF!	250
#VALUE!	251

A – D

ABS	36
AVERAGEIF	37
CHOOSE	37
CONCATENATE	169
COUNTIF	38
COUNTIFS	39
DATE	40
DATEDIF	40

F – L

FIND	41
FREQUENCY	42
HOUR	42
IFERROR	44
INDEX	44
INDIRECT	45, 194
LEFT	46
LEN	47
LOOKUP	47

M

MATCH	48
MAX	49
MID	50
MIN	51
MINUTE	51
MONTH	52

R

REPT	52
RIGHT	53
ROUND	54
ROUNDDOWN	55
ROUNDUP	55
ROW	56

S – W

SUM	57
SUMIF	58
SUMIFS	58
TEXT	59
TEXTJOIN	169
TIME	60
TODAY	60
VLOOKUP	61
WEEKDAY	62

찾아보기

ㄱ — ㅁ

견적서	174
공급자	174
그리기 레이어	16
글꼴	18
날짜	246
데이터 유효성 검사	117
리본 메뉴	16
만들기, 선택 영역에서	116
맞춤	18

ㅂ

반올림	54
배열 수식	238
백스테이지 화면	15
범주	20
병합하고 가운데 맞춤	126
비교 연산자	24
빠른 실행 도구 모음	15

ㅅ

사용자 지정	21
산술 연산자	23
상대참조	27
새 시트	16
서식 코드	21
셀	15
셀 서식	17
셀 포인터	16
수식	17, 23
수식 입력줄	16
수식 자동 완성	26
숫자	16
스파크라인	209
시간	246
시트 탭	16

ㅇ — ㅈ

연결 연산자	24, 159
오류	248
오름차순 정렬	47
와일드카드	41
워크시트	15
이름 관리자	32
이름 상자	16, 30
이름 정의	30
인덱스	37
인수	25
재고 조사	114
절대참조	28
절댓값	36
제목 표시줄	16
주간업무표	156
주문자	174
중첩 함수	25

ㅊ — ㅌ

차트	209
참조 연산자	26
채우기	19
채우기 핸들	27
총 집계	93
테두리	19
텍스트	17
통합 문서	14

ㅍ — ㅎ

파일 단추	15
페이지 보기	16
표시 형식	20
함수	24
함수 마법사	27
합계	188
혼합참조	29
회원 명부	136